庫

知覚の哲学

ラジオ講演1948年

モーリス・メルロ＝ポンティ
菅野盾樹 訳

筑摩書房

目次

凡例

本書は、Maurice Merleau-Ponty, *Causeries 1948*, textes établies et annotées par Stéphanie Ménasé, Paris: Editions du Seuil, 2002 の翻訳および訳者による注釈から構成されている。本書のテクストが成立した経緯については編者による「まえがき」にゆずりたい。

注釈を執筆するさい、訳者は、メルロ＝ポンティがこのラジオ講演に託した思想的メッセージを読者がいっそう的確に受けとめ掘り下げるための手掛かりを提供するべく意をもちいた。翻訳ならびに注釈については以下のようなルールに従っている。

・テクストの原注の箇所に数字を、訳者による注釈の箇所に数字をかっこにいれて表示し、各章末に一括して掲げた。

・テクストならびに注釈に出てくる人名については、初出にかぎり、名の綴り・生没年・専門分野等を簡単に（　）のなかに記した。

・テクストに字義的には出現しない語句であっても、読解に資するかぎりそれを補って〔　〕のなかに記した。

・テクストに外来語（ドイツ語など）の語句が出てきた場合は、訳文でもかっこにいれて表記した。また適宜、フランス語の語句などをルビや挿入語句のかたちで記すことにした。

・原注ならびに注釈で掲げられた文献については、原著の書誌情報と（場合により）邦訳の書誌情報を記した。
・テクストが引用している文献に邦訳がある場合はできるだけ参照させていただいたが、訳出の都合上、ほとんどの場合既成の訳に従うことはしていない。
・テクストに大文字で始まる名詞が出現するときは、それを〈 〉を付して訳した。またテクストにおいて斜字体で表記された語句は、傍点を付して強調した。
・本書末尾に掲げた「メルロ＝ポンティの著作」は原著掲載の著作リストに準拠し、邦訳に関する情報をつけ加えた。生前に刊行された著作を前半に、遺著を後半に掲げた。遺著の邦訳については、完全訳、部分訳、その他――この三種があるが、とくに断らなかった。
・テクストならびに注釈でメルロ＝ポンティの著作への参照がなされた場合、その頁は「メルロ＝ポンティの著作」にあげた邦訳の頁に対応している。『知覚の現象学』については、みすず書房版の訳書に原著の頁が記されており、ここでもそれを踏襲した。
・索引は訳者が制作したものである。
・テクストの編纂者メナセはメルロが執筆した原稿と番組の録音内容との細かな異同を考証している。この扱いについては編者の「まえがき」に付した注釈（2）で述べた。同じように、テクストに付載された図版の扱いについては同所の注釈（3）を参照されたい。

知覚の哲学——ラジオ講演一九四八年

Maurice MERLEAU-PONTY: "CAUSERIES 1948"

Édition établie et annotée par Stéphanie MÉNASÉ

This book is published in Japan

by arrangement with SEUIL

through le Bureau des Copyrights Français, Tokyo.

まえがき

ステファニ・メナセ

モーリス・メルロ＝ポンティはここに収められた七つの「講演」をラジオ番組のために執筆した。これらの原稿は実際に彼が朗読して一九四八年に放送された。〔詳しくいうと〕このうち六つの講演が、一九四八年一〇月九日土曜日から一一月一三日土曜日にかけて、毎週、全国ネットで放送されたことが、フランス国営放送局のラジオ番組表によって確認できる。〔そもそも〕これらの講演は「フランス文化の時間」と銘打たれた番組のためのものであり、メルロはそれらを滞りなく朗読し録音している。なお放送を録音したテープがＩＮＡ（国立視聴覚研究所）に保管されている。

土曜ごとの放送は「思考の形成」を全体のテーマとしていた。メルロ＝ポンティの講演が放送された同じ日にジョルジュ・ダヴィ（未開人の心理学）、エマニュエル・ムーニエ（性格心理学）、マキシム・レネル＝ラヴァスチヌ（文学における心理学的主題）が、やはり〔このテーマに関する〕放送をおこなっている。(1) ＩＮＡの資料を調べても、〔これら講演にともなう〕前置きの言葉、司会者の発言、おのおのの放送の精確な題目などの記録は見当たらないようである。

メルロ＝ポンティは講演全体を一連のものとして配列し、シリーズをなすおのおのの講演に表題をつけた。それらの表題をここに掲げることにする。――（1）知覚的世界と科学の世界、（2）知覚的世界の探索――空間、（3）知覚的世界の探索――感知される事物、（4）知覚的世界の探索――動物性、（5）外部から見た人間、（6）藝術と知覚的世界、（7）古典世界と現代世界。

本書は手書きの原案にしたがってメルロ＝ポンティがタイプした原稿に基づいている。この原稿（これは個人が収集した資料である）には著者自身の訂正が加えられている。

録音のほとんどの部分はメルロ＝ポンティが書いた原稿を彼自身が忠実に朗読したものである。しかし時おりメルロ＝ポンティは、言葉を略したり他の言葉を加えたりして脈絡に手を加えているし、単語や文の一部を言いかえたりしている。録音の際に生じたこれらの変更はその箇所にアルファベット文字を添えて注記した。[2] 詳しい文献については数字を付して注を施した。〔この注で〕われわれはメルロ＝ポンティと彼の同時代人が参照できた著作を見いだすように努めた。この調査によって、メルロ＝ポンティが当時として最新の著作や刊行物に極度の注意を払っていることが明らかになった。彼が参考にした文献は本書巻末に「文献」としてまとめてある。[3] なお本文の議論を例解するために、三人の画家の作品を選んで添えた。[4]

講演のラジオ放送について調べた際、支援していただいたＩＮＡの皆様に感謝を申し上げたい。

注釈

（1）ここに名を挙げられている講師それぞれについて簡略に紹介しておこう。まず、ジョルジュ・ダヴィ（Georges Davy）はソルボンヌ大学で教えた社会学者（生没年、以下同様。一八八三〜一九七六年）であり、デュルケム学派の一人として法社会学の分野で業績をあげた人物。次に、ムーニエ（Emmanuel Mounier）は『エスプリ』誌を創設し、さまざまな立場の執筆者にその場を提供しながら、人格主義運動を主導した哲学者である（一九〇五〜五〇年）。一九三〇年代のヨーロッパでは共産主義やファシズムなどの全体主義が猛威を振るっていた。彼はこうした趨勢に対抗して、おおよそカトリックの信仰に立ちつつ、〈人格〉と〈個人を超えた〉〈共同体〉を重視する思想を唱道した。彼の運動はやがてアルベール・ベガン（Albert Beguin）、ジャン＝マリー・ドムナック（Jean Marie Domenach）などに引き継がれ、フランス一国を越えてヨーロッパ各国に広がりを見せるにいたった。『エスプリ』誌は現在も刊行をつづけており多くの読者層に迎えられている。最後に、マキシム・レネル＝ラヴァスチヌ（Maxime Laignel-Lavastine）は、「神経学」の創始者の一人であるババンスキー――英語読みでバビンスキーと呼ばれ、バビンスキー反射の発見者として知られる――に学び、神経学、犯罪学、医学史などの領域で業績をあげた精神医学者（一八七五～一九五三年）である。

メルロ＝ポンティ（Maurice Merleau-Ponty　一九〇八～六一年）は博士論文を構成する二つの著述――『行動の構造』（一九四二年）と『知覚の現象学』（一九四五年）――をすでに刊行していた。とくに後者が多くの読書人に迎えられ、メルロの名声は確立されたのである。彼が番組参加者のうち最年少者であることは注意していいことかもしれない。

メルロを含めこのような講師陣によるラジオ番組をフランス国営放送の担当者がどのような意図で企画したのか、その点について精確なことはわからない。ただ訳者の目を惹くのは、この番組の講師がいずれもフランス流に解された「心理学」から話を展開する建てまえがとられているという点である。想像をまじえていえば、おそらく、放送がなされた一九四八年という時点におけるフランス社会の精神状況が企画にかかわりをもつのではなかろうか。一九四八年といえば大戦が終わってまだ三年しかたっていない。当時、ドイツ占領下のフランスにおける対独協力者や右派は壊滅し、多くの知識人がフランス共産党から離反していたものの、論壇では左翼あるいはリベラル派が活躍していた。戦後フランスのこの時期にもっとも有力だったのは、政治的には左派、哲学的には実存主義、ということができるだろう。「実存」とは神を見失い寄る辺もなくこの世界に投げ出されて存在する赤裸々な人間である。こうした思想は、すでにカミュ（Albert Camus　一九一三〜六〇年）が『シジフォスの神話』（*Le Mythe de Sisyphe*　一九四二年）で人間存在の不条理を根拠にあらゆる不正義を果敢に批判した論考にも通じるものだったが、メルロの盟友というべきサルトル（Jean-Paul Sartre　一九〇五〜八〇年）が『存在と無』（*L'Etre et le néant*）を一九四三年に刊行したことで、本格的な哲学的表現をもつことになった。とくにサルトルが一九四五年におこなった「実存主義はヒューマニズムか」と題する講演が大きな評判をとり、この内容が翌年に『実存主義はヒューマニズムである』（*L'Existentialisme est un humanisme*）として刊行されるや、実存主義的思潮はいっきょにフランス社会を風靡することになったのである。

メルロ＝ポンティとサルトルはともに高等師範学校に学んだ友人であり、ナチス軍の占領下でヴィシー政権が成立した時期、一緒にレジスタンス組織〈社会主義と自由〉を結成し活動をおこない（一九四一年）、他の知識人たちとも語らって戦後の活動について討議を重ねるなど密な交わりをたもっていた。新しい雑誌の構想は戦後の一九四五年に『現代』誌の創刊として実を結ぶことになる（本誌は今日まで継続している）。この雑誌はサルトルを主幹とし、編集委員としてはボーヴォワール（Simone de Beauvoir　一九〇八〜八六年、作家・哲学者、サルトルとの「契約結婚」をつらぬいた）、レイモン・アロン（Raymond Claude Ferdinand Aron　一九〇五〜八三年、社会学者・哲学者）、ミシェル・レリス（Michel Leiris

一九〇一〜九〇年、詩人・民族学者)、モーリス・メルロ゠ポンティ、アルベール・オリヴィエ(Albert Ollivier 一九一九〜六四年、歴史家・ジャーナリスト)、ジャン・ポーラン(Jean Paulhan 一八八四〜一九六八年、作家・批評家)が名を連ねている。しかし実質的には、主としてメルロが編集の仕事をしていたと伝えられる。

ラジオ講演の他の出演者のうちではムーニエが同じ哲学者として参加しているが、サルトルの友人で実存主義の哲学者と見なされたメルロとは思想内容がかなり異なる印象は否めない(仔細に検討すれば、両者の思想に一致する面と不一致な面があるのは当然のことだが)。付け加えるなら、メルロの現象学的探究はつねに心理学との対話によっておこなわれており、実際に、彼が当初教職についたリヨン大学(一九四五〜四八年)では心理学関係の授業を担当していた。このように見てくると、この講演シリーズの企画が、戦後まもないフランス社会の精神状況を「心理学」的アプローチによって解明し、聴取者が現代社会に生きる人間についての示唆を汲み取るヒントを提供しようとするものではなかったか、という臆測がなりたつかもしれない。

(2) この翻訳では原則としてこれらの注を訳出していない。記録された音源から知られる表現上の相違のほとんどが、いわば話し言葉のいきおいが生んだ変化のように感じられたからである。しかし、なかには原稿の文章を補足するメルロの意図がうかがわれるような変更もないではない。そうした箇所については、いちいち断ることなしに、訳文に変更を反映させることにした。
（3）これらの著作などはすべて原注に掲げられている。重複を避けるため本書ではこの「文献」リストは割愛した。
（4）原典の巻頭には次の三葉の挿画が添えられている。(1)セザンヌ《木々》、制作年不詳、ルーヴル美術館、(2)ブラック《コンポートとトランプ》、一九一三年、ポンピドー・センター、(3)ピカソ《アクロバット》、一九三〇年、ピカソ美術館。本書では、(1)に加えてやはりセザンヌの作品《簞笥のある静物》、一八八二〜八七年頃、ノイエ・ピナコテーク、を本文中に掲げることにした。どちらかといえば、後者のほうが「例解」としてふさわしいと思えたからである。

第一章　知覚的世界と科学の世界

知覚の世界、言いかえますと、私たちの感官（サンス）と生命の働きによって明らかにされる世界のことですが、この世界は一見したところ、〔さまざまな世界――科学的世界、未開人の世界、藝術の世界など――のうちで〕私たちがもっともよく知る世界のように思えます。なぜなら、知覚の世界に近づくためには、測定器具もいらず、計算の必要もないわけですし、この世界に浸るには、両目を開けて生のいとなみに身をゆだねれば、それで十分なように見えるからです。しかしこれは偽りの外見に過ぎません。この講演シリーズで明らかにしたいと思うのは、私たちが実際的あるいは実利的態度をとるかぎり、知覚の世界の大部分が無視されてしまうこと、知覚の世界を明らかにするためには、多大の時間、努力、それに教養が必要なこと、また、現代藝術と現代思想〔過去五〇年から七〇年間の藝術と思想のことです〕の長所の一つが、そこで生きているのにもかかわらず私たちがいつも忘れがちなこの世界を、あらためて、発見するよう仕向けることにあること、こうしたことなのです(1)。

とりわけフランスでは、これが現実となりました。科学と科学的知識に価値が置かれ世界についての生きられた経験が一挙に値を下げてしまうという事態は、単にフランス哲学の特徴ではなく、いささか漠然とフランス精神と呼ばれるものの特徴でもあります。光とは何かを知りたいなら、物理学者に訊ねるべきではないでしょうか。物理学者こそが、光とは、かつて考えられたように白熱した粒子が降り注ぐ現象なのか、あるいは別の人が信じたようにエーテルの振動なのか、また最新の理論を認めるなら、電磁波の振動と見なされる現象なのか、実際にはどうなのかを教えてくれるのではないでしょうか(2)。光について知りたい場合、私たちの感官(サンス)を調べ、色彩や光の反射やそれらをになう事物について知覚が教えてくれるものにこだわることが何の役に立つのでしょうか。というのは、〔科学者の言うには〕知覚はただ現象にかかわるに過ぎず、科学者の体系的知識、彼らが実施する測定や実験だけが、幻想からの脱出を助けてくれるからです。私たちの感官はこの幻想にとり憑かれています。科学だけがさまざまな事物の〔単なる現象ではなく〕本性を私たちに明らかにしてくれる、知識の進歩とは、素朴な態度で参照した感官からの情報を忘れることではないのか、と。〔科学者に言わせれば〕感官からの情報は世界の真の描像には含まれません。含まれるとしても、人間の身体機構の特性として以外ではなく、それについては、近視や老眼が原因である錯覚がすでに説明されてしまっているように、いつか生理学が説明するでしょう。真実の世界は、両目がわたしに与えるような光、色彩、生々しい光景ではないというのです。真実の世界は科学が説くような波動と粒子からできており、科学はそれらを感官に由来する幻想の背後に見つけるというわけです[3]。

デカルトは、感覚される事物をすこし調べるなら〔そうした事物を〕精査した結果に訴えるまでもなく人には自分の感覚（サンス）が欺瞞的なことがわかり、知性しか信頼できないことを学ぶことができる、とまで言ったのです[1]。〔もうすこし詳しくデカルトの議論を紹介してみることにしましょう。デカルトはこう述べています。〕「ひとかけの蜜蠟が見える、とわたしは言う。しかしこの蜜蠟とはいったい精確には何なのか。確かだと思えるのは、蜜蠟がこの白っぽい色、〔強く香りたつわけではないがよく嗅いでみれば〕蜜蠟にまだ残っているのがわかる、おそらくは花の香り、わたしの指が感じ取るこの柔らかさ、蜜蠟を〔床のうえに〕落としたときそれがたてる鈍い音など——蜜蠟はこれらのどれでもないことだ。これらのものはどれも蜜蠟そのものではない。なぜなら、こうした性質が何もなくても蜜蠟そのものはあることをやめないからである。たとえばもし蜜蠟を溶かせば、それは色のついていない液体に変わる。それほど香りも残ってはいないし、もはやわたしの指に抵抗する弾力もなくなっている。にもかかわらず、わたしは蜜蠟そのものがまだあると言う。いったい蜜蠟をどのように捉えるべきなのか。状態が変わるにもかかわらず不変のままあり続けるもの、それは〔色、味、香りなどの〕質をともなわない物質の一片に過ぎないのであり、つまるところ、一定の空間を占めさまざまな形態を受け入れることができる力、とはいえ、それが占める空間も、受け入れる形態も、あらかじめ決定されてはいないような力なのだ。これが蜜蠟〔という物質〕の実在的で恒久的な核なのである。ところで、蜜蠟のこの実存性（レアリテ）が感覚に対してまったく示されないのは明らかだ。なぜなら、感覚がわたしに与えるのは、いつでも、ある大きさと決まった形態をもつ物象（モノ）だからである。それゆえ真の蜜蠟は目には見えない。それを人はただ知性によって理解できるのだ。両目で蜜蠟を見ていると思うとき、わたしは〔実際には〕感覚がたまたま捉えた性質を通じて質のともなわない剝き出しの蜜蠟を思考するに過ぎないのである。[4]」それゆえデカルトにとって――そしてこの考えはフランスの哲学的伝統において長い間絶大な力を揮ってきたのですが——知覚とはまだ混乱している科学の萌芽に過ぎない、というわけです。〔別の言い方をするなら〕知覚と科学との関係は現象と実在との関係だ、ということになります。私たち人間の尊厳は私たちが知性に身をゆだねることに由来し、私たちに世界に関する真理を開示してくれるのは、もっぱら、この知性のお蔭だというのです。

いましがた、現代思想と現代藝術が知覚と知覚的世界を復権した事実について言及しました。しかしもちろん、現代思想と現代藝術が科学の価値を——技術開発の手段としても、厳密性と真理の教えとしても——否定したなどと言うつもりはありません。〔理論を〕検証するとはどういうことでしょうか、〔ただの思いつきなどではなく〕綿密な調査とはどんなものでしょうか、〔知的探究が〕自らの営みと自らに固有な偏見を批判するとは何でありましょうか。これらの問題について学べるのは、これまで科学の領分においてでしたし、いまもそうであり続けています。科学がまだなかった時代に人々が〔来るべき〕科学にすべてを期待したのは適切なことでした。しかし現代思想が科学に問い立てするのは、科学の存在理由を認めないからではないし、科学に対してどんな領分も許すまいとする意図からでもありません。問題はむしろ、科学が完全で自足した世界表現、いわば自らに閉ざされており、そこを越えてどんな問いも立てるには及ばないような世界表現を提供しているか、あるいは将来提供するだろうかという点にあります。科学を否定したり制限したりするのが問題なのではありません。科学のように測定や比較などの方法に拠らない研究、また古典物理学の法則のような、特定の結果を特定の条件に結合する法則に要約されないようなあらゆる研究は無駄だと決めつけ、この種の研究を否定し排除する権利が科学にあるのでしょうか――この問いの解明が問題なのです。この問題は科学に対する敵意を少しも示すものではありません。むしろ、私たちにこの問い立てを強い、科学にそうした権利がないと答えるよう促すのは、最新の発達した科学そのものです。

というのも、一九世紀末以来、科学者は彼らの発見した法則や理論を〈自然〉において起こっている現象の精確な像としてではなく、研究が精密になるにつれて訂正される、いつでも実際の自然現象より単純な図式、一言でいうと近似的認識と見なしているからです。経験が私たちに示す事実を科学は分析にゆだねますが、この分析がいつか完遂されると期待することはできません。なぜなら、〔科学者が実施する〕観察には〔原理的に〕限りがないからですし、ある時点で果たされた観察よりさらに完璧で精確な観察をいつでも想像できるからです。具体的なもの、つまり可感的なものは科学に対して終わりなき解明という任務を割り当てます。ですから、古典的科学のように、具体的なものを科学的知性が乗り越えるべき単なる現象と見なすことはできないことになります。知覚的事実を——一般に世界の歴史に含まれた出来事のことですが——宇宙の恒常的様相をつくりあげている一定数の法則から演繹するのは不可能です。いや逆に、法則とは物理的出来事の近似的表現にすぎず、出来事の不透明さはいつでも残り続けます。現代の科学者は、古典時代の科学者のように、事物の核心、事物そのものに到達するという幻想をもう抱いてはいません。この点に関して、相対性理論は、おのおのの観察は観察者の位置に全面的に結びつくこと——なぜなら、観察者と彼の置かれた情況とは切り離せないからです——を明らかにしました。つまり相対性理論は〔過去の古典的物理学が想定した〕絶対的観察者という観念を拒んでいます。このようにして、相対性理論は、絶対的で最終的な客観性が夢想であることを確証しました。〔したがって、現代ではもはや〕科学の領分で情況づけられていない純粋な知性が、どんな人間的痕跡をもとどめぬ対象、神が見ているような対象に到達しているなどと自惚れるのは禁物です。といっても、科学的研究の必要性はいささかも損なわれません。私たちはただ、絶対的で全面的な知識を気取っている科学の教条主義に反対しているだけです。要するに、人間の経験のあらゆる要素、とりわけ私たちの感官知覚を正しく評価しなくてはならないのです。[5][6]

科学と科学哲学が、このように、知覚的世界を探索するためのドアを開いている間に、絵画、詩、そして哲学は、事物・空間・動物、そして知覚の野に現れる人間、つまり〔内部から知られる主体的人間ではなく〕外部から知覚された人間さえも、これらの知的営みにとって周知の領分に敢然として引き入れ、それらに、現代に特徴的なきわめて新しいヴィジョンを与えたのです。続きの講演でわたしはこうした探究から獲得されたもののいくつかをお話ししようと思います。

原注

1　Descartes, *Méditationes métaphysiques*, Méditation seconde, in *Œuvres*, éd. A. T., vol. 9, Paris, Cerf, 1904, Vrin, 1996, p. 23 *sq.*; in *Œuvres et lettres*, Paris, Gallimard, coll. «La Pléiade», 1937, rééd. 1953, p. 279 *sq.*（「第二省察」所雄章訳、『デカルト著作集2』、白水社、一九九三年、四三頁以下。）

注釈

（1） メルロ＝ポンティはこのパラグラフで光という自然現象に関する科学的アプローチ（次註を参照）と（身体機能としての）感覚による光の把握を照らし合わせながら、知覚的世界と科学の世界との相違を明らかにしようとしている。ここにはどんな問題がひそんでいるのだろうか。そしてメルロはどのように問題の解決に挑んだのだろうか。

一般に「感覚」ないし「感官」（sens）および「知覚」（perception）という二つの用語は人によりあるいは分野により遣われ方が異なることもあり、区別しないで使用される場合もあるが、メルロの用語法においては、一貫してそれぞれに異なる概念内容が与えられている。その骨子をおさえるなら、次のように言えるかもしれない。メルロにとって〈知覚〉とは、人間が生きてあること（人間の存在構造）の基本的様態のことであり、この土壌から人間のさまざまな行動や認識などが発現し実を結ぶのであって、そのかぎりで〈感覚〉もこの基本的様態に含まれると解されている。すなわち、〈知覚〉と〈感覚〉には概念秩序における差別があり、〈知覚〉が〈感覚〉よりも基本的な概念ないしその上位概念なのである。

本書ではsensを文脈におうじて「感覚」、「感官」と二つの訳語をあてている。いずれにしてもこの語は基本的に、視覚、聴覚などふつう五感に含められる感覚器官のはたらきを意味している。なぜ場合によって日常語としては耳慣れない「感官」の語を使用しなくてはならないのだろうか。じつはメルロは類似の用語として sensation を遣ってもいる。そこで辞書や原典にあたり二つの用語を比較し吟味してみると、両者の重要な違いが浮かびあがるだろう。

名詞の sensation は動詞 sentir（感じとる、気づく）に由来する派生語である。すなわち感覚といってもこの言葉は、感じとられた結果としてのその感じそのものを感覚作用やその他の条件と切り離して意味している。たとえば、une sensation de la froideur は「冷たさの感覚」である。旧いタイプの心理学はこの種の〈感覚〉について多くの研究を積み上げてきた。メルロの見地からすれば、こうした〈感覚〉は心理学実験室で抽象的に構成された人工的概念にすぎない。読者は『知覚の現象学』「序論　古典的偏見と現象への回帰　I〈感覚〉なるもの」で〈感覚〉（sensation）に対する批判的考察が展開されているのを見出すだろう。

ただし「感覚」の用語がつねにメルロによって批判的に使用されるとは限らない。人間がつくりだす表象の要素としての感覚をもう一度〈感覚するはたらき〉（le sentir）に差し戻してやり、そのはたらきの最中（さなか）でそれを捉える場合に、帰納的心理学者あるいは現象学的心理学者は「感覚」という用語を使用せざるをえない。このような事情で、彼らが用いる「感覚」（sensation）の語はメルロによって肯定的に受けいれられている（『知覚の現象学』第二部、第I章「感覚するはたらき」を参照）。

これにひきかえ、sens は感覚を起こす機能であり、しかもその感覚が実現された形態でもある。その意味では、感覚のはたらきのうちに出現する sensation とほぼ同義であるとみなしうる。いずれにせよ、sens の存在論的に特異な性状を明示するために、訳語としては「感官」が使用されるのが通例になっている（いま述べた対比があまり重要でない文脈では訳語としては「感覚」ですますこともある）。すなわち感官とは、生理作用の面をもちながら他面では心理作用でもある、統一された感覚のはたらきのことである。

〈知覚〉はメルロ゠ポンティの哲学思想のまさに中核をしめるもっとも重要な概念である。その意味で彼の思想を「知覚主義」と称するのは間違いではないし、むしろそれが適切であろう。そこで以下しばらくメルロにおける〈知覚〉概念の形成について考察してみよう。

「知覚」ということでまず意味されているのは、視覚ほかの感官的機能によって世界に関する何かしらの事態が把握されている状態のことである。たとえばテーブルに目を向けると、「紅白のカーネーションの花瓶がある」のが見える。知覚の主体がふつうの成人なら、傍らの人から「あれは何の花？」と訊ねられた場合、すぐさま言葉で「カーネーションです」と答えられるだろう。このように、知覚とは一面では〈見えている内容〉であり、別の面ではある種の〈判断〉であり、もちろん〈知識〉でもある。現代の多くの人が「知覚」を心理的なものと見なすのは自然であり、実際、知覚の研究をおこなうのは心理学の分野だと見なされている。また哲学者のなかには知覚を「心的状態」（mental state）のひとつに数える人がいる。これは当人が知覚をやはり何かの意味で心理的なもののカテゴリーに含めているからである。

ところがメルロ＝ポンティは、知覚を〈心理的なもの〉と捉えていないわけではないが、むしろそうしたカテゴリーを可能にするいっそう基礎的なカテゴリー、つまり存在論的カテゴリーと見なしている。メルロにとり、〈知覚〉とはなによりも人間がこの世界に帰属するありかた（存在様態）にほかならない。この種の存在の様態はそれを生きる人間にとってひとつの〈経験〉として実現される。彼はもちろん知覚という経験に心理学者や哲学者の指摘するいくつもの性格がともなうことを否定するわけではない。しかしながら、メルロにとって当面の問題は、知覚に対して独自な存在論的身分――心的なものと物質的なものという、近代にデカルトが確立した二分法（心身二元論）を離れて――を与えることが問題なのである。ここで、哲学史の背景に触れつつメルロの問題意識について多少具体的に述べておこう。

メルロは知覚の問題を突破口にして哲学思想を全体として再構築しようとする計画を早い時期から立案していた。その事実を示す資料がある。一九三三年、彼は研究助成金を申請するための一件書類として「知覚の本性に関する研究計画」という文章を執筆している。そこでメルロは、同時代の講壇哲学の主流だった新カント派の主知主義的哲学――ブランシュヴィック（Léon Brunschvicg　一八六九〜一九四四年）がそれを代表する――をいくつかの視点から批判している。彼はゲシュタルト心理学や神経生理学の新しい進展を積極的に評価しているが、彼の目論見は、新カント派による知覚論を分析するだけで終わらなかった。研究計画は次のように結ばれている。「要するに、哲学の現状において必要なことは、知覚の問題をめぐる実験心理学と神経学とのさまざまな成果の綜合を試み、反省によってその正確な意味を限定し、そしておそらくは、現行のいくつかの心理学的および哲学的概念を鋳直すことであるだろう」(Merleau-Ponty, 'Projet de travail sur la nature de la Perception,' dans *Le Primat de la perception et ses conséquences philosophiques*, Cynara, 1989.「知覚の本性に関する研究計画」加賀野井秀一訳、メルロ＝ポンティ『知覚の本性』加賀野井編訳、法政大学出版局、一九八八年、所収)。「概念を鋳直す」ことは、いま流通している概念を無定形の素材に融解してしまい、これを使用して新しい概念を造形することを意味する。その後彼は、研究計画のとおり知覚の問題の探究に精励することになる。その結実がまさに『行動の構造』(一九四二年)と『知覚の現象学』(一九四五年)という二冊の著述であった。

ここで読者は当然ながら次のような疑問をいだくのではないだろうか。どのようにしてメルロは知覚の問題に出会いこれを主題化したのか、なぜ知覚なのか、と。この事態を明確に説明するのはまず不可能だろう。これこそ思想的ドラマのあくまでも密やかだが決定的な場面であり、哲学者本人以外の誰にも知りえない、いや本人にもなかば無自覚な理由で彼のもとに到来した戦慄だったに違いないからだ。テクスト解釈にたずさわる者にできる作業は、メルロ＝ポンティが哲学者としての自己形成を遂げる過程を遺された資料によって追跡しつつ、彼がこの問題を摑み取った動機や理由についていくつかの示唆を探りあてることに限られる。

とはいえ知覚の経験が、一般に哲学的探究を誘発することに不思議さはないし、実際、この種の問題は哲学の分野で根本問題の一つとして多くの哲学者が考察し論じてきた。この傾向はとりわけ近代に目立っていると言えるかもしれない。私たちはただちに、デカルト（René Descartes 一五九六～一六五〇年）、スピノザ（Baruch de Spinoza 一六三二～七七年、アムステルダム生まれのデカルト派の哲学者）、ロック（John Locke 一六三二～一七〇四年、英国の経験主義の哲学者）、カント（Immanuel Kant 一七二四～一八〇四年）など、知覚について考察し議論を重ねた多くの哲学者の名を想いうかべることができる。一方で、知覚は〈経験〉の原形のおもむきをそなえている。そうであるからこそ、日常語で「見聞」という場合、この「見聞」は経験を意味する比喩あるいは換喩であり、視覚と聴覚で経験一般を代表させることも可能になるのだ。他方で、知覚はさまざまな意味で知識と深いつながりをもつ（前述のように、知覚そのものがある種の知識でもある）。言いかえると、〈知覚〉は〈経験〉や〈知識〉などの基礎的概念と緊密に結びつくかぎりで、哲学の——とりわけ認識論的考察にとって——基礎的問題なのである。

しかしメルロは同時代に行われていた知覚の哲学に飽き足らない思いを抱いていた。計画を立案した時点では、自分の研究のゆくえがどこに帰着するかについて――漠たる予想はもったかもしれないが――明瞭にイメージすることはできなかっただろう（だからこそ研究計画を立案したのだ）。その際にメルロの背中をおした動因の一つとしてベルクソン（Henri-Louis Bergson　一八五九～一九四一年）から学んだ知覚理論があったのは想像に難くない。ベルクソンは『物質と記憶』（*Matière et mémoire*　一八九六年）で、人間において統合されている心と身体を主知主義者が分断してしまった顚末を克服するために、物質でも表象でもない〈イマージュ〉（image）という中性的存在者を想定することから出発しつつ、意識を世界に参加させるために感官と運動の統一を力説し、また空間化された時間ではなく生きられた時間としての〈持続〉を構想した。メルロはこの試みの意図をよしとしながらも、ベルクソンがついに主知主義を超えられなかった、という評価を下している（『知覚の現象学』を参照）。

メルロの研究計画に大きく寄与したのは、言うまでもなくフッサールの現象学である。彼がベルクソン哲学を批判したのは、実際、現象学の徒としてであった。フッサールが一九三八年に亡くなり、彼が遺した膨大な遺稿がナチスに棄損されまた戦争で失われる危険に瀕した。これを回避するために、遺稿はドイツのフライブルクからベルギーのルーヴァン大学に移され、ヴァン・ブレダ神父が主宰する哲学研究所に「フッサール文庫」として保管された。ほどなくメルロ＝ポンティがここを訪れて『イデーンⅡ』ほかの遺稿を閲覧したことはよく知られている（ヴァン・ブレダ「モーリス・メルロ＝ポンティとルーヴァンのフッサール文庫」前田耕作訳、現象学研究会編『現象学研究』創刊号、せりか書房、一九七二年）。こうしてメルロの『知覚の現象学』にいわゆる後期フッサールの思想が明らかな痕跡をとどめることになる。メルロは主著の刊行の後も自分の哲学思想をいくども その根底から反省する機会に遭遇したが、その折に彼の思索をみちびき前進させたのはいつでも後期フッサール思想との対話であった。このことについては後述の機会があるだろう。

（2） 現代の自然科学では、光は波動と粒子の二重の性格をもつとされる。光が反射し屈折するなどの事実から、光を〈波動〉と見なす説が古くからあったが、一九世紀初頭にヤング（Thomas Young 一七七三〜一八二九年、英国の物理学者）の干渉実験でこの説はほぼ確立されるにいたった。この実験において、単一の光源から発した光が二つのスリットを通過してスクリーンに達し明暗の縞模様ができることが示された。ちなみに〈干渉〉とは、複数の波が重なって新しい波形が生じる現象のことである。すなわち、波長と振幅の等しい波の山同士が重なればさらに山が高くなり、逆に波の山と谷が重なれば打ち消しあって山は低くなる。現在では、光は〈電磁波〉の一部分、つまり人間が知覚できる波長の電磁波だと考えられている。

他方、かつてニュートン（Isaac Newton 一六四二〜一七二七年、英国の物理学者）が唱えた光の粒子説は二〇世紀のアインシュタイン（Albert Einstein　一八七九～一九五五年、相対性理論を確立したドイツ生まれの物理学者）の〈光子〉の概念によって取って代わられた（光量子説）。ニュートンが光粒子を仮設したのは、光が直進することや物質表面で反射することなどの現象に基づいていたが、反射や回折（光が障害物にあたったとき、その背後に回り込む現象）を説明しにくい難点があった。しかし一九〇五年にアインシュタインが光電効果（光を物質に照射すると電子が物質表面から放射される現象）に着目し、光の粒子説（光量子説）を唱えた。この説は「量子力学」につながることになったが、量子力学によれば「光は粒子と波の二重の性格をもつ〈量子〉である」とされ、この説が現在ではひろく受け入れられている。メルロ＝ポンティがここで、波動説と粒子説を互いに別個の理論であるかのように述べているのはやや言葉足らずだろう。実際には、光は吸収や発光などの現象では粒子としてふるまい、伝播、干渉、回析などの現象では波動の性質を示す一つの物理現象なのである。

光が波であるならそれを伝える媒質があるに違いないと考えたホイヘンス（Christiaan Huygens　一六二九～九五年、オランダの物理学者）は宇宙に広がる「エーテル」の存在を仮定した。しかしエーテルには数々の理論的問題がつきまとっており、それらの解決に物理学者は悩みつづけた。たとえば、エーテルが地球をはじめすべての惑星の運動をさまたげない――音波の媒質としての空気が物体の運動に影響するのとはちがって――ことから、それはきわめて微細な流体でなくてはならない。他方で一九世紀にヤングは光が横波――波動を伝える媒質が、波の進行方向と垂直に振動する波――であることをはじめて唱えた。しかしこれだと、エーテルの粒子は固く結合して弦や縦糸のような構造(固体としての構造)をなしていなくてはならない。――エーテルに関する理論的難点は、最終的に、光を電磁波と捉えエーテル仮設をやめることで解消されたのである。

(3) このくだりでメルロは科学的認識が知覚に根拠をもつと明言している。この発言を哲学史のなかに置き直すことによって、その真意を測ることができるだろう。古来、哲学者たちは〈知識〉をめぐる諸問題の解明に力をつくしてきた。とりわけ近代において、認識論や知識論と呼ばれる哲学的部門が成立してさまざまな問題――いったい知識とは何か、知識の正しさとはどういうことか、知識が由来する根拠は何か、知識に限界はあるのか、など――について思索を傾けてきた。

現代においてフッサール現象学を動機づけたのも、こうした認識論的問題関心であった。ところで、メルロ＝ポンティ哲学の独自さは認識論をあくまでも〈知覚〉に密着しつつ構想したことにある。彼が生涯持ちつづけたこのモチーフについて、メルロはこのラジオ講演以前に刊行された二冊の著作とくに『知覚の現象学』でかなりな程度まで展開している。だが後年、彼はその議論が不十分だと自覚することになった。この間のいきさつについては彼自身の証言がある。コレージュ・ドゥ・フランスの教授立候補に際して執筆された報告書である（'Un inédit de Merleau-Ponty,' *Revue de Métaphysique et de Morale*, n° 4, 1962, dans Merleau-Ponty, *Parcours deux*, Verdier, 2000.「メルロ＝ポンティの一未公刊文書」、メルロ＝ポンティ『言語と自然』滝浦静雄・木田元訳、みすず書房、一九七九年、所収）。この文書で彼は、一九四五年以降に自分が新たな研究を始めたこと、〔これらの研究の成果によって〕初期の研究の哲学的意義が決定的なかたちで確定されるだろうこと、そのことが逆に、新たな研究にたいして道筋と方法をさずけることにもなることを語っている。つまり彼は、初期の研究と後期の研究とが連続と非連続の両義的関係にある点を明言しているのだ。

新たな研究を目指して彼が取り組んだ著述は、残念ながら途中で未完のまま放置された。だが幸いにもその内容はメルロの没後刊行された『世界の散文』（*La Prose du monde*, Gallimard, 1969.〔『世界の散文』滝浦静雄・木田元訳、みすず書房、一九七九年〕）によって確かめることができる。彼の思索の道程を記録したこのドキュメントから読み取れる眼目は、誰にとっても明らかである。知覚的次元の真理から本来的認識――科学的認識はここに含まれる――における真理への昇華をどのように解析すべきなのか。この問いに対して彼が構えた思想的戦略は、大方の予想の範囲であったと言えるだろう。彼は『知覚の現象学』でかなりの頁を費やして身体性の機能としての〈表現〉、とりわけ〈言語〉を論じている。いまやメルロは〈表現〉とりわけ〈言語〉の概念の再構築によって、初期の見地を超えようとしたのであった。

『知覚の現象学』における〈表現〉（expression, Ausdruck）の概念内容を確かめておきたい。メルロ＝ポンティは、現象学の徒として、「黙して語らない経験こそ、その経験の意味の純粋な表現へともたらすべきである」（フッサール『デカルト的省察』）という言葉を自らの思索のモットーとした。経験が知覚を基盤にして成り立つという論点について、フッサールはメルロ＝ポンティに同意するだろう。だがフッサールにとって、この「表現」とは哲学者による言語的記述（現象学的記述）にほかならない。これに対して、メルロは、言語表現を哲学者の専有とは見なさなかった。小説家も言語表現で人間の現実を赤裸々に提示することに努めている。それどころか、絵画や音楽さえ、ある意味で言語表現に匹敵する、いやある場合にはそれに勝る表現をなしうることがある、とメルロは明言する。

たとえば彼は次のように述べている。「小説、詩、絵画、音楽などの作品は不可分な個体であり、それぞれが表現をおこなっている。だがこれらの個体において、表現という機能と表現される内容とを区別できないし、直接的な接触以外にはその意味を手に入れることはできない」と（『知覚の現象学』、一七七頁）。いっそう明確な言い方もある。「言葉、音楽、絵画など表現のさまざまな様式のあいだには根本的な違いはない。言葉は音楽と同様無言であり、音楽も言葉と同様語っている」と（『知覚の現象学』、四四八頁）。

メルロによる〈表現〉の捉え方を整理すると、それには以下のような特徴が認められる。

第一に、彼が言語に関して比量的言語による表現（平たくいえば、字義的・一義的で真理値をもつような言語表現）を特権化しなかったということ（これとの関連で比喩の問題があるが、これについては後述）。第二に、言語のみならず、非言語的表現（音楽や絵画など）ならびに前言語的表現（たとえば身振りや表情）にも表意機能（signification）を認めていること。第三に――微妙でしかも重大な問題として――メルロのいう〈表現〉の機能の原型が〈表情性〉として想定されていること。この点を物語るメルロによる次のような観察の記述がある。「フランス語に吹き替えられた映画を観ているとき、わたしはただ発話と映像の不一致を認めるだけでなく、突如、あそこで違うことが言われているとわたしには思えてくる（……）。音響が故障してスクリーン上の人物が突然声を無くし〔それでも〕さかんに身振りを続けている場合、わたしが急に把捉できなくなるのは、彼の話の意味だけではない。光景も変わってしまうのだ。いままで生気のあった顔は鈍麻し凝固して、狼狽した人間の顔のようになる。（……）観客にとって、身振りと発話は理念的意味に包摂されているのではなく、発話は身振りをとりあげ直し、身振りは発話をとりあげ直して、両者はわたしの身体を通して交流しあうのである。」（『知覚の現象学』、二七一頁）

ここでメルロが述べている言語機能とはすなわち〈表情の表出〉にほかならない。その機能を彼は「表現作用」（opérations expressives）とも呼ぶ。言いかえれば、〈表情を示す〉（showing expressions）という働きである。右の記述につづけてメルロはカッシーラー

(Ernst Cassirer 一八七四～一九四五年、ドイツの新カント派に属する哲学者)のよく知られた記号機能の三分類に言及している。『シンボル形式の哲学』(生松敬三ほか訳、全四冊、岩波文庫、二〇一〇年)を著したこの哲学者は、記号機能をその進化の位相に応じて、表現機能(Ausdruck)-記述機能(Darstellung)-意味機能(Bedeutung)の三つのタイプに分類している。メルロが〈表現〉概念をカッシーラーの概念から彼なりの展開や洗練を加えて継承したことは、まず明らかなことだろう。

後期メルロ＝ポンティ哲学の標的を「知覚からロゴスへ」というモットーに要約するなら、これを射抜くための準備はすでに初期の探究によって整えられていたと見なしうる。知覚の黙したロゴスから真にものを言うロゴスへの昇華のために要請されるものは何だろうか。

繰り返すなら、知覚の所作的・表情的意味についてはすでに解明がなされている。念のために言えば、メルロの提起した〈知覚〉のカテゴリーはすでに運動性を含み込んだうえで構成されている。彼のいう〈本来的身体〉(corps propre)あるいは〈現象的身体〉(corps phénoménal)が、存在論的にいって、〈知覚＝運動系〉を構成するかぎり、これは当然のなりゆきであろう。たとえメルロのテクストに知覚は知覚として運動は運動としてあたかも別々に語っているように読める箇所があるとしても、それは議論の焦点を明確にするための便宜的やり方にすぎない。

こうして後期のメルロに課せられた問題が具体的に浮かび上がる。第一に、表情ある身振りから発語が創発される事態を記述しなくてはならない。この目的には遣い古された哲学用語は役に立ちそうもない。メルロが種々の隠喩やときとして新奇な言葉遣いをしなくてはならないのはそのためである。第二に、言語という記号形態とは異なる記号形態との比較論によって、言語の特徴をつきつめること。すでに述べたように、メルロは言語を音楽や絵画と比較する一種の記号論をかなりな程度まで推進していた。第三に、数学の記号系としての本態を解明すること。なぜなら、近代科学は数学と本質的に結びつきつつ展開してきたからであり、数学の存在論的分析をおいて科学的認識に迫ることは不可能だからである。

はたして彼はこれらの問題に明確な解を与えることができたのだろうか。だがまさに懸命な取り組みの最中に彼は不慮の病に斃れた。読者に遺されたのはただ未完の著作『見えるものと見えないもの』(*Le Visible et l'Invisible*, Gallimard, 1964. 邦訳、滝浦静雄・木田元訳、みすず書房、一九八九年)あるいはコレージュ・ドゥ・フランスにおける講義録だけである。彼の最終的思想と問題への解答は彼が書き記した一切の文章のなかにある。その豊かな鉱脈を掘り起こす作業はいま続けられている。この問題についてはひきつづき第二章の注解で論じよう。

（4）ここで示されたデカルトの議論は、デカルトの著書『省察』に収められた「第二省察」に見いだされる。デカルトの原文とここに示された議論を比較すると、これがテクストそのままの引用ではなく、メルロ＝ポンティによるかなり自由な要約であることがわかる。ふたつを読み比べて気づくのは、一つに、『省察』の著者が遣っていない用語がメルロによる要約のなかに登場していることである。たとえば、メルロ＝ポンティは、蜜蠟の「実在性」（réalité）がデカルトによって「〔色、味、香りなどの〕質をともなわない物質の一片」（un fragment de matière）に還元された、と述べている。だがデカルトは「第二省察」のなかで、終始、個別的な一つの「物体」（corps）としての蜜蠟とは何かを訊ねている。「物質」と「物体」――フランス語の原語に帰って考えたとき、二つの用語の差は抽象的レベルではそれほどないともいえるし、個別の文脈にそれらが置かれた場合にはかなり違いがあるともいえる。一見すると問題は単なる言葉の使用法にすぎないとも思えるが、しかし、用語法の違いを見過ごすことをせず、これを糸口にデカルトの思想をいっそう明確にするやり方もあるだろう。

メルロがデカルトの本文に登場しない語を説明に持ち込んでいる一方で、デカルトが本文で明確に打ち出した重要な用語を無視しているのはどういうことだろう。デカルトは蜜蠟の物体としての本性あるいは本質とは何かを訊ね、最終的に〈延長〉という本質的属性を見いだした。哲学教科書には「デカルトは物質を延長として規定した」という主旨の記述が見いだされる。ところがメルロはここで「延長」には触れることがない。そのかわりに、あたかもデカルトが物体の本性を「一定の空間を占めさまざまな形態を受けいれることができる力」として発見したかのように語っている。これはどういうことだろうか。――この疑念を晴らすには、テクスト解釈の道程を順次たどるほかはないだろう。しかし解釈を辿る人にとっては、どこに連れてゆかれるのか不審の念をおぼえるかもしれない。そこでまず、私たちの解釈の要点を示しておくことが、これからの叙述を読むための促しにもなると思える。メルロがあえてデカルト形而上学のキーワード「延長」に言及せず、やや飛躍した「力」を物質の本質として示したのは、デカルトが創出した機械論的な自然観を暗示すると同時に、それに対する根底的懐疑を表明するやり方であった――これが私たちの論点である。このラジオ講演で、メルロは、さらに進んでデカルト的自然観に取って代わる見地を示唆することにも努めている。

最初に、デカルトが「物体の本性」を発見するのに従った認識の方法が現代の現象学的方法に通じる面をもつことを確認する必要がある。デカルトに言わせるなら、「物体一般」(corps en général) を考察することは容易ではなく、そもそも（物体一般についての）明らかな「一般的想念」(notions générales) を得るのは人間には不可能なわざである。この見地を背景に再考するとき、『省察』におけるデカルトの特徴ある思考の構えが浮かび上がってはこないだろうか。蜜蠟の議論においてデカルトは「物体一般」ではなく、「物質」

ではなおさらなく、具体的な個別の「物体」――蜜蠟――にあくまで密着しようとしている。ここに、二〇世紀になって現象学者が提唱した〈本質直観〉（Wesensanschauung）、さらにそれに関連した想像力による〈自由変更〉（frei Variation）という認識方法に酷似した手続きを認めることができるだろう。

現象学の提唱者フッサールが打ち出した最大の論点は、よく知られているように、〈現象学的還元〉（phänomenologische Reduktion）にあった。私たちは自己と世界についていつでもすでに種々の観念やら解釈をかかえこんでいる。それらが真実であるという絶対的根拠はないと見なす点においてフッサールはデカルトと同意見であるが、しかしデカルトが実施した「方法的懐疑」のやり方に彼は異を唱える。デカルトが既成の知識をいったんはすべて偽と見なし捨てることを決意したのに対して、フッサールは、私たちが背負っているあらゆる判断や観念を――捨てるのではなく――「括弧にいれる」ことで、それらが意味する働きを封じる方途を選ぶのである（「判断中止（エポケー）」）。フッサールによれば、この操作を徹底しておこなうその究極にあらゆる意味の源泉としての〈超越論的意識〉が現れるはずである。この源泉に回帰したら、今度は反対に、世界の要素をなす対象の「本質」について考察を始めねばならない。現象的還元のこの部面はとくに「形相的還元」と呼ばれるが、その具体的手続きが、先述の本質的直観や自由変更なのである。

デカルトは物体の本質を取り出すために蜜蠟を例にとりつつ、それを想像のなかでさまざまに変更を加えた――手に取る、匂いを嗅ぐ、熱するなど――のだった。だがどんな変更によっても変わらず保持される不変な要素を、デカルトは蜜蠟が空間において一定の延長を示すことに見いだして、この延長を物体の「本質」として把握したのだった。――この認識方法はほとんどそのままフッサールのいう形相的還元に相当するだろう。対象についての個別的な直観からスタートしながら、これを自由に変容させて得られる多様な像を重ねてゆくなら、その多様性のただなかにつねに変わらぬ一つの項が見いだされるだろう。これが対象の本質にほかならない。このようにして、超越論的意識の学としての現象学が全体として――問題意識、考察の方法、主張の内容などの点で――デカルトの意識の哲学(「私は考える、ゆえに私は存在する」)の二〇世紀における再建であることは明らかである。

第二に、周知のように、デカルトは蜜蠟の議論を推し進めて物体の本質を「延長」に見いだす。つまり、物体を「延長するもの」と捉えることになる。そしてこの把握は――メルロ゠ポンティがここで〈延長〉に論及していない点にはあとでふれるとして――メルロ゠ポンティの批判的口ぶりに知られるように、蜜蠟という物体に密着した知覚(その可能態としての想像力)とは違う純粋な知性による把握に過ぎない。「蜜蠟が何であるかを、わたしは知性によってのみ把握する」とデカルトは確言する。確かにメルロ゠ポンティが指摘するように、デカルトのこの議論は、知覚が把握する世界と科学理論が明らかにする世界との分断をもたらすに違いない。そしてデカルト以後、科学が描く世界像だけが正しい（「科学的だ」）と安直に言われてきたのは事実である。だがこの種の還元主義をデカルトの議論からただちに引き出せるだろうか。むしろ、最初に言及した知覚への密着という論点を堅持するなら、少なくともこの文脈においてデカルトは、知覚的世界と自然学の世界（自然科学が描く世界像）とが権利を等分に有すると（デカルトの意に反して）述べていることにならないか。

フッサール現象学がデカルト哲学の継承であり新たな展開であることは、フッサール自身も認め、また多くの研究者にも追認されている（その内容には立ち入れないが、フッサールの晩年の著書『デカルト的省察』はデカルトを継承しつつ超越論的現象学へいたる「新デカルト主義」を標榜している）。メルロのデカルト批判が両義的なのは、基本的に彼が現象学に与する点に由来するが、ことがらをいっそう複雑にしているのは、後期フッサール哲学に寄せるメルロの敬意と期待が大きいその分だけ、彼がフッサール現象学の限界を評定しこれを超えようとするモチーフを最後までゆるがせにしなかった事実である。メルロ゠ポンティのフッサール現象学との格闘については、とくに未完に終わった遺著『見えるものと見えないもの』（*Le Visible et l'Invisible*, Gallimard, 1964）が参照されなくてはならない。

デカルトの「物質は延長である」という形而上学にもどろう。要するに彼は「物体の本性を構成するのは延長であり、空間の本性を構成するのも延長であって、この二つの延長はじつは一つである」と唱えたのである。したがって、とくに「物質」の語が遣われていないとはいえ、「物体の本性」という表現で物質が名目的に意味されていると解釈しうるだろう。〈物体〉の延長を概念化するときにデカルトは個別的な物体を延長と同一視する。そして〈空間〉を概念化するときには、個別的物体の観念を極限まで希薄にしてゆき、その延長をとりだして一般化する。それが〈空間〉に相当することになるだろう。

ところで、メルロがデカルトの議論を紹介しているなかで、「延長」としての蜜蠟をある種の「力」(puissance)と規定したのにはどんな根拠があるのだろうか。もういちど引用すれば、メルロはここで物体の属性としての〈延長〉を「一定の空間を占めさまざまな形態を受けいれることができる力、とはいえそれが占める空間も受け入れる形態もあらかじめ決定されてはいないような力」である、と述べている。ところがデカルトの『省察』の該当箇所にあたってみても「力」(puissance)という表現は見当たらない。それがデカルトの原文には登場しない言葉遣いだとすると、延長を力と規定することは、デカルト自身の明確な主張というより、メルロ゠ポンティの解釈と見たほうがよさそうである。残念ながらこの解釈についてメルロはなにも説明していない。時間に限りのあるラジオ講演だから無理もないが、本書の読者には大いに気にかかる問題である。

メルロ゠ポンティは初期から後期までたびたびデカルトに論及している。彼にとってデカルト哲学の何が問題だったのか。身体と精神を「実在的に」峻別するデカルトの形而上学(いわゆる心身二元論)を克服することが身体性の現象学を構想するメルロにとって最大の課題だったのは確かだが、彼は「心身問題」を(英米哲学の流儀と違って)理論的・抽象的な水準でだけ論じることはしなかった。それどころか、デカルトにたいするメルロの関心はたんにあれこれの理論の域にとどまるものではない。「心身問題」が西洋の哲学思想の所産だとすれば、これを解くことよりもこれを出題した伝統的哲学を解くこと――伝統的哲学をいったん解体したうえで再建することが、メルロの真意だったように思える(『見えるものと見えないもの』などに関連する発言が見える)。この企てにとってひとつのキーワードが「実在論」(réalisme)である。これは、人間的現実の外部にこの現実を規定する何かしらのモノ(ラテン語でres、réalismeの語源である)があることを認めてかかるという見地である。現象学が反実在論的思考であることは誰にも見やすい道理であろう。メルロ゠ポンティは現象学の学徒として初めからあらゆる形式の実在論に対し――一方では主知主義や観念論、他方では経験主義や唯物論に対し――つねに仮借ない検討を加えつづけた。メルロのテクストにおいてデカルトはさしずめ主知主義者の代弁者として登場する。とりわけ目に立つのは、『屈折光学』で機械論の見地から視覚理論をつくったデカルトへの批判である。

本章の冒頭でメルロは知覚と科学の関係について問いながら、経験される現象としての光が光学に取り込まれ、色彩や光の知覚が「感官に由来する幻想」(fantasmes sensibles)に還元されてしまう顚末について論難している。視覚に関するこの種の機械論的理論を一七世紀に提起したのがデカルトであり、デカルト的理論は少なくとも大枠においていまなお定説の位置をしめている。光についてデカルトは波動説を唱えた。彼によると、恒星の素材である第一元素がさかんに円運動をおこない、この運動にともなう遠心力が天空の微細な物質に圧力を与えるのだが、これが波の現象となって伝播したものが光であるとする。『屈折光学』でデカルトは「光というものは空気あるいは他の透明な物体を仲立ちとしてわれわれの眼の方に伝わってくる、きわめて速く、きわめて活潑なある運動または作用にほかならない」と述べている(「屈折光学」青木靖三・水野和久訳、『デカルト著作集1』、白水社、一九九三年、所収、一一五頁)。同書でデカルトは光を小さな球の流れに見たてて視覚の説明をしている。とすると、デカルトは同時に光の粒子説にも同調したのだろうか。しかし彼自身「光の本性がなんであるかについて本当のところをいおうとする必要はないし、二つ三つのたとえを使えば足りる」(同書、一一四頁)と明言している。すなわち、光の本性について『世界論』で議論した結論(波動説)を前提にして今回は便宜的に粒子説を説明のために採用するというのだ。周知のように、デカルトは『屈折光学』のある箇所で視覚の仕組みを盲人が杖で対象を認知するやり方として説明している(同書、一一五〜一一六頁、一五〇頁)。これも彼のいう「たとえ」であるに違いない。

デカルトの視覚論はいくつかの骨子から組み立てられている。いま『屈折光学』を参照しながらそれらを箇条書きにしてみよう。(1)まず、光る対象から光が眼にやってきて視覚器官としての眼の状態に効果をもたらす。(2)眼は解剖学的にいってカメラのような光学機器にたとえることができる。そこにはレンズ、穴のあいた暗箱、光学的像が結ぶスクリーンのようなものがある。しかしカメラと違って、血が通い筋肉で調整されるなど、きわめて精妙にできている。ただし眼底は球面であり、そこに投射された倒立した像が歪んだり眼底の周辺でぼやけたりする。(3)眼を解剖して取り出しこれを人工の装置に埋め込み、その眼底に倒立した像が投影されるようにする。この装置を覗くと、眼底に光る物体に類似した像を見ることができる。(4)眼底に投影された像は神経の作用で印象(impressions)あるいは形象(images)に変えられて脳まで届けられる。脳には魂が宿っており、神経に運ばれてきた形像が魂を刺激した結果として、ある形や色彩などが感覚される。(5)(3)の装置で見られる物体の形象(色や形など)は脳に伝えられる形像と完全には類似していないし、しばしばまったく類似していない。それはたとえば言葉の「ゴリラ」がそれの表意する動物に似ている必要がないのと同じである。(6)魂が形像をいかにして感覚するのかと問うのはばかげている。というのも、実際そうした感覚が生じるように自然によって定められているからである。

つまり、眼に対して外部から光の作用が加わり、この力が視神経を通じて脳にとどき、そこで魂に直接に働きかける結果、色や形が感覚されるのだという。後年になりこの種の理論を知覚の因果説（causal theory of percepion）と渾名する研究者も現われた。知覚が物理的な因果関係の結果であるとする哲学説だからである。メルロのデカルト解釈について私たちが最初に抱いた疑問に、いまや答えを出すことができる。デカルトが唱えた物質即延長説によれば、物体は延長つまり幾何学的特性だけによって規定される。逆に延長は、事実上、つねになにかしらの物体として規定される。この説は光を波動と見なすのにまことに都合がよい。波としての光は光体（光っている物体）の周囲に放射線状にひろがってゆく。空間のある場所にあらゆる方向から光が波としてやってきて、互いに妨げあうことなくこの場所を通過してあらゆる方向へ向かう。——以上を念頭にデカルトの視覚論を読み返すと、デカルトが視覚を神経系に物理的力が作用する過程、として把握していたのがわかる。メルロがこのデカルト説に通じていたから、ことさら〈延長〉にふれずに直接〈力〉という概念に焦点をあてたのではなかろうか。

『屈折光学』で詳述された視覚論はメルロ＝ポンティに言わせれば、「視覚に密着しようという顧慮がまるでない」（『眼と精神』、二六〇頁）。言いかえれば、デカルトは生きられた視覚を捨象してしまったのであり、彼が視覚の対象と称するものはひどく貧弱にされた視覚の抜け殻——透視図として描きうる対象の幾何学的特徴——にすぎない。メルロはこの論点以外にも多くの問題や論点をデカルトの視覚論から掘り起こしている。彼はとりわけ絵画表現の問題をクローズアップする。デカルトはこの論述のなかで銅版画について考察しているが、メルロに言わせるなら、近代哲学の巨匠が視覚論において絵画を本格的に論じないのは彼の視覚論の欠陥をはしなくも露呈するものである。なぜなら、メルロの知覚主義によれば、視覚（知覚物が視野に出現するはたらき）がすでに身体性の転調としての〈表現〉であり、画家が筆をとって描く文字どおりの絵とは表現としての視覚の分身、自乗された表現にすぎないからである（彼の最後の著作『眼と精神』は絵画を主題とした論考である）。ここではただ、メルロの絵画論が、アカデミズム向けの学問分類にはなじまぬ、オリジナルな思索のいとなみである点を銘記すべきだとだけ言っておきたい。なお感覚されるかぎりでの〈色彩〉や〈形態〉への現象学的アプローチについては、第二章の注釈（6）、（7）、ならびに第三章の注釈（3）を参照されたい。

（5）　このくだりを便宜的に二つの部分にわけたうえで、注解を施すことにする。まずこのくだりで使用された一連の用語を注意して読み取る必要がある。実際、多少とも類似した存在者あるいは存在領域を表すのに、「自然」（Nature）、「宇宙」（universe）、「世界」（le monde）という三つの語が出現しているのがわかる。（これらはさしあたり時間性を考慮の外に置いているが、とくに時間性とのかかわりで世界のあり方をいうときには「歴史」（histoire）の語が遣われている。）それぞれは日常語としての意味を担いつつも、しかしメルロ゠ポンティによって多少とも明確に規定された概念内容を与えられている。

まず「宇宙」であるが、これは「相互に規定された諸関係からなる、完成した、顕在的な全体性の概念」をさしている（『知覚の現象学』、八五頁）。言いかえれば、「宇宙」とは自然科学が捉えるかぎりでの自然や宇宙を意味する用語である。この意味での〈宇宙〉は一様ではなく多様な要素からつくられており、しかもそれらの要素が「相互に規定された諸関係」におかれている。換言すれば、〈宇宙〉は構造を有する要素の集合あるいはシステムにほかならない。数学的にいって一つの集合を規定するには、その要素をもれなく規定すれば十分であるように、宇宙の構造は認識論的意味で「完成」状態をとっている。もちろん宇宙そのものは膨張や収縮をおこないその内部で多様な現象が生じ、たえず変化している。だがそれらの「変化」は、自然法則にしたがうかぎりでやはり「完成」しているのであり「顕在的」なのだ。この宇宙には法則による計算で割り出すことのできる「可能性」はあるが、アリストテレス形而上学における「潜在性」の余地はない。知覚の現象学の見地から見れば、このように規定された宇宙の概念は、知覚が把握する世界の構成的起源から切り離され、その起源が隠蔽されたためにあたかも客観的存在であるかのように仮想されたものにほかならない。

次に「世界」であるが、メルロはこれを「相互に巻き込み合う関係からなる、開かれた、無限定な多様性の概念」と規定している（同書）。宇宙と同じように世界も一様なものではなく、多様な要素がからまりあって全体をつくりあげている。だがこの全体性は「開かれた、無限定な」性格を呈している。地平線がはるか遠方に際限なくつづいているように、宇宙が完結しているのとは異なり、世界は無際限である。世界に属する多様なものの相互の関係も宇宙の場合とは異なる。宇宙をつくっている多数の要素は基本的にお互いに外面と外面で接しており、いわば互いに無関心でいる。かつてヒューム(David Hume 一七一一〜七六年、英国の経験主義の哲学者)は世界表象をつくる素材としての単純観念が論理的に互いに独立だと述べたが、この見地はむしろ〈宇宙〉の表象に適合する。これとは異なり、世界の要素は互いに「巻き込み」(implication)の関係に不可避的に引き入れられる。あたかも人が事件に「巻き込まれる」ように、世界に属する事物や現象や出来事は何らかの意味で内面的な関係、端的に言えば意味の関係でつながれている。(論理学では命題間の関係の一つに含意(implication)を数えているが、これはメルロがいう「巻き込み」の一つの形式である。)道具をある目的で使用する行動には、この「巻き込み」が認められるし、キツネが巣穴に暮らす行動にもそれが認められる。

そもそもメルロの〈世界〉概念はフッサール現象学およびハイデガー哲学からの影響のもとで形成された。とくにハイデガーの主著『存在と時間』(*Sein und Zeit*, M. Niemeyer, 1927.『存在と時間』上下、細谷貞雄訳、ちくま学芸文庫、一九九四年)の意義は大きい。日常に暮らす人間がすでに自己と存在について漠然とした了解をもって生きていることの洞察から、ハイデガーは、このような「ありかた」をする存在者（つまり人間）を「現存在」（Dasein）と呼び、その存在構造を「世界内存在」（In-der-Welt-sein）と分節化した。「内存在」とは文字どおりには「なかにある」を意味するが、これは、たとえば「水がグラスのなかにある」というたぐいの空間的関係ではない。ハイデガーは、〈現存在〉が道具を使用したり、何かを制作したり、計画したり、観察したり……こうしたさまざまな仕方で、道具や対象や環境あるいは他者とのかかわりのうちに存在することを「内存在」と呼ぶ。次に「世界内存在」の「世界」とは、生物である人間にとっての「環境」と道具によって拡張された人工的環境としての世界、そして「他者と共にある世界」を包括した全体としての世界のことである。サルトルは、ハイデガーの影響のもとに、実存する人間の構造をやはり「世界内存在」（l'être-dans-le-monde）と表記し『存在と無』で詳細に描き出した。メルロもやはり人間の存在構造を同様に捉え、この「世界内存在」の概念を『知覚の現象学』で使用している。だが彼はこれをl'être-au-mondと表記した。これには理由がある。

ハイデガーは現存在の根本的構成としての「世界内存在」を素描するにあたり、ドイツ語の前置詞inについて釈義をおこなっている。この語はinnanから派生したもので、「住む」（habito）、「滞在する」ことである。彼はつづけて、「わたしがある」（«ich bin»）も同じように「わたしは住む、滞在している……」、つまり、「しかじかになじんでいるものとしての世界のもとにある」ことだとしている（*ibid*., S. 54.『存在と時間』上、一三三頁）。以上から in-sein が空間のなかにおける対象の位置関係ではないことがわかるだろう。それは人間が世界に生きている基本的様相あるいは世界におけるあり方である。他方でハイデガーは、日常的に了解された空間の存在論的様相、つまり「空間性」を現存在の存在構造から派生するものとして説明している。

この術語をフランス語に訳す際に、メルロが前置詞 dans につきまとう空間的意味合いを嫌い、むしろàを選んだ理由は、おそらく、この前置詞が空間的位置を表わす（たとえば、Il reste au Japon.「彼は日本に留まっている」）とともに所属をいう（たとえば、Il est à Jean, ce parapuie.「この傘はジャンのものです」）点に求められるだろう。人間は世界と対をなすその片割れとして世界に帰属するのである。メルロがつくったこの用語を「世界内属存在」と訳すことができるかもしれない。

要約すれば、「世界」とは事物や人間が帰属し住みついている秩序ある総体なり地平のことである。この概念には古代ギリシャ人がコスモス（cosmos）と呼んだものや、生物学者ユクスキュル（Jakob Johann Baron von Uexküll 一八六四〜一九四四年、エストニア出身の理論生物学者）が構想した（物理的外界に対立する）環世界（Umwelt）と響き合う側面がある。（『知覚の現象学』ではユクスキュルへの間接的言及しか見いだされないが、後でもふれる、コレージュ・ドゥ・フランスの「自然の概念」に関する講義ではユクスキュルを論じている。）メルロはこの意味での「世界」を本講演では一貫して「知覚的世界」（le monde perçu）と称している。またこれを「生きられた世界」（le monde vécu）と呼んで「客観的世界」（le monde objectif）あるいは「自然的世界」（le monde naturel）と区別することもある（『知覚の現象学』参照）。いずれにせよ、世界はいわば人間の同伴者であり、〈世界〉と〈人間〉は相関概念をなす。しかしサルトルのように、「人間はその出現によって一つの世界をそこにあるようにさせる存在である」と断言できるとは限らない。たしかにメルロも人間と世界の対の構造を強調するが、他方で、意識の主体としての人間や人称的な人間のあり方を相対化する思想を打ち出すことによって、人間主義を超え出ようとする志向が明らかである。さらに晩年のメルロは〈見えないもの〉（le invisible）、〈垂直性〉（verticalité）、〈奥行き〉（profondeur）、〈肉〉（chair）などの概念について多くの思索を費やすことになる。この作業をつうじて彼は「人間である」ことの根拠をなす〈存在〉（l'Être）の思想を索めて努力を傾注したのであった。

最後に〈自然〉について不十分ながら注釈を試みよう。『知覚の現象学』に代表される初期の著作において自然が主題的かつ体系的に論じられた形跡はない。真実をいえば、宇宙や世界についてもこの事情はそう変わらない。ただこれらの用語は他の哲学者からの影響関係を考慮することや、テクストにある程度まとまった記述が見いだされるために、読者がそれらの概念の輪郭を描きやすいのは事実である。ところが「自然」に関しては、読者に許された解釈方法といえば、もっぱらこの用語を文脈のなかに置き直しその黙示的含意を引き出すことのみといってよい。

〈自然〉についてのメルロの見解は自然と精神の伝統的二分法をふまえている。しかしこの観念の理解が必ずしも一様でも容易でもないのは、文脈に応じてこの二分法がさまざまに変形され、その意味合いを変えるからである。たとえば、デカルトが打ち出した物体と精神の二元論も一つの変形である。また認識を語る文脈では、自然は非反省的なもの(l'irréfléchi)と同一視され、(哲学者がいとなむ)反省(réflexion)と対置される。だが精神(たとえば反省のはたらき)は自然のうえに基礎づけられたものと自己を捉えるかぎりで精神でありうる——これが、最後まで変わらぬメルロの思想的モチーフであった。それゆえ、自然であり非反省的なものは能産者(le naturant)であり、精神はむしろ所産者(le naturé)なのだ。こうしてメルロは、ある意味で精神が自然から誕生したと述べていることになる(彼のこの種の思想は粗雑な「自然主義」の名のもとに主知主義者や観念論者から攻撃をうけた)。いずれにしても、彼のいう「自然」は自然科学が扱うような客観的自然ではない。正確にいうなら、「客観的自然」は本来の自然がある方向に限定され再構成された形態なのである。

ちなみにメルロは、一九五六年から五九年の間に、二年度にわたりコレージュ・ドゥ・フランスにおいて「自然の概念」と題された講義をおこなった。彼は現代における「自然哲学」の復興を説き、デカルト以降の哲学史を検討しながら〈自然〉概念の立体的で多層的な構成を明らかにしようとしている。ちなみにこれらの講義の要旨が、Maurice Merleau-Ponty, *Résumés de cours*, Collége de France (1952-1960), Gallimard, 1968 に収められている〔『言語と自然』前掲書〕。また講義要旨を再録するとともに聴講者のノートから講義を復元した、*La Nature*, établi et annoté par Dominique Séglard, Seuil, 1995 も参照。

(6) 知覚主義と科学的認識の関係についてメルロがどのような展望をもちどのように問題に取り組んだか、という点については本章の注釈(1)でその輪郭を解説した。ここでは、彼が言及している科学的認識の特色について不十分ながら考察してみよう。科学の発達は日進月歩だというが(確かにそうだろう)、科学がこの調子で漸進的に知識を積み上げてゆけば、いつか自然や宇宙が(場合によっては人間の世界も)完全に解明されるだろうと信じる人は多い。だがこうした楽天的見通しをメルロ゠ポンティは間違った科学観として否定している。

古典的科学の場合がそうだったように、「測定」や「比較」は確かに有力な科学的方法である。とはいえ、心理現象や社会現象についてすぐにこうした方法が適用できるわけではない。メルロはここではふれてはいないが、行動主義心理学が生体の機構そのものをブラックボックスに見たてて考察の外に置き、ただ生体に与えた刺激に対するその反応だけを「測定」し両者の相関関係をつきとめることに専念したのはよく知られている。しかも行動主義心理学は、倫理学上の理由から人間行動を直接測定できない場合が多いので、ラットと人間を「比較」するのが常套のやり方だった。メルロは心理学の研究がそもそも法則の発見を目的とするものではなく、事象を概念化し理解することが重要だとする（この種の科学方法論の批判的考察については、『行動の構造』が詳しい）。社会学や歴史学となると、測定や比較は方法としてほとんど無効である。ある個別社会を全体として測定することなどできないし、社会の一定部分を測定できるとしても、その操作が社会の様態を変えてしまうかもしれない。歴史的事象を比較して一般的結論を導くことにも無理がある。歴史的事象ははなはだしく個性的だからである。社会現象や歴史的出来事を科学的に認識するとはどういうことなのだろうか。ポッパー（Karl Popper　一九〇二〜九四年、オーストリア出身の英国の哲学者）が「歴史法則」を否定する説得的な論証をおこなった（この論文が雑誌に発表されたのが一九四五年のことである）のはよく知られているが、基本的に、社会や歴史の研究のためには古典的科学が用いたのとは別の方法が必要なことは、しばしば論じられてきた。多くの人がそう考えた最大の理由は、社会現象や歴史には人間の〈意思〉や事象の〈意味〉などの容易に自然化できない要因が含まれるからである。

　とはいえ、自然科学が科学の典型とされるゆえんは、自然の領域に対して数量化や法則化が現に適合し科学的説明が大きな成功をおさめているからではないのか。たしかにその通りだといえよう。しかし問題は、この事実に対して哲学者たちが十全な説明をなしえていないことにある。科学とはどういう営みか、科学理論とは何か、理論の役割は何か、法則とは何か、科学的合理性とはどういうものかなど、科学の主題にかかわる多くの哲学的問題がある。これらに答える哲学上の分野は、科学哲学（philosophy of science）と呼ばれるが、どの問いもまだ最終的解答にゆきついたわけではない。その意味で、メルロが批判した古典的科学観は単に一つの見地にすぎないと言うべきだし、現代の科学哲学の水準に照らすなら、もはや立ち行かない古いタイプの見解なのである。

メルロが科学に関する哲学的考察を学生時代に学び、また生涯をつうじてそれなりに続けていたことは疑いえない。だが現代の科学哲学者の研究方法や問題意識と彼の思索とのあいだにはかなりの懸隔がある。たびたび指摘したように、彼にとっての問題は、科学そのものではなく一つの認識タイプとしての科学が知覚と切り結ぶ関係にあった。メルロが科学的認識を問題視したのは、基本的に、人間と世界に関する形而上学を構築するという動機に由来していた。彼の著作に科学認識論についての言及が少ないのは、こうした動機に起因するのだろう。『知覚の現象学』には、旧世代の哲学者ラシュリエ（Jules Lachelier 一八三二〜一九一八年、カント哲学の祖述と研究で知られる）と彼の師の一人であったブランシュヴィックの名が見えるが、二人とも「主知主義者」として厳しい批判の的とされている。とはいえ、この著作からはメルロが後者から科学的認識のある側面をいわば反面教師として学びとった形跡がうかがえる。

ブランシュヴィックによれば、科学的概念とは現象を定着し対象化する手段である。彼はカントに倣って存在者の可能性の制約だけしか求めなかった。メルロはこのような科学観に、科学的真理から存在論的価値を取り除き、それにはただ方法論的価値しか認めまいとするブランシュヴィックの――形而上学的意味での――保留を見いだす。要するにブランシュヴィックは科学者がつくりだした科学的世界観に哲学的に追随するだけで、そもそも科学の営みが成り立つための「前提」を究明し科学の生成を訊ねる「系譜学」を忘失したのである――メルロはブランシュヴィックの主知主義をこのように批判している。

　このくだりでメルロは、科学が完全な世界像を提供することの不可能性を明言している。科学的分析はいつでも十全ではありえない、と。メルロは、相対性理論によって解明された「「絶対的観察者」という誤謬」によってこの論点を補強するが、しかし彼の論旨にいくらか乱れがある印象は否めない。相対論的世界像はそれなりに完全ではないのか。「観察者」への言及がつねに一つの慣性系に相対的にしかなしえないことは相対性理論内部の真理であって、外部の理論について同じ事態は必ずしも成り立たない。メルロが強調したいのは、法則が物理的出来事の近似的表現であり、理論は自然現象の精緻な描写ではなく単純な図式にすぎないという論点であろう。彼がつねに科学（この文脈では法則や理論）に対置するのは〈知覚〉、〈具体的なもの〉、〈可感的なもの〉である。知覚と科学の関係をどのように捉えるかにメルロのすべての問題があった。これとのかかわりで、「知覚は科学の始まりであり、科学とは完成され方法となった知覚である」と述べるアラン（Alainは筆名、本名Emile-Auguste Chartier　一八六八～一九五一年、リセの教師として哲学を教えた）の主知主義にメルロは声を強めて反対する（『知覚の現象学』、六八頁）。

科学が現実を単純化する思考であるということがメルロの科学にたいする批判のポイントである。残念ながら、彼はこの講演でこのポイントをさらに展開し詳説することをしていない。この注釈の場所で問題を論じきるのは無理だとしても、彼の議論の方向を見誤らないために、問題に関する若干の考察が必要であろう。

科学が現象の近似的認識を与えるにすぎないという言明は、科学的認識が漸進的に実在に近づいてゆくプロセスだとする見解――科学認識の進歩主義――を含意するように思える。だがこれはメルロ＝ポンティの論点を誤解している。彼の堅持する原理は、科学の生成する土壌は知覚だということである。すでに見たように、アランが知覚と科学を進歩の階梯に位置づけたことにメルロは異を唱える。土壌とそれから生育して実を結んだ果樹が異なるように、知覚と科学とは認識形態として別ものなのである。

科学が現実を単純化する思考であるというメルロの指摘は、私たちがどのように科学理論を制作するかという問いにかかわる。たとえば、ガリレイが発見した〈落体の法則〉を考えてみよう。これは物体が自由落下するときの時間が、落下する物体の質量には依存しないことを述べると同時に、物体が落下する距離が落下に要する時間の二乗に比例すること、を述べている。歴史家によると、ガリレイは斜めに置いたレールの上を、重さは異なるが等しい大きさの球を転がす実験をおこない、その測定結果から落体の法則を引き出したという。第一回目の実験で彼が得た測定値R_1と次に得た測定値R_2はそう違いがないかもしれない。だが違いは歴然とあるし、もし測定装置が精密になればなるほど両者の差が際立つはずである。ガリレイが発見した法則は、$R_1, R_2, \ldots, R_n$のすべての測定値を厳密に説明するものではないが、それにもかかわらず、当時としては、他のどんな法則よりましな法則だと認めていいだろう。このように、法則は実際に生じている自然現象をそのまま正確に表現するものではないのであり、メルロのいう「近似的表現」あるいは「単純化」なのである。したがって理論や法則をさらに改善する余地はつねに残されていることになる。

　ここでおのずとクローズアップされるのは、理論の変化ということの意味である。この理論的変化は科学的認識の進歩主義とは折り合いがつかない。ガリレイの理論が現れるまでは、古代ギリシャのアリストテレスが唱えた理論が常識となっていた。アリストテレスによれば、火のように軽いものが上昇し、石のように重いものが下に落ちるのは、それぞれのものの本質による。軽いものは天上にあるべき場所をもつ——これがその本質である。この宇宙（コスモス）は月よりも上の世界とそれより下の世界とでは素材が異なるし法則も違うという。つまり宇宙は質的な階層組織（ヒエラルヒー）をなしているのだ。事物の「本質」や宇宙の位階組織（そこには上下の秩序の要素がある）などの概念でつくられたアリストテレス理論にいくつかの補助概念や新たな法則を加え修正を施すことによってはガリレイ的な力学的世界観は決して獲得されない。前者と後者は断絶によって隔てられており、後者への移行には飛躍がともなう。メルロの科学認識論はむしろこうした〈科学史の不連続性〉の見地になじむのではないだろうか。

じつは科学史が一連の断絶から成るという見解がフランス哲学の一つの伝統をなしている。この伝統はふつうフランス認識論（l'epistémologie française）と呼ばれるが、ブランシュヴィック、バシュラール（Gaston Bachelard 一八八四～一九六二年）、カンギレーム（Georges Canguilhem 一九〇四～九五年）、フーコー（Michel Foucault 一九二六～八四年）など多彩な人々がこの伝統をになった。メルロ＝ポンティがバシュラールの文学研究の著作に親しんだのは事実だが、彼の科学認識論に通じていた形跡はない。ちなみに、英米系の哲学においてフランス認識論に類似する見地が、クーン（Thomas Samuel Kuhn 一九二二～九六年、アメリカの科学哲学者）、グッドマン（Nelson Goodman 一九〇六～九八年、アメリカの哲学者）、ファイヤアーベント（Paul Karl Feyerabend 一九二四～九四年、オーストリア出身でアメリカの哲学者）などによって提唱された。とくにクーンは『科学革命の構造』（*The Structure of Scientific Revolutions*, University of Chicago Press, 1962）でパラダイム論（科学史が断続的に「パラダイムシフト」を惹き起こして革命的に転換することを主張）を提唱し、その議論は単なる哲学の領域を超えてひろく人口に膾炙することになった。

第二章　知覚的世界の探索——空間

現代思想や現代藝術は難解だ、という指摘がたびたびなされてきました。プッサンやシャルダンを理解し愛好するよりピカソをそうするほうがはるかに難しいし、マリヴォーやスタンダールを理解するよりジロドゥやマルローをそうするほうがはるかに難しい、というのです(1)。このことから、〔『ラ・フランス・ビザンティン』におけるバンダ氏のように〕[1] 現代作家たちはビザンティン帝国風の難解好みの人々だという結論がしばしば導かれてきました。彼らは大事を忘れ些事に汲々とする人々に過ぎないというのです。彼らには言うべきことが一つもないので、藝術を煩瑣な表現と取り違えているというわけです(2)。だがこれほど無分別な判断もありません。現代思想はたしかに難解ですし、常識と正反対のことを言います。なぜなら、現代思想は真理を気遣っているからであり、率直に言って、〔現代を生きる人々の〕経験は、現代思想が常識に結びついている明晰で単純な観念に甘んじることを、もはや許してくれないからです。単純な観念が常識に結びつくのは、それが常識に安心感を与えるからに過ぎません。

現代思想が経験の名において追い求めている、この上なく単純な観念のこうした不明瞭化や、古典的概念のこのような見直しについては、あらゆる観念のうち何よりも明らかだと思える観念、すなわち空間の観念がその実例になると言いたいものです。古典的科学の基礎は、空間と物理的世界を明確に区別することにあります。空間とは、三つの次元にしたがって事物が配置された〔どの場所も互いに〕等質な環境です。この環境のなかでは、事物はその場所がどんなに変化してもそれにはかかわらず事物としての同一性を保っています。〔ところが、知覚的世界では〕多くの事例において、ある対象を移動させると、結果としてその特性が変わるのが認められます。たとえば、極地から赤道に対象を移動させればその重さが変わりますし、あるいは気温の上昇が固体の形を変えさえするのです。けれども〔科学者によれば〕、こうした特性の変化は移動そのものに起因するのではなく、空間は極地でも赤道でも同一であって、場所によって変わる気温の物理的条件にほかならないことになります。幾何学の領分と物理学の領分は厳密に区別すべきであるし、世界の形式と内容をごっちゃにしてはいけない、というわけです。

対象の幾何学的特性は、それが移動するあいだ——たとえ対象を制約している物理学的条件が変わりうるとしても——いつでも同じままでしょう。これが古典的科学の前提でした。ところが、いわゆる非ユークリッド幾何学の成立とともに、事態は一変しました。私たちは、空間そのものが湾曲していると考えるようになり、ただ空間を移動するだけでその事物が変質すると見なすようになりました。空間は互いに異質な部分や次元を含み、それらはもはや互いに取り替えられないし、こうした異質な部分や次元が空間を移動する物体に何らかの変化をもたらします。同じものの部分と異なるものの部分が厳密に区分されており、それぞれが異なる原理で結び付けられているような世界——このような世界のかわりに、私たちはいま、それぞれの対象がそれ自身と絶対的な同一性の関係にはありえないような世界、形式と内容がごっちゃにされるような世界、要するにユークリッドの等質的空間が対象に与えた堅固な骨組みを提供しないような世界にいるのです。空間中の事物と空間とを厳密に区別するのは不可能になりました。空間の純粋な観念と私たちの感覚がもたらす具体的光景とを厳密には区別できません(3)。

ところで、現代絵画によるさまざまな探究は、興味深いことに科学的探究と一致しております。絵画の古典的教育では、デッサンと色彩を区別します。つまり、まず対象がとる空間性の図式つまり輪郭をデッサンし、それから色彩で輪郭の内部を塗るわけです。ところが、これとは逆にセザンヌはこう述べています。「色彩を塗るにつれて、デッサンも進むのだ[2]」と。つまり、知覚的世界においても、知覚的世界を表現する絵画に関しても、対象の輪郭や形というものは、色彩の働きが止まってしまうこと、色彩の働きが劣化することとほとんど同じだ、と彼は言いたいのです[4]。対象の輪郭は色彩の転調であって、それは〔対象の〕形、その固有色、表情、それと近くの対象との関係などのすべてを含むに違いない、と彼はいいます[5]。セザンヌは、自然が私たちの目の前で対象の輪郭や形を生み出すように、それらを生み出そうとします。つまり、セザンヌは色彩を配列することによって輪郭や形を生み出します。こうして、彼の描くリンゴは、きわめて忍耐強く習作の手を加えられたとどのつまり、巧みだけれど力のないリンゴのデッサンの限界から外へと破裂し、そのことによって〔リンゴの形に〕膨らんで球形となるのです。

〔セザンヌが実行したように〕生きられた経験によって把握された世界をふたたび見いだすこうした努力をはらうことによって、古典的藝術の慎重さはすべて消し飛びます。絵画の古典的教育は遠近法を基礎としています。ということは、たとえば〔この種の教育で育てられた〕画家が風景を目の前にするとき、彼は、キャンバスには見えるものについてのごく慣習的な表象以外のものは持ち込むまいと決めているということです。画家はまず近くの樹を見ます。それからもっと遠くの道路に目をとめ、そして最後に水平線に視線を向けます。いかなる点を見つめるかに応じて、〔見つめられた対象以外の〕あらゆる対象の見かけの次元に修正が施されます。画家はキャンバス上にこれらさまざまなヴィジョン、つまり知覚された光景のあいだの単なる妥協を描くことで折り合いをつけるでしょう。画家は、おのおのの対象にその大きさやその色彩、画家がそれを見つめたときに対象が表示する空間を帰属させようとはしません。彼はただ慣習的な何らかの大きさや外観を帰属させることによって、これらすべての知覚の公約数を見つけるよう努力するでしょう。この種の大きさや外観は、画家が水平線に向ける視線、一定の消失点――それ以後、画家から地平線に向かってのび広がる風景を形づくるあらゆる線がそこに収斂してゆくのですが――に固定された視線に与えられる大きさや外観に過ぎないのです。だから、このように描かれた風景が穏やかな・節度ある・丁重なものであるのは、それらが、無限に遠い点に固定された視線に支配されている事実に由来します。これらの〔絵画に描かれた〕風景は〔鑑賞者から〕距離をおく存在であり、彼は風景に入り込んではいません。それらは〔鑑賞者にとって〕行儀のいい知人のようなもので、彼の視線はざらつきのない風景の上を自在に滑ってゆきます。[6] ところが、知覚を生きる私たちが世界と接触する場合、世界はこんな風には立ち現れません。視線が風景のなかを移動してゆくおのおのの瞬間に、私たちは一定の視点に拘束されていますが、これらの継起するスナップショットは、風景の所与の部分をなしますから、それらを重ね合わせるのは不可能です。〔遠近法に基づいて描く〕画家はこれら一連のヴィジョン〔知覚された光景〕を支配するのに失敗したのです。彼がヴィジョンの系列からただ一つの恒久的風景を抽出し描くことができたのは、ただ画家がヴィジョンからなる自然的世界を中断できたからにすぎません。しばしば画家は片目をつぶってデッサン用鉛筆で〔風景の〕細部の見かけの大きさを測ります。だが、画家のこのやり方で〔知覚に与えられた対象の〕大きさは変えられてしまい、系列をなすヴィジョンはこうした分析的ヴィジョンに従属させられます。このようにして画家は、キャンバスの上にどんなヴィジョンにも対応しない風景の勝手な表象を構築します。彼は展開してゆくヴィジョンの運動性を支配するのですが、同時にヴィジョンからその生命と震えを取り除きます。セザンヌ以降、多くの画家たちが幾何学遠近法の法則に屈服することを拒んできたのは、自分の目の前で風景が誕生するまさにそのありさまを新規に捉え、表現しようと望んだからです。というのは、彼らは〔風景の〕分析報告では満足しなかったからですし、知覚的経験のスタイルそのものに合流したかったからです。したがって、画家の描く絵画のさまざまな部分がさまざまな視点から見られており、このことが不注意な鑑賞者に「遠近法が間違っている」という印象をもたらします。しかし注意して眺める鑑賞者には、二つの対象が同時に見られることのない世界、私たちの視線をある部分から別の部分に向けるのに必要な持続が空間の諸部分の間にいつも介在するような世界、それゆえ、存在するものが所与ではなくて、時間を通じて出現しあるいは透視されるような世界を見ているという感じがもたらされるのです(7)。

こうして、絶対的観察者には、視点もなく、身体もなく、空間的情況もないのですから、結局は、彼は純粋な知性に過ぎません。空間は、この種の知性が支配しうるすべての事物が同時に存在する環境といったものではもうないのです。ジャン・ポーランは現代絵画の空間について最近こう述べました。それは「心で感知しうる空間」[3]であると。これは、私たちがそこに位置づけられた身近な空間であり、私たちと有機的に結ばれている空間です。ポーラン(8)はこうつけ加えています、「技術的測定に捧げられた時代、いわば量をむさぼっている時代にあって、キュビスムの画家は――私たちの知性よりも私たちの心と調和した空間のなかで――世界と人間とのいくぶん秘めた結婚と和解とを彼のやり方で祝っているとも言えるかもしれない」と。[4]

科学と絵画が最初に気づいたのですが、後になって哲学もやはり、そしてとくに心理学が、私たちと空間の関係は肉体をもたない純粋な主体と〔主体から〕離れた対象との関係ではなく、空間に住んだ者と彼が熟知した環境との関係だという点に、突如、気づいたように思えます。この認識は、たとえば月の出に際して、まだ水平線上にあるときの月は天頂に達したときの月よりはるかに大きく見えるという視覚の錯覚――これはすでにマールブランシュ(9)が調べた有名な錯覚ですが[5]――を理解するのに役立ちます。マールブランシュは、著書のこの箇所で、人間の知覚がある種の推理を働かせて天体の大きさを過大評価するのだろうと推測しています。実際に、もし紙でつくった筒や〔中身を抜いた〕マッチ箱を通して月を見つめると、この錯覚は消えてしまいます。ですから、この錯覚は次のようにして起こると考えられます。月の出のとき、月は野原、石垣、木々などの彼方に姿を現します。言いかえれば、月と私たちとの間には非常に多くの対象が存在している事実が、私たちに、月がはるか遠くにあるということを感知させます。

この〈遠くにある〉という知覚的理解によって、私たちは次のように結論します――月ははるか遠くにあるのだから小さく見えるはずなのに、〔事実はこれに反して〕見かけ上、大きいものとして見えている。したがって、月は実際にとても大きいに違いない、と。この説明では、知覚する主体が判断し評価し結論する科学者になぞらえられており、知覚された月の大きさは、実際は〔感官(サンス)によって〕判断されるのだ、というのです。今日の大方の心理学者は水平線上の月に関する錯覚をこんな具合に理解してはいません。彼らは、体系だった実験によって、水平面における〔事物の〕見かけの大きさに顕著な恒常性が認められること、これが私たちの知覚領野の一般的特性であり、これとは逆に、垂直面上の距離がますと〔事物の〕見かけの大きさが急速に縮小することも見いだしました。これは明らかに、水平面が、地上の生物である私たちにとって、生体の移動が行われる次元、私たちが活動をいとなむ次元だからです。したがって、マールブランシュが純粋な知性の働きによって解釈した現象を、この学派の心理学者たちは、私たちの知覚領野の自然な特性と、肉体をもち否応なく地上を移動しなくてはならない生物である私たちに関係づけています。(10) 身体のない知性に対し全面的に開かれた等質的空間の観念を、幾何学においても心理学においても、特権的方向をそなえた異質的空間の観念が取って代わりました。この異質的空間は、私たちの身体的特殊性と、私たちが世界のただなかに投げ出されているという人間的情況にかかわりをもっています。こうして私たちは初めて、人間は精神プラス身体という存在ではなく、身体に具現した精神である、という考えに出会うことになります。身体に具現した精神がもろもろの事物のなかにいわば差し込まれているからこそ、精神は事物の実相に到達できるのです。次回の講演で、これが単に空間についての真理には限られないことを示そうと思います。言いかえると、一般に外部のあらゆる存在者は、ただ私たちの身体を通じて把握するほか術がないのであって、人間的属性を帯びることによって、そうした存在者もまた精神と物体の混合物となること、このことを示そうと思います。

原注

1 Julien Benda, *La France byzantine ou le Triomphe de la littérature pure, Mallarmé, Gide, Valéry, Alain, Giraudoux, Suarès, le surréalistes, essai d'une psychologie originelle du littérateur*, Paris, Gallimard, 1945; rééd. Paris, UGE, coll. «10/18», 1970.

2 Émile Bernard, *Souvenirs sur Paul Cézanne*, Paris, À la rénovation esthétique,

1921, p. 39; repris *in* Joachim Gasquet, *Cézanne*, Paris, Bernheim-Jeune, 1926; rééd. Grenoble, Cynara, 1988, p. 204.〔ガスケ『セザンヌ』與謝野文子訳、岩波文庫、二〇〇九年、三五一頁、「素描と色彩はもう別々ではない。描いてゆくうちに、素描されてゆく。」〕

3　Jean Paulhan «La Peinture moderne ou l'espace sensible au cœur», *La Table ronde*, nº 2, fév. 1948, p. 280.「心で感知しうる空間」«l'espace sensible au cœur» という表現の見えるこの論文は手を加えられて次の著書に収められた。*La Peinture cubiste*, 1953, Paris, Gallimard, coll. «Folio essais», 1990, p. 174.

4　Paulhan, *La Table ronde*, *ibid.*, p. 280.

5　Malebranche, *De la recherche de la vérité*, l. I, ch. 7, §5, éd. G. Lewis, Paris, Vrin, t. 1, 1945, pp. 39–40; in *Œuvres complètes*, Paris, Gallimard, coll. «La Pléiade», 1979, t. 1, pp. 70–71.

注釈

（1）　まずメルロが比較の例として言及している画家や作家について確かめておこう。プッサン（Nicolas Poussin　一五九四～一六六五年）は一七世紀フランス古典主義を代表する画家である。ギリシャ神話や聖書あるいはキリスト教史などに題材をとった多くの作品がある。シャルダン（Jean-Baptiste-Siméon Chardin　一六九九～一七七九年）は一八世紀ロココ様式のフランス絵画を代表する画家。様式の違いはもちろんあるが、両人とも（粗雑な意味で）写実的な描写で画面を構成した点では一致している。しかし、ピカソ（Pablo Picasso 一八八一〜一九七三年）は伝統的な表現を一新してしまった。彼はスペインのマラガに生まれ、フランスで活躍した画家、素描家、彫刻家であるが、時期によって表現様式が多彩に変遷したことで知られている。たとえば《アビニヨンの娘たち》（一九〇七年）はアフリカ彫刻の影響で人物像が大きくデフォルメされて描かれており、後のキュビスムという様式に先駆ける作品とされている。キュビスム（Cubisme）とは、二〇世紀初頭にピカソとブラックによって創始された様式であるとともに、多くの追随者を生むことになった現代美術上の動向でもある。様式としてのキュビスムは、従来の具象絵画がおおむね一つの視点に基づいて描かれていた（透視図法）のに対し、多数の視点から見た物象の形を一つの画面として構成するやり方のことである。伝統的様式で描かれた絵画を見慣れた目にとって、ピカソのキュビスムの作品が破調をきたしていると映るのは当然のことだろう。

新旧の画家が「様式」において著しく異なる点を指摘したが、「様式」あるいは「スタイル」については念入りに哲学的考察を加えなくてはならない。メルロはこの講演で当然ながらこれについて主題的に述べてはいないが、後年『現代』誌に掲載された論文「間接的言語と沈黙の声」でかなり詳しく検討を加えている。ここでは立ち入る余裕がないので同論文（'Le langage indirect et les voix du silence,' dans *Signes*, Paris, Gallimard, 1960. 邦訳『シーニュ 1』竹内芳郎監訳、みすず書房、一九六九年、五七～一二九頁）の参照をお願いしたい。

次にメルロは新旧の作家を引き合いに出している。古典時代の作家の一人目は、マリヴォー（Pierre de Marivaux　一六八八～一七六三年）である。彼は一八世紀フランスにおける最大の劇作家とされる人物であり、作品に『恋の不意打ち』（La Surprise de l'amour, 1722）、『愛と偶然の戯れ』（Le Jeu de l'Amour et du Hasard, 1730）などがある。二人目のスタンダール（Stendhal、本名は Henri Beyle　一七八三～一八四二年）は、グルノーブル出身のフランスの小説家である。人物の心理分析と社会批判をこめた物語性という点でリアリズム文学の最初の作家の一人と目されている。作品に小説『赤と黒』（Le Rouge et le Noir, 1830）、『パルムの僧院』（La Chartreuse de Parme, 1839）などがある。この二人に対して、次の二人が現代作家として言及されている。まずジャン・ジロドゥ（Jean Giraudoux　一八八二～一九四四年）はフランスの外交官、劇作家、小説家。我が国ではどちらかといえば、幻想と諷刺が横溢する世界を描いた戯曲『トロイ戦争は起こらない』（La guerre de Troie n'aura pas lieu, 1935）、『オンディーヌ』（Ondine, 1939）などで知られている。次のマルロー（André Malraux　一九〇一～七六年）はフランスの作家、政治家である。スペイン内戦やレジスタンス運動に参加した経験と彼の文学活動とを切り離すことはできない。上海革命を描いた『人間の条件』（一九三三年）、スペイン内戦に取材した『希望』（一九三七年）、第二次世界大戦を舞台にした『アルテンブルクのくるみの木』（一九四三年）などはいずれも戦

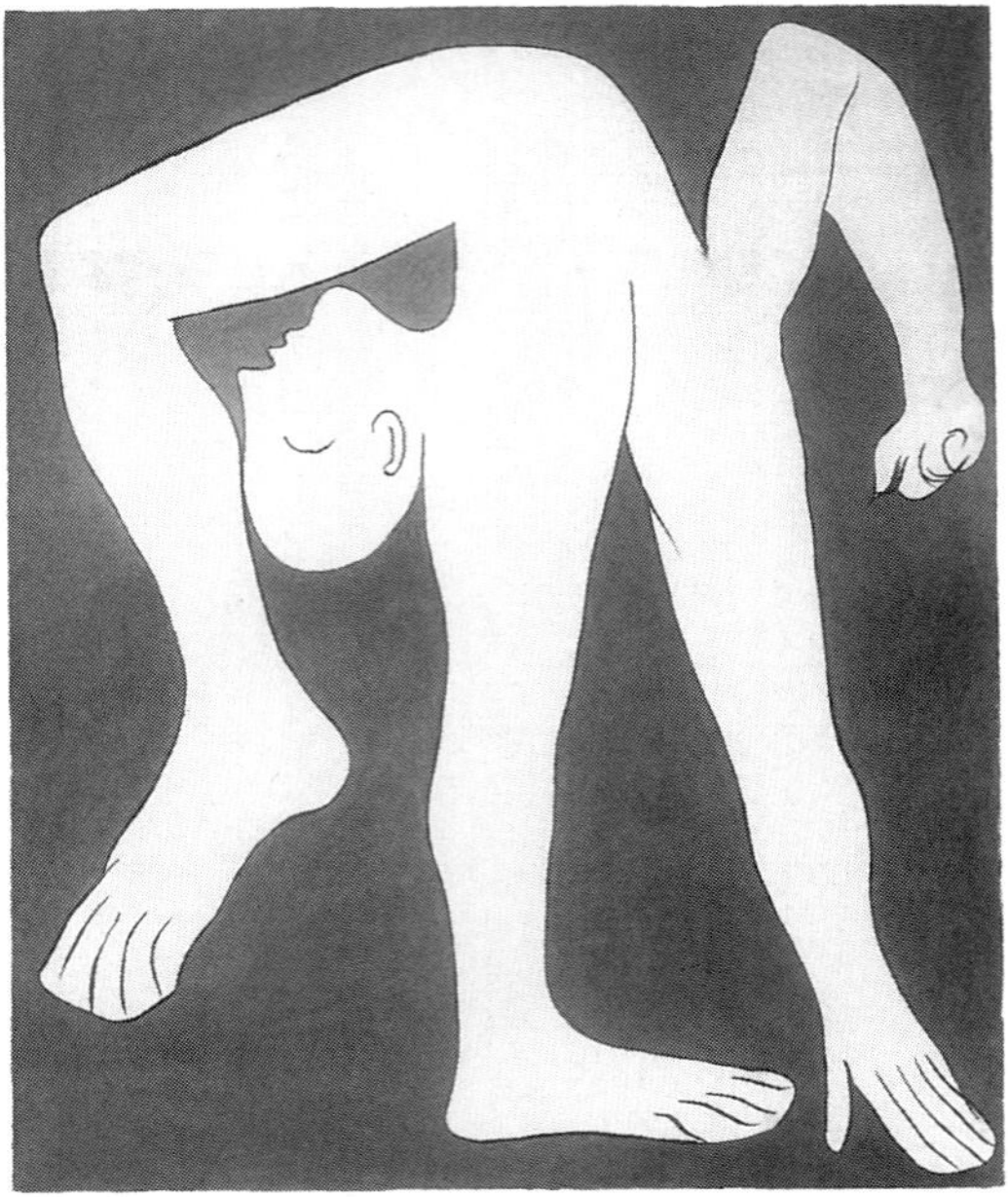

パブロ・ピカソ 《アクロバット》 画布に油彩，160×130 cm，1930，ピカソ美術館.

ジョルジュ・ブラック 《コンポートとトランプ》 画布にクレヨンと木炭でデッサンしたうえに油彩，81×60 cm，1913，ポンピドー・センター.

争や冒険に死を賭して立ち向かう人間を描いており、その苦闘の中に人間の尊厳を見ようとしている。彼は一九四五年に自由フランス軍のシャルル・ドゴール将軍に出会い、戦後のフランス臨時政府の情報相に任命され短期間在職したが、その後、一九五八年ドゴール政権が成立してふたたび情報相となった。一九六〇年から六九年のあいだ文化相を務めるなど、政治家としても大きな仕事をなした。この間マルローは藝術論とくに絵画に関する旺盛な論述をおこなった（たとえば、*La Création artistique*, 1948; *La Monnaie de l'absolu*, 1949; *Les Voix du silence* など）。メルロはマルローの藝術論を高く評価するばかりか、彼自身の見地からその展開を試みている。とくに遺稿『世界の散文』（*La Prose du monde*, texte établie par C. Lefort, Gallimard, 1969.『世界の散文』滝浦静雄・木田元訳、みすず書房、一九七九年）にかなり詳しいメルロの議論がある。

メルロは現代作家の難解さとはどんなものかを説明していない。しかし、こうして新旧の作家のごく粗い比較をしてみただけでも、現代作家に固有な難しさが、多少とも浮かび上がってくる。マリヴォーとスタンダールはそれぞれ生きた時代も表現の様式も異なる作家であるから簡単な比較を許さない。だがマリヴォーの喜劇の場合、そのモチーフは貴族や従僕のあいだに繰り広げられる恋の色模様であり、スタンダールの小説の場合も、やはり貴族の恋愛をからめた物語にほかならない。細やかな心理描写と人間観察に秀でているかぎりにおいて、彼らの表現を心理主義と呼ぶことが許されるだろう。ところが現代作家の場合、この心理主義は背景に退いている。劇作家ジロドゥの『オンディーヌ』はドイツロマン派のフーケの同名の小説を下敷きにした作品であって、オンディーヌとは湖や泉などに住む女性の姿をした水の精霊である。また『トロイ戦争は起こらない』がギリシャ神話にちなむ劇作であるのは言うまでもない。ジロドゥのスタイルが幻想的であり、人物の科白が華麗な修辞にとむことはしばしば指摘される。要するに、ジロドゥの作風は心理主義を含む広義のリアリズムとはまったく異なる。たとえ劇のなかで恋愛や戦争が描かれたとしても、それらの主題やモチーフが置かれる表現の水準が、リアリズムを超えているという意味で超越的であり、劇として描かれるものは、経験される恋愛や戦争ではなく、それら経験を可能にする形而上学なのである。マルローの小説も同じような水準にある。彼は好んで戦争や冒険を作品化したが、彼にとって小説を書くという営みは戦争や生と死についての思考、あるいは形而上学を物語形式によって遂行した表現だと見なしうるかもしれない。いやむしろ、哲学と文学というジャンルの相違をあまり律義に受け入れないことがメルロの本意に適うとさえ言えるだろう。表現の伝統的枠組みが「ジャンル」として世の中に受け入れられているのは事実だが、メルロの考えでは、現代において藝術（ここではとくに美術と文学）と哲学がたがいに影響を与えあっているのは明らかであり、しかも藝術と哲学のかかわりにはそれ以上の意義がある。人間の表現という領分を深く掘り下げてゆくなら、つまるところ両者は同じ現代思想の――表現の質や手段において異なるだけで、認識価値では同等な——営みなのである。この点を確かめるために、第一章、冒頭の言葉を想い起こす必要がある。彼はそこで「現代藝術と現代思想（過去五〇年から七〇年間の藝術と思想のことです）の長所の一つが、そこで生きているのにもかかわらず私たちがいつも忘れがちなこの世界を、あらためて、発見するよう仕向けること」にある、と指摘していた。

（2）　彼の名を世に知らしめた著書『知識人の裏切り』（*La Trahison des Clercs*, 1927）の議論を踏まえると、『ラ・フランス・ビザンティン』におけるバンダのもの言いが、いかにもバンダが言いそうな論点のように思われてくる。ここでしばらく知識人をめぐるバンダの論述をふりかえりながら、メルロの哲学とバンダの思想がどんな部面で齟齬をきたすかを明らかにしたい。ただしメルロが言及した著作をじかに見ていないので、注釈者の記述は多分に外挿法に頼らざるを得ないものになるだろう。

ジュリアン・バンダ（Julien Benda　一八六七〜一九五六年）はユダヤ系のフランスの批評家、作家。主著として知られる『知識人の裏切り』（宇京賴三訳、未来社、一九九〇年）で、フランスやドイツの多くの作家や藝術家が現実主義の名のもとに政治に赴いたことを、彼は激しく批判している。彼によれば、知識人の本来の役目は、美・真・正義など「聖職者の価値」（valeurs cléricales）——これはあらゆる世俗的なものを超えた普遍的価値である——をひたむきに探究することにあるはずだからだ。彼がいう「世俗的なもの」には俗世間あるいは現実社会のみならず、民族、国家さらに国際社会などが含まれている。ちなみに邦訳タイトルの「知識人」の原語は clerc であり、これはもと聖職者を意味した。その昔たいていの知識人や学者が実際に聖職者だったのであり、このことからこの語はやがて知識人（intellectuel）のいささか古めかしい表現になったのである。バンダがとくにこの語を用いて現代社会における知識人を言い表わすのには理由がある。つまりバンダにとって聖職者は明らかに知識人の比喩として引き合いに出されている。聖職者は世俗から切り離された環境に身を置きつつ正統の宗教と道徳を一身にになない、世俗に対してそれらを証する役割を負っている。同様に——バンダに言わせるなら——知識人は普遍的で世俗を超えた真理をさまざまな言論活動をつうじて世のなかに示すべき存在なのだ。この種の活動が踏まえるべき原則を一言でいうなら、それは「反現実主義」ということになるだろう。つまり、いかなる現実も真・善・美の価値基準にはなりえない、という原則のことである。したがって、あらゆる種類の現実（これには、特定の集団、全体社会、国家、民族、国際社会、人類などのあらゆる水準が区別される）を価値判断の基準にしてはならない。むしろ知識人はこれらの現実と直接に交渉するのをやめ、静かで平穏な情況に身を置き、ただ普遍的な理性の声にだけ耳を澄ますべきである。

バンダの見地を特徴づけるためには、理性主義・超越主義・普遍主義など、いくつかのキーワードが思い浮かぶ。彼がこうした見地から実際に批判の矛先を向けたのは、モーリス・バレス（Maurice Barrès　一八六二～一九二三年）、シャルル・モーラス（Charles Maurras　一八六八～一九五二年）などであった。

こうして見ると、メルロのバンダ批判の真意はおのずと明らかではないだろうか。メルロは理性一般を否定するわけではない。彼はただ古典的理性が現代においてその権能を喪ったことを深く自覚しているに過ぎない。古典的哲学が称揚し護ってきた超越性や普遍性についても同様である。たとえば、デカルトの思惟は経験科学に対してその基礎的概念（物体、思考など）やカテゴリー（実体、属性など）を与えたとされた。彼の思惟が経験的制約を超えつつ逆に経験科学を基礎づけるかぎりで、それは超越的である。だがこれが見込み通りにゆきそうもないことは、たとえば、いまだに身体と精神の「合一」について多くの人がデカルトの主張に納得できない事実がこれを証明している。バンダは現代の知識人が「大事を忘れ些事に汲々とする人々に過ぎない」という。しかし、メルロ＝ポンティが自らの思索を推進するためにつねに示唆を汲み取った現象学の見地からすれば、私たちは、偶然的要因にまみれた個別的知覚から認識を始める以外に方法はない。だがこれを「些事」に終始する態度と見なすべきではないだろう。知覚はあらゆる認識の端緒であり、またある意味で認識の目的でもある。私たちは知覚を現象学的方法によって洗練し、合理的で普遍的な認識を目指す以外にすべはないのだ。「藝術を煩瑣な表現と取り違えている」

どころか、現代のアーティストは、古典的な藝術にまとわる硬直化し瘠せた普遍性に飽き足らないからこそ、個別的経験をその具体相においてそのまま捉えようと試みる。なぜなら、生きた普遍性はこの具体性の中にしかないと信じるからである。

(3) メルロ゠ポンティは、ここでニュートンが集大成した古典的な力学的世界像と二〇世紀にアインシュタインが打ち立てた相対論的自然観とを〈知覚〉にかかわらせつつ、それらの対照性を素描している。もっとも「相対性理論」に直接言及しているわけではない。しかし、前章で現代における科学的認識の特徴を論じた際にはこの理論の名をあげている。ラジオ番組の時間的制約のために現代物理学の哲学的含意について多くの言葉を費やせないのは理解できるが、いずれにせよメルロの議論は、ものごとを「明らかにする」のではなく「示唆する」ことに終わっているように見える。そこで本注釈では、科学史の観点から彼の議論を再構成することによって、示唆を示唆以上のものにするよう努めたい。(一般相対性理論の成立に関する科学史上の経緯についてはじつに多くの参考書があるが、本注で現代物理学の知見に言及した部分は、主として、戸田盛和『時間、空間、そして宇宙』岩波書店、一九九八年、を参考にしている。)

古典的科学の基礎は「空間と物理的世界を明確に区別すること」だというのはどういうことだろうか。ニュートンより一世紀前のガリレイは地上における運動を研究して、慣性の法則や落体の法則を発見した。それゆえ、ガリレイの運動は地表のどこかの地点を座標系の原点とするものだった。これに対して、ニュートンは太陽系の中の運動を研究した。ということは、運動を考察する基準が、地球に相対的に静止した空間から、星座に相対して静止した空間に移動されたことになる。宇宙は星座によって満たされているから、宇宙に相対して静止した空間なるものを考えたとき、それが〈カントが直観の形式として継承した〉〈絶対空間〉の観念になる。逆に、この地球も宇宙に含まれているのだから、当然ながら絶対空間は地球上に及んでいる。こうしてメルロの言うように、古典科学における「空間とは、三つの次元にしたがって事物が配置された〔どの場所も互いに〕等質な環境」である。ところで物体は、外から力が働かないとき、一様な運動を続けるか、もしくは静止の状態を続けるという性質〈慣性〉をもっている。このような性質が顕在化している座標系を〈慣性系〉という。一つの慣性系があるとして、これと対等な慣性系は無数にあると考えられる。ある慣性系でニュートン力学の法則が成り立つとするなら、これに対して一定の速度で動く別の慣性系でも同じように法則が成り立つ〈ガリレイ変換〉。この場合、メルロは言及していないが、ガリレイ変換が成り立つには、二つの慣性系の時計が同じ〈時間〉を示すことを仮定しなくてはならない。

一九世紀後半に、自然科学は電磁波という自然現象の研究を通して、時間や空間について新しい概念を模索することになった。針金に電流を流すとその下に置かれた磁針が回るが、このことは磁針に力が及ぼされることを示している。ところが、これはニュートン力学の理論では記述できない種類の力である。この現象はファラデーの実験観察を経て最終的にマクスウェルによって解明されることになる。それが電磁場に関するマクスウェルの方程式である。問題は、マクスウェルの電磁場を不変に保つ慣性系にはガリレイ変換が適合しないということである。これはニュートン力学には自然科学の基礎理論の資格がないことを意味する。力学の方程式を電磁場でも変換則が成り立つように再構成しなくてはならない——この課題の下に研究者が見出したのは、マックスウェルの電磁場を不変に保つ変換則としてのローレンツ変換であり、この変換に適合する力学、つまり特殊相対性理論に基づく力学であった。

古典的科学の枠組みをなしていた時間の概念と空間の概念が特殊相対性理論の確立とともに変容をきたすことになった。まず光の真空中での速さが一秒間に約三〇万キロメートルであることが測定された。この前提からして「同時性」という概念が相対化される。つまり、異なる場所でおこった二つの事象が一人の観測者から見て同時だとしても、別の慣性系にいる観測者から見るとき一般に同時ではないことになる。同時性という概念は観測者の運動状態に相対的な概念なのである。「同時性」は時間の構造にとって核になる概念であるから、要するに時間は相対的である、という帰結が導かれる。この事態を慣性系ごとにちがう時間をもつと言いかえてもいい。観測者と対象の相対的運動によって変容するのは時間だけではなく、空間も同様である。たとえば、光速度の五分の四で走っているロケットは、進行方向に対して六〇パーセントの長さに縮んで見える（ローレンツ収縮）。メルロは「〔現代の物理学は〕ただ空間を移動するだけでその事物が変質すると見なすようになりました。空間は互いに異質な部分や次元を含み、それらはもはや互いに取り替えられないし、こうした異質な部分や次元が空間を移動する物体に何らかの変化をもたらすのです」と述べている。この記述は特殊相対性理論に基づく力学の知見を知覚言語へ翻案したものと解釈できるだろう。この翻案が妥当かどうかにわかには決められない。ただここで押えておくべきことの一つは、現代物理学が、光という媒体による情報に基づいて理論的構成をおこなっていることである。メルロは、明らかに、情報としての光を知覚する——何らかの意味での——主体を想定している。これに対して、現代物理学においては、この種の主体は理論的役割を果たしていない。そうした主体が暗々裏に想定されているのか、自然界の外部に秘かに置かれているのか不明である。（ちなみにメルロの言葉が物理学における「観測問題」と結びつくような手掛かりはテクスト中にはない。）

エレベーターを吊っている綱が切れたとき、自由落下するエレベーターの中の人は重力が消えたように感じる（無重力状態）。アインシュタインは、一般に重力場が自由落下によって打ち消されること、加速度は（逆向きの）重力と同等であること（等価原理）を発見した。等価原理は「慣性質量と重力質量はもともと同一である」ことを述べている。さらに彼はこの原理に一般相対性原理――「すべての物理学の基礎法則は、慣性系に限らず加速度系を含む任意の座標系に対して同じ形で表わされる」ことを要請する原理――をあわせることによって、一般相対性理論を打ち立てた。このようにして、重力を含む力学と電磁気学が力学に統合されたのである。メルロの「非ユークリッド幾何学の成立とともに、事態は一変しました。私たちは、空間そのものが湾曲していると考えるようになりました」という指摘は、一般相対性理論がもたらした知見にかかわる。アインシュタインは、星の光が太陽のふちをかすめて通るとき、太陽の引力にひかれてそれが曲がるに違いないという予想を立て、これは後に正しいことが検証された。等価原理に従うなら、落下運動、放物運動、その他あらゆる重力による運動は物体の質量にはよらないことになる。それゆえ重力による運動なるものは、質量にはたらく力によるのではなく、むしろ時空のひずみ(「空間そのものの湾曲」、六七頁)によるものだと言わなくてはならない。

一般相対性理論の確立には非ユークリッド幾何学が重要な役割を果たした。一九世紀に非ユークリッド幾何学が構想されるまで、幾何学といえば、ユークリッド幾何学にきまっていた。ギリシャのユークリッド(前三三〇～前二七五年頃)が著書『原論』として大成した幾何学である。この『原論』において示された五つの「公準」のうち五番目で最後の公準は、それがまわりくどい表現をしているために多くの人に不審を抱かせ、公準としての自明さに疑いが挟まれた。これは「平行線の公準」と呼ばれるもので、「二直線と交わる一つの直線が同じ側につくる内角の和が二直角より小さいならば、二直線をその側に伸せばどこかで交わる」ことを述べたものである。一九世紀になって、この平行線の公準を別の公準に取り換えても整合的な幾何学が成り立つことが証明されるにいたった。数学者たちは、実際に、さまざまなタイプの非ユークリッド幾何学を構成してみせた。とくにリーマン(Georg Friedrich Bernhard Riemann 一八二六~六六年、ドイツの数学者)は空間のおのおのの場所が異なった空間性を示すような非ユークリッド幾何学を考えた。実際に一般相対性理論が重力場に与えた方程式はリーマン幾何学と結びついている。——こうして見てくると、メルロがここで現代科学(念頭にあるのは明らかに一般相対性理論)に即して述べていることが感覚としては了解できるようにおもえる。たとえば、「空間中の事物と空間を厳密に区別するのは不可能になりました」という言い方にはかなり説得性がある。しかしメルロがここで打ち出しているすべての哲学的命題が一般相対論力学によって裏書きを与えられたと言えるだろうか。とりわけ「空間の純粋な観念と私たちの感覚がもたらす具体的光景とを厳密には区別できません」という発言からは、還元主義的な感覚主義や素朴な経験主義に安易に同調するような姿勢が感じとれる。実際、認識の「観念性」がいかにして可能か——もの言わぬ知覚のロゴスから比量的あるいは言語的なロゴスへの移行はどのようになされるか——という問題は、生涯にわたりメルロ゠ポンティが背負い続けた重い課題だったのである。初期の見地からメルロが後期の見地へと展開してゆく内的動機と問題解決への戦略については、そのあらましを第一章の注釈（3）で述べておいた。ここであらためて彼が構えた戦略の実質的部面につきやや立ち入った解釈をおこないたい。

はじめに、メルロ＝ポンティが、科学的認識を知覚主義から基礎づけるという課題が初期に考えた以上に重く大きいことを彼自身自覚した経緯を再確認しておこう。この問題についてメルロはこのくだりでひどく楽観的な見解、つまり新しい科学理論がそのまま哲学的世界観なり形而上学に寄与ないし合致する、というふうな言い方をしている。しかし後に彼は――科学に関する悲観主義とは言わないが――科学的認識に対する危機意識をあからさまに口にすることになる。たとえば「アインシュタインと理性の危機」（一九五五年）（竹内芳郎監訳『シーニュ 2』みすず書房、一九七〇年、六三〜七二頁）における発言がある。この論文でメルロが正しく指摘しているように、アインシュタイン自身は古典的な実在論者に過ぎなかったし、自らが確立した相対性理論に哲学的基礎を与えるという課題に手を着けようとはしなかった。彼は、大抵のばあいに、理論と実在との一致あるいは科学知の合理性を一つの神秘と見なすことに甘んじていたのである。科学理論（相対性理論）の哲学的含意についての考察と、科学者（アインシュタイン個人）が抱く哲学についての考察とは、区別しなくてはならない。

メルロがここで俎上にのせるのは、相対性理論がもたらした時間概念である。（ラジオ講演では、相対性理論の空間概念について語られており、その時間概念には明示的検討がなされていないことに注意しよう。）ベルクソンがパリの哲学会でアインシュタインと時間に関して会話したエピソードをひいて、メルロ゠ポンティは、相対性理論の時間概念が日常的世界で人が知覚している時間に背馳することを問題にする。たしかに相対性理論による「同時性」はいちじるしく常識に反している。もう一度確認しておくと、「異なる場所でおこった二つの事象が一人の観測者から見て同時だとしても、別の慣性系にいる観測者から見るとき一般に同時ではない」ことが時間についての相対論的真理であった。同時性が相対化されたということは、観測者の位置に結びつく多数の時間があることを意味する。論文でメルロは、問題に解を与えるために、物理学的理性を知覚に根付かせることを提案している。これは単なる知覚への還元主義ではない。なぜなら、理性を知覚へ解消する方向に問題への答えがあるのではなくて、知覚から身振りと言葉を通して理性まで上昇する方向にそれがあるからだ。まさにこうした探究に、いわゆる後期のメルロは、正面から向き合い、それを背負ったのである。

当初からメルロが背負いつづけた課題を解決する努力ははたして報われたのか、初期のメルロの構想が後期において真に新たな展開をなしとげえたのか、それを訊ねなくてはならない。あらためて彼の初期の「表現論」から引き出されるいくつかの論点（第一章の注釈（3）を参照）が彼の戦略に対してどのように関連するのかを確認する必要がある。

彼は〈表現〉を身体性に根ざすものとして捉えた。生後間もない幼児が養育者に示す微笑みに示されるように、自意識の成立しない段階における身体的所作としての表情こそ表現の原型であり、ここからまっすぐに、発達した子供の身体運動がかもす表情性に経路がつながっている。やがて子供は事物を指さしながら発語によってその名を呼ぶことになるだろう。それゆえ第一に、表情ある身振りから発語が創発される事態を現象学的記述でそのとおり掬いとる必要があるだろう。この目的には遣い古された哲学用語は役に立ちそうもない。メルロが種々の隠喩やときに新奇な言葉遣いをしなくてはならないのはそのためである。第二に、言語という記号形態とは異なる記号形態との比較論によって、言語の特徴をつきつめる必要もあるだろう。すでに述べたように、メルロは言語を音楽や絵画と比較する一種の記号論をかなりな程度まで推進していた。第三に――これがもっとも困難な課題になるはずだ――数学を記号系として同定したうえで、この本態を解明しなくてはならない。なぜというなら、近代科学は数学と本質的に結びつきつつ展開してきたからであり、数学の存在論的分析をおいては科学的認識に迫ることは不可能だからである。そしてこの三つの要請をつらぬく一つの洞察がある。それはほかでもない、知覚が、すでに表現で、あり、作用しつつある記号系だということだ。

最初の著作『行動の構造』ですでにメルロ＝ポンティは心理学や生理学における〈ゲシュタルト〉概念を緻密に考察していた。この概念が知覚＝行動系としての人間存在を解明する鍵概念だと確信したからである。この信憑は彼の哲学的人生を通じて変わることがなかった。とはいえ、彼はゲシュタルト学派の主張を鵜呑みにしたわけではない。この概念に対して、彼は現象学的存在論の見地から根本的改訂を施している。だがいまはこの学説史的経過について問わないでおこう。知覚の働きがゲシュタルト構成（形態化）にあるとするメルロの見解が〈表現としての知覚〉という論点に帰趨することを確かめたい。

　何かを知覚することは、対象を地－図の構造のうちで把握することである。ごく単純な知覚も例外ではない。白っぽい背景のうえに小さな赤い染みのようなものが見えるとする。この知覚経験そのものは言語化されていない。だがあえてそれを言葉に出せば、見えているのは「白い地のうえに赤い斑点の図柄が浮き出ている光景」である。この「赤い斑点」は、見る者がそこに没入し体験している名状しがたい感官の質（クオリア）以上のものである。パース（Charles S. Peirce　一八三九～一九一四年、アメリカの哲学者、プラグマティズムを提唱し、また記号論を創設した）の用語でいえば、それは、一次性（firstness）つまりそれが他のものとの関係抜きでそれ独り在るというあり方、を超えている。この知覚はそれとは別の何かを表意することによってすでに認識の機能を果たしている。しかもそれが表意するものは、知覚の単なる素材（現象学者のいう「実的部分」）ではなく、その志向的部分なのである（『知覚の現象学』、二〇頁以下）。ふたたびパース流の言い方をすれば、知覚には、表意するものと表意されるもの、そして意味理解（認識）という三つの要因がある。したがって知覚は三次性（thirdness）のカテゴリーであり、要するに〈記号〉である（パースの業績については、『パース著作集』全三巻、勁草書房、一九八五〜八六年、を参照)。

こうして知覚が単なる受け身の体験ではなく構成力をふるう〈表現〉であるのは明らかである。メルロの知覚論で重要なのは、〈表現〉としての知覚が——他の表現の場合大抵そうなのだが——知性を原理としないこと、反対に知性の基礎が知覚経験にある、という洞察である。椅子の椅子性を暗示するさまざまな標識(椅子の形態、大きさ、素材など)を知性によって解釈し椅子として同定するより先に、わたしはいちはやくそれが椅子だと知覚する(だからそれに腰かける)。マルローが述べたように、「すでに知覚が様式化している」(la perception déjà stylize)のだ(メルロは出典を明示せずに引用している。*La Prose du monde*, Gallimard, 1969, p. 83.『世界の散文』前掲書、八三頁)。後述のように(一〇四頁以下、注釈(6))、〈様式〉とは個体の同一性の基準である。知覚が椅子を椅子として見てとることは、一つの個別的なもの(particular)に〈椅子〉のカテゴリーを付与すること、あるいはそれを椅子と同定することにほかならない。可感的なものとしての椅子は、メルロが知覚物(le perçu)と称する記号的制作物あるいは表現なのである。

メルロ＝ポンティの科学認識論を先に進めるためにいま参照すべきは、グッドマンの世界制作論である(グッドマン『世界制作の方法』菅野盾樹訳、ちくま学芸文庫、二〇〇八年)。彼によれば、人間は記号を素材にして種々の記号系(グッドマンはこれをヴァージョンと呼ぶ)を制作する。たとえば、夏目漱石は言語を用いてさまざまな小説を生みだした。小説の主たる材料は言語的記号だが、場合によって非言語的記号が動員されることもあるかもしれない。いずれにせよ小説の形而上学的身分が記号系（symbolic system）であるのは疑いえない。漱石が執筆した小説群を全体として一つのヴァージョンと見なすなら、このヴァージョンはいわば漱石的世界をもたらしたと言えよう。このように、私たちはヴァージョンを制作することを通じて世界を制作する。グッドマンがヴァージョンを知覚・科学・日常生活・藝術などの人間の営み（practice）に大きく分類していることに注目すべきだろう。ということは、知覚も科学も、ヴァージョンという一つの観点から互いを比較し関連性を探る道が与えられたのだ。

さて本来の問題に帰ろう。相対性理論が正しい科学理論として確立されたことは何を意味するだろうか。世界制作論にしたがえば、それは、相対論的力学というヴァージョンをつくることによって、同時に相対論的世界をつくっていることを意味する。時間や空間の概念は記号系としての理論の要素に過ぎない。換言すれば、この種の概念はヴァージョンすなわち世界の外部から世界に課せられる制約ではない。別の言い方をしてみよう。時空概念はどんな意味でも相対論的力学の前提にはなり得ないのである。一般に、特定の科学理論から客観的世界に関する形而上学を引き出すやり方は、哲学的に正当化されない。たとえば、かつてカントはニュートン力学を前提にして時空を論じるという過ちを犯した。世界制作論は「哲学には物理学に先行する権利がない」という主張を含意しているのだろうか。だとすれば、メルロ゠ポンティの構想と課題は見当違いだということになるだろう。だがこれは早まった判断に過ぎない。メルロが終始持ちこたえた論点、知覚があらゆる観念性の土壌であるという洞察が正しいなら、知覚がまさに記号系の一つであるかぎりにおいて、彼の構想と課題は正当化されるはずである。そのためには、世界制作論が正しいという前提が確保されなくてはならないことは言うまでもない。

（4）メルロは生涯をつうじて著作や講義などでしばしばセザンヌ（Paul Cézanne 一八三九〜一九〇六年）に言及し、その画業を考察している。あえていうなら、セザンヌはメルロにとっての特権的画家ではないだろうか。実際、初期のメルロ゠ポンティの思想世界には一九四五年に執筆された「セザンヌの懐疑」（'Le Doute de Cézanne'）があり、同年に刊行された『知覚の現象学』でもセザンヌへの論及が見いだされるし、後期の思想世界を輝かせている『眼と精神』もやはりセザンヌにたびたび論及している。

この画家は南仏の小都市エクス゠アン゠プロヴァンス（略してエクス）の裕福な家庭に生まれた。父の慫慂で法律を学ぶがそれを中途で放棄し、絵画の道にこころざして一八六一年パリへおもむき、アカデミー・シュイス（パリで有力だった私的画塾のひとつ）に入る。そこで出会ったカミーユ・ピサロから大きな影響を受けたといわれる。クロード・モネ、ルノワール、アルフレッド・シスレーなど多くの後期印象主義の作家と交わり創作をしたが、一九八〇年代からグループを離れ、オリジナルな絵画様式を探求するようになる。彼の様式はキュビスム、表現主義、フォーヴィスムなどの二〇世紀美術に大きな影響を与えたといわれる。そのためしばしばセザンヌは「近代絵画の父」とも呼ばれている。印象派とほぼ同時代の画家であるが、とくにゴッホ、ゴーギャンらを含めて「ポスト印象派」と称されることもある。

冒頭で述べたように、セザンヌはメルロ゠ポンティが哲学的生涯の節目で考察の的として取り上げ論じた画家である。セザンヌを語るとき、セザンヌ自身の書簡や美術史家の文献などをよく読みこなしている気配がメルロにはあるが、彼がことのほか重視した文献は、プロヴァンス生まれのこの画家の晩年に親しく交わった、同郷の若き詩人ガスケ（Joachim Gasquet　一八七三〜一九二一年）によるセザンヌの評伝と語録（*Cézanne*, Paris, Bernheim-Jeune, 1926）であった。ということは、メルロのセザンヌ解釈がじつはガスケその他がセザンヌに関してつくった記号表現（文字や図像など）を経由している事実を強く示唆する。歴史の解釈には必然的に経験の間接性がつきまとわざるを得ない。過去になされた個人や集団の行動・営為は消滅したからであり、遺されたのはただそれらについての記号表現だからである。それらを解釈することを通じて歴史的事象に近づくといっても、しかし、この解釈の妥当性はどのようにして保証されるのかが問題であろう。この問いはじつはメルロ゠ポンティの歴史哲学の問題でもあった。本書、第七章の講演でメルロは「ある哲学者が……厳密に客観的な歴史的知識など考えられないことを明らかにしました」と述べている。私たちがメルロのセザンヌ論を読解することは、このようにして、セザンヌの画業や思想についての、メルロの解釈を経由した解釈である点を忘れてはならない。

この講演をふくめ前期のメルロ＝ポンティの思想において、セザンヌの画業――それは彼の言葉と切り離し得ない――に示された真理とは、主体としての身体ならびに知覚の認識論的かつ存在論的優位ということだった。具体的には、セザンヌの色彩観にメルロは多大の影響を受けている。たしかに物象が見えるのは輪郭線によってそれが空間のある場所に限定されているからである。（したがって、靄がたちこめた風景を描くとき、その靄は一つの物象ではない。にもかかわらず、それを「靄」と呼べるのは物象でないものを物象化する比喩のはたらきのためである。）しかし物象のこの数的同一性（一個のリンゴ、一本の鉛筆……）は知性が対象に付与したものではなく、感性の深みで捉えられた色彩の横溢そのものに過ぎない（「色彩を塗るにつれて、デッサンも進むのだ」）。古典哲学が知性の主体として意識ないしこれに類したもの（デカルトの自我など）を想定したのに対して、メルロは人称以前の身体を知覚の主体として打ち出す。セザンヌが筆を手にしてキャンバスに向かうとき、彼はいつも対象に問いかけそれが何であるかを探索する。「モチーフ」を前にした自分が「自然のさまよう手に追いつこうと」しているかのようだ、と彼は語っている（ガスケ『セザンヌ』前掲書、二一四頁）。このように、前期ではメルロのセザンヌ論は身体を主体とする知覚的世界の構成に強調がおかれている。

これにひきかえ、後期のセザンヌ論では——前期の論点が捨てられたわけではないが——知覚や世界や身体についてよりむしろ世界の「奥行き」や「存在の燃え広がり」や「見えないもの」、あるいは端的に「存在」(Être)などの用語が際立ってくる。セザンヌは、見えるものを見えるようにしている奥行きや見えないもの自体を描こうとした「存在の職人」だというのである(Merleau-Ponty, *L'Œil et l'Esprit*, Gallimard, 1964, p. 67.『眼と精神』滝浦静雄・木田元訳、みすず書房、一九六六年、二八七頁)。この思索の深まりが真に成功しているかどうか——これこそが、メルロ゠ポンティ哲学の試金石となる問いである。セザンヌの画業については後ほどメルロの観点にもふれつつあらためて考察することにしたい(注釈(7)を参照)。

(5)「転調」(modulation)は元来音楽の用語。文字どおりには、楽曲の途中でその調(フランス語 ton、英語 key)を変えることをいう。たとえば、長調の曲が展開してゆく途中で短調に変わったら、この楽曲は「転調した」ことになる。メルロはここでセザンヌに拠りながら、描かれた事物の輪郭が色彩の転調であると述べている。音楽用語を絵画に適用しているのだから、これは隠喩的言明である。だがこの隠喩は『知覚の現象学』を初めとするメルロの著作でしばしば使用される重要な概念であり、その正確な含意を明確にする必要があろう。

ちなみにメルロ独自の用法を離れて、一般に絵画について画の色彩や明暗に巧みな変化をつけることをやはり転調と呼ぶことがあるが、当然これも音楽用語の比喩的使用である。しかもこれは、セザンヌが絵の量感の効果を得るために用いた技法であった。セザンヌは「隣接しながら異なった多少明度の強いいくつかの色調を使って、それらをわずかに重なり合う小さなタッチで並べながら、その立体感の効果」をかもそうとしたのだった（コンスタンス・ノベール゠ライザー『セザンヌ』山梨俊夫訳、岩波書店、一九九三年、六四頁、「転調」については、一三八頁も参照）。セザンヌのこの技法についてメルロはおそらく知っていたろう。セザンヌを離れて一般に絵画技法としての「転調」といえば、一つの色調に関してその明度を変化させながら別の色調に切れ目なく変えてゆく手法を指すことが多いようだ。この点でセザンヌの同名の技法は破格だといえよう。しかも概念内容を検討すると、メルロの概念とセザンヌのそれとが多少とも重なり合うのがわかる。メルロはこの概念をセザンヌから借用したのだろうか。そう単純には言いきれない。二人が使用した「転調」が類似した概念だとしても、だからといって、メルロが問題の存在論的概念をセザンヌから「借用した」と断定するのは過剰な推論だと言わざるをえない。メルロがセザンヌの画業（彼の絵画論を含めて）からヒントを得たのは疑えない。だがメルロのいう「転調」はやはりメルロの創意に基づく概念であり、メルロの思想全体のなかにその位置づけをもつのである。

この隠喩的概念を調べる前に、これに関連する一般的問題について明確にしておきたい。メルロの著作をひもといた読者は理論的記述や問題の分析にメルロがしばしば比喩的概念を持ち込むのを知っている。この「転調」のほかにも、「受肉」、「地平」、「沈殿」、「（知覚の）ぶれ」など枚挙に遑（いとま）がないほどであり、この傾向は後期になるといっそう目立っている。曰く、「肉」、「（世界の）厚み」、「（存在の）裂開」、「垂直的なもの」、「（生の）蝶つがい」などなど。ある読者にとって隠喩の多用は理論の厳密さを損なう叙述の欠陥であり、別の読者にとっては、抽象的で無味乾燥な哲学理論に詩的情趣をそえる美点であるらしい。しかしどちらの見方も間違っている。概念が隠喩的であるという理由だけで批判されるいわれはないし、隠喩が認識と没交渉な趣を文章に与えるにすぎないというのは誤解である。言語表現（文学、科学などのジャンルを問わず）にとって隠喩ならびにその他の比喩（換喩、アイロニー、誇張法など）は、基本的に不可欠な認知的役割を演じている。概念に対して問われるべき点は——字義的に構成された概念と同じように——それが妥当性をもつか、その限界はどこにあるか、ということにすぎない。比喩の認知理論にここで立ち入る余裕はない。読者には関連文献（たとえば、菅野盾樹『新修辞学』世織書房、二〇〇三年）の参照をお願いして本題にもどろう。

転調が可能なのは楽曲あるいは楽句（楽曲の部分あるいはフレーズ）が旋法（mode）

の構造をそなえるからである。旋法をつくっている主要な要因は「音階」(フランス語gamme、英語scale)、つまり音を高さの順にならべて梯子状にした構造である。音響学的にいって、ある音の振動数の2^n倍あるいは2^n分の1の振動数をもつ音は「同一の音」——タイプとして「同一」という意味であるが——として知覚されるのが知られている。

こうした音の知覚を基礎として、西洋音楽ではオクターブ(八度音程)という音階の図式が成立した。最初の音から順にそれより高い音を並べてゆき初めの音と同じ音が出現するまでの八つの音を配列した構造のことである。西洋音楽では、音の高さの最小値を「半音」、その倍の高さの音を「全音」として区別する。たとえば、ピアノの黒鍵とそれに隣りあう白鍵の間は半音であり、黒鍵を挟まない二つの隣りあった白鍵の間も半音である。オクターブのなかに全音と半音をどのように配列するかによってさまざまなスタイルの音階が構成される(「転調」の隠喩の眼目はこの点にあり、またあとで触れるだろう)。ところで音階のスタイルはさまざまな水準で実現される。よく知られているのは〈長調〉と〈短調〉というスタイルだが、これはオクターブのなかに五個の全音と二個の半音で構成される全音階(diatonic scale)の範囲内で実現される対照的なスタイルである。説明が前後したが、メロディーが中心音(tonal centre)と関連付けられつつ構成されているとき、その音楽は調性(tonality)があるといい、この特徴をそなえた音の組織を調(key)と呼ぶ。たとえば、ハ長調はハ音(ド)を中心音とする音階であり、オクターブのなかに全全‐半‐全‐全‐全‐半の順で音が並んでいる。これに対して、中心音をイ音（ラ）とし、全‐半‐全‐全‐半‐全‐全の順で音が並ぶのが短音階である（これはとくに「自然短音階」と呼ばれる。「短音階」のつくり方には他にもやり方があるからである）。要するに、長音階を用いる調が長調、短音階を用いる調が短調である。

全音階の制限から解放された音の並べ方によって実にさまざまなスタイルの音階がつくられる。思いつくままに例示してみよう。フラメンコなどのスペイン民族音楽で用いられる〈スパニッシュ・スケール〉。この音階は八音から構成され、たとえばC–D♭–E♭–E–F–G–A♭–B♭がそうである。ちなみにローマ字は英語の音名を表わし、♭（変記号）は音を半音低めるための記号である。次に〈ブルー・ノート・スケール〉。これは黒人音楽特有のもので、C–D–E♭–F–G♭–A–B♭という構造をもち、もの悲しく憂鬱な感じを表わすのに向いている。最後に〈沖縄ペンタ・スケール〉をあげよう。これはドレミの七音階のうち第二（レ）と第六（ラ）を抜いた音階C–E–F–G–Bのことで、沖縄独特の風趣をつたえる。ちなみにペンタはペンタトニック（pentatonic）の略で、七音階から二音を抜いて五音で音階を構成するもののこと。

こうして見てくると、音階が音楽のスタイルを決定する最大の要因であることがわかるだろう。あらためてスタイルとは何だろうか。この用語は美学や文学の分野で使用されることが多い。だが基本的には存在論的概念を意味する語として理解する必要がある。原語のstyleは「様式」や「文体」などと訳されるが、語源をさかのぼればラテン語のstilus、つまり蠟をひいた板に文字を刻みつけるペンをいう言葉であった。そこから「記された文章」、さらに「文章を書く様式」を意味する語となったのである。このように、初めは作家の表現様式つまり文体を意味したスタイルが、やがて一方では個人の行動様式や暮らし方(「ライフスタイル」)を、他方ではあらゆる藝術へと適用される概念となっていった(たとえば、ある画家のスタイル、ダンサーのスタイルなど)。さらにこの概念は個人から集団および歴史的な意味での時代まで適用範囲を拡大することになる。たとえば、「未来派のスタイル」、「バロック様式」など。

要約すれば、スタイルとは、表現を生む主体の存在論的身分が何であれ、表現主体の同一性の顕現のことである。したがって、ある作品のスタイルを分析し解明することを通じて原理的にはその作品を制作した主体を同定できるはずである。実際、藝術作品の真贋が問題になったとき、鑑定家は最終的に作品の様式分析によって判定をなさなくてはならない(すなわち、科学的鑑定は決定的ではないのである)。

これでようやくメルロの「転調」概念の解釈をおこなう準備が整った。さっそくメルロがこの概念を使用した一例を吟味することにしよう。

人間の実際行動はどのようにして実現されるのか。たとえばタイピストが巧みに両手の指を操作しながら文書を作成するとき、何が生じているのか。タイピストは自己の身体が客観的空間のなかを移動し軌跡を描くその表象をもつわけではない。いちいち自分の指の位置を意識していたらタイプなど打てるものではない（タイプ練習を始めた当座は仕方ないかもしれないが）。とはいえ、人間はタイプするロボットではない。メルロによれば、人間行動を理解するためには、観念論や主知主義を捨てると同時に機械論も捨てなくてはならない。私たちが赴くべきは身体性の存在論なのである。すなわち、〈タイプを打つ〉という行動は、つねに固有な表情をともなう運動性の転調として現象するのだ（『知覚の現象学』、一六九頁）。このようにメルロが述べるとき、彼が人間行動を音楽の演奏になぞらえているのはまず明らかである。それというのは、最初の著書『行動の構造』で彼は〈行動〉の存在論的身分を表情のあるゲシュタルト構造と規定しており、〈音楽〉もまたゲシュタルト構造以外のなにものでもないからである。

　メルロ＝ポンティはさまざまな場面あるいはさまざまな存在の水準で身体性としての実存の「転調」を語っている。転調が文字どおりには、楽曲の途中でその調（ton）を変えることであるのはすでに述べた。となると、転調が生起した前後で楽曲という同一の存在者が保存されていることになる。言いかえれば、転調の前後で当該のゲシュタルト構造のカテゴリー（この場合は〈音楽〉）が保存されたといえる。保存則にかなった転調の場合でも、その効果がかなりドラスティックなこともある。たとえば教会音楽スタイルの曲の途中でそれが沖縄民謡スタイルに転調したらどうだろう。この前後で私たちは同じひとつの〈音楽〉のカテゴリーを認めるだろうか。場合によっては、保存則が成立していないと認定されるかもしれない。しかしこの論点については別途考えることにする。いまは、一般的にいって、この種の保存則がいつでも成り立つとはかぎらない点を確認しておきたい。ある存在者に対して転調が遂行された結果〈カテゴリーの転換〉がもたらされ、最初のとは種類の異なる存在者が生成することもある。

メルロ＝ポンティはさまざまな場面あるいはさまざまな存在の水準で身体性としての実存の「転調」を語っている。転調の若干の事例を調べることによって、転調の根本機制について注釈者の考えを述べようと思う。たとえば、彼によれば、言語は実存の言語的所作への転調であり(『知覚の現象学』、二一五頁以下)、また神話や夢や狂気の経験は覚醒した生の転調であるという(同書、三三九頁)。セザンヌの描く画の上で色彩がモノの形をとるのも紛れもない転調の事例である(同書、三八〇頁)。——これらの転調は実質的にいってどのような働きなのだろうか。それが存在者の複数の水準で実施される構造変換であることはすでに指摘した。またこの構造変換によって新たな事物や事象のスタイル、つまり同一性がもたらされ新たな存在者が生成される働きである点も確認をした。

私たちはこれらの点にいっそう重要な論点を追加したい。すなわち、転調とはある水準における記号系をつくり直して別の記号系をもたらす働きであり、この意味で厳密には「再帰的動き」(recursive move)と見なすべき身体の所作であるという観察である。転調は記号系をその外部から加工する作用ではない。私たちは、転調における再帰性という契機、つまり、記号系が記号系自身へかかわりつつ再編成されるという動き、を明らかに認めねばならない。

まず記号系の〈再帰性〉について、形式的観点をまじえて説明してみよう。数学の分野ではひとつの用語がある数学体系に持ちこまれる場合、それを定義して使用するのが通例である。たとえば「点」という用語が表意するものを定義するために、あらかじめ体系に導入済みの「直線」や数の「2」などの用語を用いて、「『点』とは2つの直線の交わりである」と定義することができる。この種の定義をおこなうための鉄則は、定義される用語（被定義項）を定義する表現（定義項）のなかで遣ってはならないということである。なぜなら、もし定義項に被定義項が現われていたら、定義項のなかの被定義項がまた定義を要求することになり、このようにして、定義という言語行為が完結せず、（理論的には）無限に続いてしまうからである。ところが、定義にはこれとは別のタイプのものがある。それが再帰的アルゴリズムを利用した定義にほかならない。一例をあげると、階乗関数の定義がある。階乗関数 n! の定義として、ひとつに n! =1·2·3·……n という式が考えられるが、…という曖昧な部分を含んでいるかぎり、階乗を構成するためには役にたたない（「点」の場合には、定義にしたがって確かに点を構成できる）。そこで、次のように定義することがおこなわれている。

$0!=1$

$n>0$ のとき、 $n!=(n-1)!\cdot n$

$n!$ の定義の右辺に $(n-1)!$ が出現しているのに注目しよう。「点」の定義の鉄則から見れば、これは定義として循環していると言わざるを得ない。それゆえにこの種の定義は〈再帰的〉(recursive<re=again, back+cursive<curio=to run) と呼ばれる。しかしながら、右辺の式は左辺の式より単純であり、nが0の場合には、$0!=1$ であること(関数の意味)が確定している。実際に独立変数nが与えられれば、再帰的アルゴリズムの手順という〈動き〉を実現することで従属変数が一意に割り出されるだろう。これはある種の関数の定義だが、話を一般化して、記号系そのものにこうした構成方法を想定することが可能である。私たちはこの方式を記号系の内部の視点に立ちつつ「再帰的動き」と呼んだのである。

メルロが知覚と科学的認識の関係を連続性と非連続性の両義的関係として把握した真の理由は、この〈再帰的動き〉にある。しかしこの契機をメルロは明らかに示してはいたが、定式として語ることはしなかった。また彼はおのおのの転調に関して必ずしも周到な記述を与えなかった。第三者として見るなら、彼は問題に対して単に図式的解明を差し出したに過ぎないと言わなくてはならない。それにしても〈転調〉の隠喩は、メルロが構想する知覚主義の形而上学を記述するために、このうえなく有力である。それというのも、ゲシュタルト構造の転換を意味するこの概念が〈音楽〉という記号的行動に出自をもつからだ。

すでに見たように、音階を同一指定するものは、ドレミならドレミそれぞれの個別的な音ではない。音階を決定するのは耳に聴き取られる実質としての音ではなく、音と音との隔たりであり、言語思想家ソシュールに倣っていうと、音のあいだの差異なのである。

ソシュールの言語思想の核心を要約するのは必ずしも容易ではないが、しかし言語（ラング）（langue）を言語記号のシステムと捉え、言語記号の意味論をその価値論によって基礎づける思想がおおきな柱であることは疑いがない。ここでソシュールの思想に立ち入ることはできないが、メルロの言葉を解釈するために必要なかぎりで最小限それに触れておきたい。

たとえば、「イヌ」という普通名詞はイヌ科イヌ属に分類される哺乳動物を意味する。だがこの「言語記号の意味機能」をどのように解すべきだろうか。人は、世界のなかに出現した単語――口にされる音声であれ紙に記されるデザインであれ――が世界にある（単語以外の）何かを指示するのだ、とこともなげに考えている。しかしソシュールはこの通俗的言語観が誤りだとした。そもそもこの単語を〈記号〉のカテゴリーに含めることが間違いなのだという。そこで彼は〈記号〉の素材面はひとまずおいてその形式（伝統的な形而上学の用語では「形相」）の面で概念化をおこない、記号が〈記号表現〉（signifiant）と〈記号内容〉（signifié）とが一枚の紙のように表裏一体をなす二重性の構造をなすと考えた。たとえば、音声言語でいえば、記号表現とは聴取された〈聴覚イメージ〉（image acoustique）

というメンタルなものであり、記号内容とは記号表現に対応する〈概念〉(concept)であり、これまたメンタルなものである。この分析をさきほどの単語「イヌ」にあてはめてみよう。ふつうは/inu/という言語音をそのままひとつの言語的記号と認めているが、これは誤りである。そうではなく、この音声が耳にはいり聴覚神経を刺激し、この刺激が大脳へ伝わり一定の聴覚イメージとして認知されるやすぐさまこのイメージに一定の概念が結びつく――その結果として、ひとつの言語記号が成り立つのだ。

ソシュールの思想の独自さは、この結合が最初からあるのではなく別のところから派生したものにすぎないという主張にうかがわれる。彼は言語システムを要素(ひとまず言語記号と解しておこう)が次々に付け加わって得られた堆積物ではなく、むしろ全体としての言語システムが一挙に成立した後で要素としての言語記号が析出されると考えた。この説明には虹の色彩がよく引き合いにだされる。英語圏や日本では虹の七色(赤・橙・黄・緑・青・藍・菫)というが、ジンバブエに住むショナの人々の言葉(ショナ語 Shona)では三色しかない。つまり、自然現象としての虹の色を分節化する言語システムがまず与えられて、それから個々の色彩語の概念内容が決まるのである。ソシュールは言語記号がシステム全体のなかで一定の値を受けとると考えた(価値論)。このことは、それぞれの言語記号が実質として記号の意味機能にまったく寄与していないことを意味する。色彩語の表意するものは等価である。もし二つの色が〈red〉としてカテゴライズされているなら、一方が他方よりホンモノのredであるということには意味がない。このことを根拠にソシュールの有名な「言語の中には差異しかない」ならびに「言語は形式であって実体ではない」という標語が叫ばれることになる（この項目についての文献をいくつかあげておく。ソシュール『一般言語学講義』小林英夫訳、岩波書店、一九七二年、丸山圭三郎『ソシュールの思想』岩波書店、一九八一年。ソシュール記号学を批判的に検討したものとして、菅野盾樹『恣意性の神話』勁草書房、一九九九年）。

音楽が「形式であって実体ではない」のは見やすい真理ではないだろうか。記された楽譜という記号システムもCDに記録された情報もホールで演奏される曲もそれぞれの仕方で一定の音楽を表意している。だからメルロが、元来音楽の用語である〈転調〉をものの同一性をめぐる基礎的概念として採用したことにはまことに十分な理由があった。実際にメルロはソシュールの言語思想に深く学びつつ、その可能性を読者にとって思いがけない方向へ展開することさえしている。メルロ＝ポンティの言語思想についてここで立ち入ることは遠慮すべきだろう。ただ一言だけ述べておくなら、彼の初期の言語哲学（『知覚の現象学』第一部第九章）から中期のそれ（「間接的言語と沈黙の声」、「言語の現象学について」、どちらも『シーニュ』所収）をへて後期の言語思想（『見えるものと見えないもの』）への展開を考えるのが通例となっており、これはもちろん正しい見方だが、メルロがソシュールの言語思想へ接近すればするほどそこから離反する面をつねに増進させたこと、後期においてふたたび初期の言語哲学へのある意味での回帰が認められることに注目すべきであろう。ゲシュタルト構造の構造転換を表わすためにメルロが用いるもうひとつの比喩的概念を紹介しておく。この概念もメルロの議論が大事な場面にさしかかるとしばしば登場する。たとえばメルロは画家の藝術家としての職分を「世界を絵画に変身させること」と捉えている。また画家自身も自分の様式を確立するまでにこの「変身」を遂げるのだという（前掲の『世界の散文』を参照）。ところで「変身」（métamorphose）という語は多義的である。ローマ神話が物語るように、ユピテルが白鳥に姿を変える〈変身〉のも、錬金術師が鉛を金に変化させる〈転換〉のも、オタマジャクシが蛙に変化する〈変態〉のもすべてメタモルフォーズである。この隠喩の概念的眼目が〈同一性の変換〉にあることは明らかだろう。そのかぎりこれは〈転調〉とほとんど同じ内容の概念である。しかし〈転調〉が変化する存在者の構造についても有意な情報を与えるのに対して〈変身〉にはそうした含意がなく、別の方向で〈同一性の変換〉を描いている。同一性の変換が事象のゲシュタルト構造にかかわることを明示する点において〈転調〉に一日の長があるとも言える。だが、〈変身〉は伝統文化の沈殿物を取り込み、想像力を刺激する点では優れている。

（6）　このくだりでメルロは、古典的絵画の慣習的な描画技法が知覚的世界を捉え損なうことを遠近法の分析を通じて明らかにする。そして後半部で、とりわけセザンヌが古典的絵画の閉塞状況を打破するのに貢献した事実を指摘しつつ、現代絵画に多少とも共通する表現法について述べている。ラジオ講演のこうした展開に対応させて、ここでも注釈を二つの部分にわけておこなうことにする。

メルロがここで論じている「遠近法」(perspective) が平面的な画布のうえに立体感や奥行きを描くための絵画技法であるのは言うまでもないだろう。実際には遠近法にはさまざまな種類のものがあるが、彼が検討の的とするのはとくに「幾何学遠近法」あるいは「線遠近法」(linear perspective) と呼ばれるタイプのものである。

画家がこの技法によって風景画を描くやり方を、メルロの説明をもっと簡略化して言いなおせば、次のようになるだろう。まず画家は風景の真正面に立ち、はるか遠方に水平線を見定め、これを一本の直線として画布のうえに線で描く。彼はもちろんその場を動くことはできないし、視点も一定方向に固定しなくてはならない(たとえば、顔を横に向けてはいけない)。目の前に矩形をしたビルの正面が見えているとして、建物の左右の縁がつくる直線は平行であるはずだが、この直線が水平線上の一点にむかって収束するように描かなくてはならない。一般に視界にあるすべての平行線がこの点に収束するように描くこと、これが遠近法の鉄則である。この点が「消失点」と呼ばれるもので、視点から消失点をつなぐ線上の(画家から見て)適切な位置でこの線と直交する平面を切り取り、それに含まれ満たしている光と色を画面に写すことによって風景画がつくられる。この技法は古代ギリシャに始まり、一五世紀イタリア・ルネッサンス時代に「線遠近法」理論が確立されたといわれる。

メルロは、このくだりで、遠近法が世界を正しく——実在する世界をそのまま写し取るという意味で「客観的に」——表現するための技法であることを明確に否定している。遠近法はしばしば知覚に関する心理学や生理学の法則に合致する科学的手段だといわれているが、これほど事実に反した思い込みもない。そうではなく、遠近法とはむしろ自然な知覚が明らかにする世界を人工的で「慣習的」世界で置き換えるために発明された技法なのだ。「遠近法」の原語 perspective がこのことを雄弁に語っている。中世ラテン語の perspectiva がルネッサンス期に「遠近法」の意味をもつことになったのだが、それまでこれは「光学」を意味する言葉であった。光線はどこまでもまっすぐに進み、その軌跡は直線をなす。こうした光の性質を調べる学問が光学であり、これを表す語がいつしかこの光の性質を利用して世界を絵として写し取るための方法、つまり遠近法を意味するようになったのである。興味深いのは、一五世紀に光学理論と遠近法を結びつける各種の光学装置が発明され、画家たちの実用に供されたことである。その一つが後に写真機の発明にもつながった〈カメラ・オブスクーラ〉である。小さな穴を開けた暗箱内の平面に自然の光景を投影させ、平面のうえにつくられた像を写し取れば遠近法による絵が描けるというわけだ(ついでながら、遠近法にかなった絵のことを「透視図」と呼ぶが、これも perspective

である）。（遠近法の美術史的研究について、辻茂『遠近法の誕生』朝日新聞社、一九九五年、参照。）

遠近法を使用して実作された絵画には複数の消失点で画面を構成したものもある。絵画が鑑賞者に与える不自然な画面の表情をできるだけ取り除くための工夫であった。しかしすぐ後で述べるように、表現のこの不自然さを完全に除去するのは原理的に不可能である。

線遠近法をレオナルド・ダヴィンチ（Leonardo da Vinci 一四五二～一五一九年、美術、彫刻、建築、技術、解剖学など多くの分野に秀でた才能を発揮したイタリア・ルネッサンス期を代表する藝術家）が「目から遠ざかる事物を縮小させる理法」と規定しているように、遠近法的表現のいちじるしい特色は、遠くにあるものを小さく、近くのものを大きく描くという具合に、「慣習的な何らかの大きさや外観」を対象に付与する点にある。画家は知覚された対象の「〔知覚に把握された〕大きさやその色彩」や「それを見つめたときに対象が表示する空間」を無視する。いやいっそう正確にいえば、画家が遠近法に従うかぎり、対象の知覚された大きさ・色彩・空間などが意味機能を喪失することによって、対象の存在様態そのものが転換してしまうのだ。知覚された風景における遠方の対象は遠近法で規定された大きさをもたないので、〈知覚された大きさ〉が〈遠近法的大きさ〉より大きいとも小さいとも記述できない。地平線上の月はわたしがもつ銀貨より「大きく」はないし、少なくとも二つのものの尺度となりうるような大きさをもたない。この意味で「知覚の公約数」を考えるのは不可能である。その月は「離れた場所にある大きな」対象であって、この〈大きさ〉は、熱さや冷たさのように、月にくっついてはいるが、銀貨で割り切れる部分の数によっては測定できない一つの質なのである（『世界の散文』、七六頁）。

次にメルロは、遠近法で描かれた絵画を鑑賞する者にとって、この種の絵画が全体としてどんな表情を示すかを述べている。描かれた風景は「穏やかな・節度ある・丁重な」雰囲気を漂わせているとも、触覚的比喩を用いてこの表情を「ざらつきがない」とも述べている。絵画の表情を見てとるのはもちろん鑑賞者のわたしである。とするなら、この種の絵画の表情がよってきたるゆえんは、わたしとこの絵画との交わり（communion）だと言わなくてはならない。たとえば、親しい友人と久闊を叙するとしたらどうだろう。たがいの顔を見たその刹那、相手が元気なのを認め、わたしは安堵の表情を浮かべるかもしれない。だがその直後に、わたしも友も喜びで満面の笑みがこぼれるだろう。二人はいま人間的な親愛の情に包みこまれる。表情は身体性の共鳴として（後期メルロ哲学の概念である）間身体性（intercorporeité）を基礎とする現象にほかならない。しかしこの絵画はわたしにとって疎遠な他人のようなものである。たしかにそれがわたしの感情を損ねることはない。否定的感情が醸されるためには、やはり間身体性を基礎として二人が対の構造のうちで交流しなくてはならないからだ。わたしが「行儀のいい知人」に心を開くことはない。そんな人間に喩えられた絵画の「穏やかな・節度ある・丁重な」表情はけっして「無表う。

情」ではないが、人間的表情ではないという意味で「無 - 表情」と呼ぶことができるだろ

遠近法による絵画表現をメルロは地図や設計図などに類似した「慣習的図表」だと見なしている。彼のこの評価は、描画のテクニックとしての透視図法が知覚に及ぼす効果に基づく。この点は次の注解でも触れるが、ここでは「絵画の表情」との関連で消失点の問題を考えてみよう。メルロによれば、絵画が見る者にとって無 - 表情であるのは、画面が「無限に遠い点〔消失点〕に固定された視線に支配されている」ことに由来する。これに反して、現実世界で知覚するときのわたしの視線はつねに動いている。視点はそのつど遠くに投擲されたり手許に引き寄せられたりする。視線もそのつど遠く近く伸びたり縮んだり、右に左にそして上に下に移動する。知覚は基本的に探索運動であって、この事実が視点と視線のこの動きを規定しているのだ。知覚とは単に見ることではない。それは対象が何かを探りながら見る構成的認識である（このことの一つの含意は、知覚の〈自発性〉と〈構成力〉がほとんど同義だということである）。遠近法はふつう両眼から発する視線がいとなむこの構成的認識を排除して、単眼の不動な視線――しかも無限に遠い仮想の点に固定された視線だけで世界を描こうとする。

これに類似する世界の眺め方といえば、想い出される事例がある。望遠鏡は一六〇四年にオランダで発明されたという。ガリレイがこれを伝え聞き、自ら望遠鏡をつくり天体を

観測してさまざまな発見をなしとげた。たとえば、月の表面を眺めて月に山があることが見いだされた。また木星が四つの衛星をともなっているのも発見された。彼はこうした発見を『星界の報告』(一六一〇年)にまとめ世の中に発表している。遠近法が現実を描く技法だと信じた画家は、地上を観察する天文学者として風景を観察し、見たところのものを描いたのではなかろうか。実際、遠近法的表現として完成度の高い都市風景画は一七世紀オランダで多数描かれている。これらの風景画から——たとえ人間がそこに描かれていても——無人の廃墟の光景かのような無機的印象を受けることがあるのは偶然ではないだろう。現代のシュルレアリストの一部の人々が遠近法のこの効果——文字どおり「現実を超える」表現をつくりだすこと——を巧みに用いている事実を指摘しておこう。シュルレアリスム(surréalisme)は超現実主義ともいわれる藝術表現のスタイルあるいはその運動をいう(シュルレアリスムは文学、写真、絵画、映画など広い範囲の表現領域におよぶ運動であるが、ここでは絵画にたずさわるアーティストだけを念頭に置いている)。シュルレアリスムに参画した人々が共通した一つの表現技法を用いたわけではないし、遠近法が用いられた作品でも他の技法と併用される場合が多いかもしれない。しかし彼らが制作に遠近法を用いる狙いは明らかであって、それは、現実を超えた奇妙な光景を画面につくりだすためなのである。

（7）「セザンヌ以降、多くの画家たちが幾何学遠近法の法則に屈服することを拒んできたのは、自分の目の前で風景が誕生するまさにそのありさまを新規に捉え、表現しようと望んだからです」とメルロは述べている。ルネッサンス期に確立した遠近法的描写がながらく西洋絵画を支配してきた。一九世紀末から二〇世紀を通じての絵画史は、その束縛をうちやぶり新たな表現を創出するための試行錯誤から綴られていると言えるかもしれない。この大きな絵画的事業に先鞭をつけた最大の人物が、メルロのたびたび言及するセザンヌその人であった。彼は父親の反対をなかば押しきって、一八六一年四月、二二歳のとき、画家になる目的でパリにおもむいた。彼はさっそく昔モデルをしていた男が自分の名をつけて経営する「アカデミー・シュイス」に登録して絵画の勉強に精出すことになる。ところが早くも同年の九月に、彼は絵の道をあきらめ故郷エクス＝アン＝プロヴァンスに戻ってしまう。だが絵画への情熱を捨てられなかったせいか、彼は一一月にふたたびアカデミー・シュイスに通いはじめる。

　当時、画家志望の青年の多くはまずどこかのアトリエに登録して国立美術学校（エコール・デ・ボー・ザール）の受験にそなえて訓練を積み、美術学校の教授たちが運営するアトリエで定期的に手ほどきを受ける道を選ぶのに、セザンヌは、アトリエに属してはいたが教授の指導もうけず、国立美術学校の受験に失敗して以後、独学を貫くことを決心した。彼は頻繁に美術館に通い、ルーベンス（Peter P. Rubens　一五七七～一六四〇年、フランドルの画家）、ドラクロア（Victor

E. Delacroix 一七九八～一八六三年、フランスの画家)、ティツィアーノなどの巨匠たちに学び、また文学を創作の糧とした。メルロが指摘するように絵画の「古典的教育は遠近法を基礎としてい」たわけだが、正規の「古典的教育」を経験しないまま絵の修業に励んだことがセザンヌを本来のセザンヌにしたのかもしれない。セザンヌが遠近法を知らなかったとか、この技法で絵を描かなかったとか言いたいのではない(それは事実に反する)。そうではなく、画家として自己実現を果たす過程で、セザンヌが遠近法を基軸とする絵画教育とその所産を突き放して見る目を持つことができ、ひいては古典的絵画の限界を自覚できた、と言いたいのである。

セザンヌは表現の狩人として絵画を追いつづけた。それにつれて彼の表現スタイルも変化してゆく。初期(一八五九～七二年)のセザンヌは同郷の文学者ゾラ(Émile Zola 一八四〇～一九〇二年)の自然主義に共感したところから写実主義の絵を描いてもいるし、激しい情念を表出する物語性がまさった絵も描いている。またある時期(一八七三～七七年)セザンヌは、同時代の印象派の画家ピサロ(Jacob Camille Pissarro 一八三〇～一九〇三年)やモネ(Claude Monet 一八四〇～一九二六年)、ルノアール(Pierre-Auguste Renoir 一八四一～一九一九年)らと交流するなかで、一見すると印象派風の絵も描いている。しかし彼は印象派の手法にそのまま従ったわけではなく、セザンヌ独特なやり方をそれに加えていた。印象派の画家たちは文字通り、移りゆく一瞬の感覚的「印象」(impression)を画面に定着することを目指し、知覚された風景や事物を網膜に投影される多彩な色と光の印象に還元しようとした。当時の人々は色彩が豊かで明るさにみち、また輪郭線が見られない、しばしば荒々しいタッチの絵画に新鮮な驚きを感じたのである。しかしセザンヌのこの時期の絵にしても、タッチを細かにして黒を遣わず三原色を重んじたことに示されるように、それが印象派風のスタイルであるのは確かだが、事物の形態を斑の色彩に溶かしこむことはしていない。この時期の作品でも彼は画面の堅固な構図を追求しており、一瞬の光景をスナップショットのように切り取った印象派の絵画とは異質である。

その後のセザンヌが印象派的なスタイルを捨てたわけではない。だが彼は、制作にあたり事物の形態や空間の構成などに他の印象派の画家たちより大きな考慮を払った。このことを通じて彼は印象派そのものを乗り越えてゆく。研究者はこの時期を転換期（一八七八〜八二年）と呼ぶが、その後にセザンヌの壮年期（一八八三〜九四年）がつづいている。

メルロが主題として論じている遠近法との関連でこの時期に制作されたセザンヌの作品を取り上げたい。ミュンヘン（ノイエ・ピナコテーク）にある《箪笥のある静物》（一八八二〜八七年）である（一二五頁）。画面の背景に赤茶をした箪笥とロココ風の装飾模様がある。手前には引き出しのある四角なテーブルが描かれ、その上に壺や蓋のある陶器が三つ並び、それより前方の画面中央に林檎を載せた皿が描かれている。この果実の皿が視線をもっとも強く惹きつける。そして固められたような白布のテーブル掛けが右から左に皿の下へ落ち込んでいる。壺や陶器はやや上方から見た形態をとるが、載せられた沢山の事物に比べ小さなテーブルは壺を乗せるには傾き過ぎて見える——ここに鑑賞者は視線が移動する感覚をおぼえるに違いない。テーブルの板の手前の縁を左からたどると、それが林檎を盛った皿の下で突然消えているのがわかる。同じ縁を右からたどっても同じ箇所で消えている。遠近法はここでも守られていない。このテーブルの形態を描くには、まずある視点からテーブルを見て、次に別の視点へ移動してそれをまた見なくてはならない。時間をへだてて見られた二つの形態が一つにされている。このテーブルの形態に鑑賞者は無意識にせよ時間の持続を感知するだろう。

この絵に関するもっと周到な分析は、絵画表現を構成するその他の多くの要素——明暗、色彩、転調、デフォルメ、構図、タッチ、等々——の観察を要求するが、それは専門家の仕事である。私たちが再度確認しておきたいのは、セザンヌの画業の意義である。彼は既成の絵画教育にとらわれず自分で得心がゆく表現を追求した。その過程で彼は古典的な遠近法の技法や明暗法などを乗り越え、現代藝術への道を拓いたのだった。古典的表現を超えるために絵画の道を志したのではない点にセザンヌの業績の偉大さがある。

このくだりでメルロはこう指摘していた。「セザンヌ以降、多くの画家たちが幾何学遠近法の法則に屈服することを拒んできたのは、自分の目の前で風景が誕生するまさにそのありさまを新規に捉え、表現しようと望んだからです」と。色彩のなかから事物の形態が

ポール・セザンヌ 《木々》 水彩，47.2×30 cm，制作年不詳，ルーヴル美術館.

ポール・セザンヌ 《箪笥のある静物》 画布に油彩，71×90㎝，1882-87 頃，
ミュンヘン，ノイエ・ピナコテーク．

出現する、というセザンヌの言葉はいくぶん単純化されてはいるが、「画家の知覚が風景を現出させる」というメルロの知覚論を見事に証言している。もう一度引用してみよう。「わたしは、自然の迷える手を合わせてやるのです……その色調、その色彩、そのニュアンスを私はつかんで、それを定着させて、それを互いに近づけます。……それは線を作ってゆくんです、物(オブジェ)や岩や木になってゆきます。……」(ガスケ『セザンヌ』前掲書、二一四頁)。同じ主旨の言葉——これは研究者のものだが——が『知覚の現象学』に見えるので引いておく。「セザンヌの風景は「人間がまだいなかった世界以前の世界(un pré-monde)なのである」」(二七二頁以下)。

晩年(一八九五〜一九〇六年)のセザンヌはすでに多くの若い藝術家たちに影響を及ぼす人物になっていた。ゴーギャン(Eugène Henri Paul Gauguin 一八四八〜一九〇三年)、ベルナール(Émile Bernard 一八六八〜一九四一年)やマティス(Henri Matisse 一八六九〜一九五四年)もそうである。彼らはそれぞれが現代絵画に新しい一面を付け加えた。ドラン(André Derain 一八八〇〜一九五四年)はマティスとともに批評家からフォーヴィスム(Fauvisme フォーヴとは野獣のこと)と呼ばれる作品を生みだした。それは激しいタッチと原色を多用する色遣いを特色とする絵画である。ピカソは初期の薔薇色の時代の作品でセザンヌのモチーフを用いているし、初期のキュビスム(Cubisme キューブとは立方体のこと)はセザンヌの大きな影響のもとに生まれた。一九〇七年にサロン・ドトンヌで開催されたセザンヌ大回顧展に多くの画家が訪れたが、これがセザンヌの名を高めるきっかけになった。その後もセザンヌの影響は広がりを見せ、カンディンスキー（Wassily Kandinsky　一八六六～一九四四年、抽象絵画の創始者）、ジャコメッティ（Alberto Giacometti　一九〇一～六六年、スイス出身の彫刻家）などのアーティストに影響の跡を見ることができるし、さらに、コンセプチュアル・アート（Conceptual Art）、ミニマム・アート（Minimal Art）などの動向にも影響が及んでいる。（セザンヌの創作に関する時期区分や彼の業績の歴史的位置づけについては、次の解説文に従っている。池上忠治「セザンヌ」、『世界美術大全集　後期印象派時代』池上忠治責任編集、小学館、一九九三年、所収。）

（8）　ジャン・ポーラン（Jean Paulhan　一八八四～一九六八年）、フランスの作家、批評家。一九〇九年にアンドレ・ジッドが創刊した文学誌ＮＲＦ（*La Nouvelle Revue Française*）の編集に長年たずさわった（一九二五～四〇年、一九四六～六八年）。第二次大戦中はレジスタンス運動に参加した。戦後、サルトルとメルロ＝ポンティが創刊した『現代』誌の編集に変名で参画するなど、多くの作家との交流を通じて文学界の戦後処理に貢献した。我が国に紹介された著書として、『タルブの花：文学における恐怖政治』（野村英夫訳、晶文社、一九六八年）などがある。（なお、サルトルについては、次章の注釈（5）で彼の哲学者としての全体像を素描する。）

（9）マールブランシュ（Nicolas de Malebranche　一六三八〜一七一五年）はオラトリオ会修道士でデカルト派の哲学者。主著『真理の探究』（*De la recherche de la vérité. Où l'on traite de la Nature de l'Esprit de l'homme, & de l'usage qu'il en doit faire pour éviter l'erreur dans les Sciences*, 1674-1675）においてアウグスティヌスの思想とデカルト哲学の総合を試みた。哲学史の観点からいえば、デカルトの心身二元論の解決として機会原因論を説いたことで知られる。デカルトは、人間を構成する身体と精神の二つの要素をまったく異質な〈実体〉とみなした。すなわち、物体としての身体は〈延長〉という属性で規定されるが、精神は延長を欠いており、属性としては〈思考〉をもつにすぎない。私たちは心に思ったことを身体運動として実現できることを知っているし、外部の物質が自分の身体に作用すると自分の精神にまで影響が及ぶことも知っている（たとえば、アルコール中毒で幻覚を見ることがある）。デカルト哲学の枠組みを保持しながら、この心身の相互作用を説明しようという意図から機会原因論が構想されたのである。マールブランシュの主張はしばしば「すべてを神において見る」（voir toutes en Dieu）のモットーに要約されて紹介される。人間は一方で感覚を通じて外界の事象を認識するが、実際に生じているのは、感覚経験を機会（occasio）として神のうちなる認識（観念）に人間精神が包まれるということに過ぎない。また自分の意志で身体運動をおこない外界に働きかけると信じているが、実際には、意志の発動や物体の衝突を機会として神御自身が働きを及ぼしているに過ぎない、というのである。

メルロ゠ポンティはさまざまな機会にマールブランシュに言及している。彼はこの哲学者の主張を是認はしなかったが、無価値なものとして一蹴したわけでもない。むしろ、コギト（自己意識）、人間における受動性の経験、自然的判断としての知覚、などの問題群に即してマールブランシュの思想のもつれを解きほぐそうとしている。メルロとマールブランシュの哲学的対話を追跡するためには次の文献にある「編者補注」がその一助となる。Merleau-Ponty, *L'Union de l'âme et du corps chez Malebranche, Maine de Biran et Bergson*, J. Vrin, 1978（メルロ゠ポンティ『心身の合一』滝浦静雄ほか訳、朝日出版社、一九八一年。ちくま学芸文庫として二〇〇七年に再刊）。

メルロはここでマールブランシュの知覚論を批判している。地平線上の月が大きく見えるという知覚経験をマールブランシュは「感官（サンス）による自然的判断」という観念によって説明した。彼によれば、人間にはその機構を説明できないものの、それにしたがって事物を認識する判断の働きが自然にそなわっているという。たとえば、盲人が二本の杖を両手にもって――それらの正確な長さは知らないとする――それらを操り、目に見えない物体に杖で触れることによって、物体までの距離を知ることができるのは、この種の判断が働いているためである。異なる見方からこの事態を解釈すると、この盲人は、三角形の底辺と二つの底角が与えられた場合にその高さを割り出すための「自然的幾何学」(géométrie naturelle) を感官のなかに具えているといってもいいだろう。しかしメルロ＝ポンティは、この種の議論を「回顧的錯覚」(ベルクソン) として斥ける。月の知覚を成立させているのは、基本的に、視野あるいは環境と生体との意味の関係である。〈距離〉はあらゆる実在的機構に先だって知覚のなかに出現する。知覚の基礎のうえにつくられた科学的機序をまえもって知覚のなかにあるように思いこむのは「回顧的錯覚」にすぎない。知覚はいつでも科学の土壌である——この知覚主義に依拠しながら、メルロはマールブランシュを論駁している (『知覚の現象学』、六一頁以下)。

(10) ゲシュタルト心理学派を指している。初期の二つの主著『行動の構造』ならびに『知覚の現象学』を刊行することで、メルロ＝ポンティはそのオリジナルな「身体性の哲学」によって哲学者としての地位を確立した。彼の哲学思想の源泉は一通りではないが、ゲシュタルト心理学はいつでも彼の発想の源でありつづけた。著作の刊行に先立つ一九三三年に、二五歳の彼が研究助成金申請のための文書「知覚の本性に関する研究計画」を執筆したことはすでに述べた (二八頁参照)。そこには、「ゲシュタルト学派がドイツで続けている実験的研究は、知覚が知性の操作ではないこと、知覚においては [実験心理学者が言うように] ばらばらな素材と知的形式を区別できないことを示しているように思える。

「形態(フォルム)」は感性的認識そのもののうちにあるのだろうし、伝統的心理学におけるばらばらな「感覚」なるものは根拠のない仮設であろう」という表現が読める（*Le Primat de la perception et ses conséquences philosophiques*, Cynara, 1989, p. 11-12.〔『知覚の本性』加賀野井秀一編訳、法政大学出版局、一九八八年、一頁以下〕）。知覚（それに行動）についてゲシュタルト心理学が主張する要点はこの文書に述べられたとおりである。知覚をそれ自体一つの体制をそなえた全体（ドイツ語で *Gestalt*、フランス語で *forme*）として把握しなくてはならない――この見解はそれまでの要素主義的心理学と真っ向から衝突する。この「衝突」の哲学的含意について深く思索することが、計画書を提出した後のメルロの仕事のすべてだったといっても過言ではない。

ここでメルロは、マールブランシュの主知主義的な知覚理論に代わりうるものとしてゲシュタルト理論の見解を手短に紹介している。ゲシュタルト理論は複雑な理論構成をそなえているが、ここでは問題に関連する論点を二つだけ抜き出すことができるだろう。第一に知覚の恒常性（permanence de la perception）であり、第二に知覚における〈形態化〉（mettre en forme）の形而上学的根拠である。

メルロはこれらの論点を初期の二冊の著書においては無論のこと、その後に刊行された複数の著作でも――記述の濃密さに程度の違いがあるにせよ――繰り返し論じている。とはいえ、敢えて言うなら、『知覚の現象学』の「第二部・知覚的世界、Ⅲ 事物と自然的世界」にこれらに関する集中的な議論が見いだされる。この部分をひもときながらおのおのの論点を調べてみたい。

言うまでもなく、事物はさまざまな性質――伝統的形而上学の用語でいえば「属性」(attributum)――をもっている。形、大きさ、色、味、重さ、温度、などである。ゲシュタルト理論が発見したのは、事物の位置する時空の条件が変わるのに応じて事物の性質も変化するが、それにもかかわらず知覚物(le perçu)が己れの性質を変えまいとする頑固さ、あるいは安定性を示すという事実である。たとえば、明るいランプに照らされた食卓の海苔から反射する光は、真夜中に庭に積もった雪の反射光よりはるかに強いのに、「黒いものは黒く、白いものは白い」。このような知覚の事実は研究者によって「知覚の恒常性」と呼ばれている。メルロは知覚に認められるこの特異な性状を「形態化」の原理――知覚を成り立たせる基礎的原理――のひとつの現われだと捉えている。

たとえば、ボールペンを写真に撮ればレンズとの距離に応じて画面上のボールペンの大きさは劇的に変わる。これにひきかえ、知覚に出現するペンは固有な大きさをもっている。あえて言葉に出せば、それは長大でもないし極端に小さくもなく、手になじむ程度のほどよい大きさなのだ。もしわたしがボールペンを眼に近づけてもち、そのため周囲の光景がほぼ隠されたとして、ボールペンが長大になることはない。相変わらずそれは手になじむほどよい大きさのままである。ボールペンの固有の大きさとは「視覚的現われとその見かけの距離とが相関しつつさまざまに変異するなかの不変量ないしその法則」である（『知覚の現象学』、三四六頁）。これらは心理学者もよく知っていた事実である。だがメルロは、大きさや形や明るさの恒常性を心理学の問いから形而上学あるいは存在論の問いとして引き受けなおし、身体性の哲学のなかで解明しようと試みた。実際、彼はこう問いを立てている。「真の大きさと形とは、現われ、距離、方向がそれによって変化する恒常的法則にほかならないと言われるとき、これらのものが、計測しうる変数ないし量として処理できること、それゆえこれらがすでに決まっていることが暗に意味されている。問題はまさに、どのようにしてそれらが決定されるかである」（『知覚の現象学』、三四七頁）。

天頂にある月に比較して地平線上の月が大きく見える現象は古代から知られていた。大きく見えるのは月だけではない。地平線上の星座（たとえば、オリオン星座）も大きく見える。このような現象を心理学者は「天体錯視」と呼んでいるが、ゲシュタルト心理学はこの問題を、メルロが講演で述べているように、知覚が天地の景観（古代人ならこれを「コスモス」と呼んだかもしれない）を構成するやり方の問題として解いている。知覚されるかぎりの天空はその頂きがそれほど高くはなく、天球儀が示すようなドーム状ではなく扁平につぶれており、地平線のほうがはるかに遠方にまで広がっている。もしここで、マールブランシュのように、線遠近法や視角などの観念を持ちこんで説明を試みるなら、いずれ説明はどこかで破綻するか、あるいは不合理な補助仮設を追加して窮地に陥るだろう。〈知覚の恒常性〉という概念の合理性は幾何学的なものでもないし、単なる知性に基づくものでもない。それは基本的に環境と生体のかかわりに基礎づけられた生態学的な合理性なのである。

メルロ＝ポンティの所論の独特なところは、〈知覚の恒常性〉をいっそう掘り下げてゆき、それを支えるいわば存在論的岩盤を明らかにしようと努めたことである。〈本来的身体〉（corps propre）という名で呼ばれる主体として、まさしく自分の身体によって世界に生きる人間、あるいは世界内属存在（l'être-au-monde）としての人間は、世界のなかに受肉した本来的身体（corps propre）にほかならないのであり、「わたしが現われと運動感覚的情況との関係を知っているのは、（……）わたしが身体をもち、この身体によって世界に巻き込まれているからである」（『知覚の現象学』、三四九頁）。この引用に哲学的係争に関するいわば一審におけるメルロ＝ポンティの判決が謳われている。しかし、やがて彼はこの見地の不十分さを自覚することになるだろう。メルロが後期の思想を形成するべくどんな道をたどったか、これを知るために読者は、いずれも未完に終わったが、中期の思索を代表する『世界の散文』と後期の遺稿『見えるものと見えないもの』を参照しなくてはならない。

第三章　知覚的世界の探索——感知される事物

空間の観察をすませましたので、あらたに、空間を満たしているさまざまな事物を考察してみましょう。事物に関する古典的な心理学教科書を参照すると、そこには次のような説明が見つかるでしょう。事物とは、さまざまな感覚に与えられた特性のシステムのことであって、おのおのの感覚は知性の総合の働きによって一つ〔のシステム〕にまとめられる、と。たとえば、レモンとは、両端がある卵のような形、ある種の黄色、ひんやりした手触り、特有の酸っぱさ……これらの特性を全部加え合わせたものだ、というのです。しかしながら、こうした分析は私たちにとって満足がゆくものではありません。というのも、これらおのおのの特性ないし特質が互いにどのように結びつくのかがわかりませんし、それにもかかわらず、レモンは〔特性の合算に還元できない〕統一された存在者(もの)であり、そのあらゆる特性は、それぞれが〔全体としてのレモンの〕さまざまな顕現に過ぎないように思えるからです。[1][2]

事物のさまざまな特性（たとえば、事物の色や味）が、視覚の世界、嗅覚の世界、触覚の世界など、互いにまったく異なる世界に属する所与であることを思うとき、事物の統一性は謎のままでありつづけます。ところで、まさに現代の心理学は、この点に関して、ゲーテの教えに従うことによって次のことを見出しました。[3] すなわち、これらの特性のおのおのがまったく孤立したものであるどころか、感情的意味をもつがゆえに、この意味によってある特性が他のさまざまな感覚特性と照応する、ということです。たとえば、マンションの部屋の壁紙を選ばなければならなかった人はよく知っていますが、〔壁紙のそれぞれの〕色彩はある種の精神的雰囲気を発散していて、住人を悲しくしたり陽気にしたり、ふさいだ気持ちにしたり元気にしたりするものです。音響とか触覚的所与についても同じことが指摘できます。したがって、おのおのの色彩は特定の音響、あるいは特定の温度に等価だと言うことができます。目の見えない人のなかには、いろんな色彩をたとえば音とのアナロジーを用いて説明してあげると、どうやらこうやら〔実際に紙に〕それらの色を塗ることができる人がいます。彼にこんなことができるのは、色と音の等価性によるわけです。したがって、ある性質に一定の情動的意味を与えている人間の経験にこの性質を置き直すならば、この性質とは何の共通点もない他の性質とそれがどのように関係しているか、この点を理解できるようになります[4]。私たちの経験には、実際にもし私たちの身体の部位からそれらの性質が誘発する反作用を除外してしまうと、その経験がほとんど何の意味も持たなくなるような性質がたくさんあります。この点を甘ったるいものについて指摘できます。〔たとえば〕蜂蜜はべっとりした粘度のある液体です。それはなるほど粘り気があり指ですくい取れますが、でもすくい取るとすぐに、陰険にも、指から流れ落ちてもとの蜂蜜と一つになってしまいます。蜂蜜を何かの形にした途端にそれは壊れてしまいますが、ただそれだけのことではなく、蜂蜜は〔形にする主体と形にされる対象という〕役割を転倒するのです。つまり、蜂蜜を摑み取ろうとした者の手を〔主客が転倒して〕蜂蜜のほうが摑み取る、ということが起こります。活発にうごいてさまざまなものを探索する手、対象を支配していると信じている手は、〔いまや〕対象に魅了され力を失い、外的な事物のうちに呑みこまれてしまいます。この巧みな分析はサルトル[5]に負うものですが、彼は次のように書いています。「ある意味で、こうした事態は、所有された者のこの上ない従順さであるし、もう勘弁してもらいたいと思うのにいつまでもじゃれつく犬のような従順さに似ている。けれどまたある意味で、この従順さのかげに、所有された者が所有する者を我が物にせんとする陰険なたくらみがある」[1]と。甘ったるいもののような性質——これによって人間のあらゆる行動を象徴させることができるような性質です——は、受肉した主体としてのわたしとこの性質の担い手である外的対象との間のやりとりによって、はじめて理解されます。つまり、この性質については人間性に基づく定義しかありえません。(6)

さて、このように考えると、おのおのの性質は、ほかの感覚のさまざまな性質に開かれていることになります。蜂蜜は甘いものです。この甘さ、つまり、「口のなかにいつまでも残り続け、飲み込んだ後にも感じられる、消せない甘さ」[2]は、味の次元における蜂蜜の粘性が感触の次元において実現したもの、つまり、べとべとしたものの現前にほかなりません。蜂蜜はねばねばしていると言うことと、それが甘いと言うこととは、同じことを言う二つの異なるやり方なのです。同じことと言うのは、つまり、その事物の私たちに対するある種の関係、あるいはその事物が私たちに示唆するか、または私たちに押し付けるある種のふるまい、その事物と遭遇した自由な主体を魅了し、その気を惹き、幻惑するある種のやり方、といったことです。蜂蜜とは、世界がわたしの身体とわたしに向けた〔世界の〕ある種のふるまいです。蜂蜜が所有するさまざまな性質は蜂蜜のなかで単に並存させられているのではありません。むしろ反対に、それらの性質がすべて蜂蜜における同じ存在の様態、あるいはふるまいのやり方を顕現するかぎりにおいて、それらは互いに同一です。事物の統一性〔その事物が他でもなくその事物である、という事物の自己同一性〕は事物のもつさまざまな性質の背後にはありません。事物の同一性はその性質のひとつひとつにおいてその都度確認されます。おのおのの性質はそのまま事物全体に匹敵します。セザンヌは、画家は樹の匂いを描くことができなくてはならない、と述べています。[3] 同じ意味合いで、サルトルは『存在と無』において、それぞれの性質は対象の「存在を啓示するもの」だと書いています。[4] 続けて彼は以下のようにも書いています。「レモンの〔黄色〕は、そのあらゆる性質をつうじて、そっくり全体にひろがっており、その性質のおのおのは他の性質のおのおのによって全体にひろがっている。黄色いのはレモンの酸味であり、すっぱいのはレモンの黄色である。私たちはケーキの色を食べるのであり、このケーキの味は、食の直観とでもいうべきものに対して、ケーキの形や色を開示する手段にほかならない。（……）プールの水の流動するさま、その生ぬるさ、青みがかった色、波動性などの全ては、それらの各性質をつうじて一挙に与えられる」[5(7)]と。

ですから、事物は私たちが目の前にする中性的な――つまり私たちが静観するだけの、という意味ですが――単なる対象（オブジェ）ではありません。それぞれの対象は私たちにとってある種のふるまいを象徴するものであり、私たちにこのふるまいを想起させ、私たちから好都合な、もしくは不都合な反応を惹き起こします。このような次第で、ある人の嗜好、性格、そして世界や外部の存在者に関してとる態度は、その人が自分の周囲に置くことにしたいろいろな品物（オブジェ）、好みの色彩、散策のために選んだ場所――これらのなかで結びつくことになります。クローデルが語っていますが、中国人は、乾ききった剝きだしの石ばかりを配置して石庭をつくります。[6]環境のこうした鉱物化については、そこに湿り気の拒否を読み取らなくてはなりませんが、それはまるで死を好ましいものと見なすかのようなのです。同様に、私たちの夢に現れる対象も意味をもっています。事物と私たちとの関係はよそよそしいものではありません。おのおのの事物が私たちの身体、私たちの生命に直接語りかけ、人間的な性格（素直な、穏和な、敵意のある、反抗的な）をおびています。そして逆に事物は、私たちが好んだり嫌ったりするふるまいの象徴として私たちのなかに住んでいます。人間は事物のなかに取り込まれており、事物も人間のなかに取り込まれているというわけです。精神分析学者の言い方にならえば、事物とはコンプレックスなのです。[8] セザンヌが「画家は事物の「光輪」を描かなくてはならない」と述べるとき、彼の言いたかったのはこの点にほかなりません。[7]

これはまた、現代の詩人フランシス・ポンジュ[9]が言わんとするところです。というわけで、この点を示す例としてポンジュの作品をあげてみましょう。ポンジュに捧げられた研究においてサルトルはこう記しています。事物は「長年のあいだ彼のなかに住んできた。それらは彼に住みつき、彼の記憶の奥底一面を覆っていた。事物は彼のなかに現前していたのだ。（……）いま彼が努力しているのは、こまごまとした観察によってそれら事物の性質をはっきりさせることではない。むしろ、彼の奥底にびっしりと貼りつきうごめく怪物どもを表現するために、そいつらを釣り上げることだ。[8]」そして実際、たとえば、水を初めとするあらゆる元素（エレメント）の本質は、観察可能な特性のうちよりも、それらが私たちに語りかけるもののなかにいっそう多く見いだされます。ポンジュは水についてこう述べています。

「水は透きとおってきらきら輝く。形をもたず、ひんやりしている、受け身であるのに、水のただ一つの悪徳を頑なに認めようとしない。それは水の重さだ。この悪徳を埋め合わせするために、水は迂回し、しみ込み、浸食し、浸潤し、多くの法外な手段を弄するのだ。

この悪徳は水の内部でも役割を果たしている。水はたえず崩れ落ち、どの瞬間にもあらゆる形を断念し、ひたすら謙遜している。地面の上に、死体さながらに横たわる姿は、どこかの修道会の坊さんみたいだ。(……)

自分の重さにだけしか従おうとしないヒステリックな水は狂っている、と言っても過言ではないだろう。水は重さを固定観念としてもっている。(……)

〈液体〉を定義するなら、それは、自分の形を保つよりも重さに従うのを好むもの、自分の重さに従うためにあらゆる形を拒絶するもの、である。そしてこの固定観念、この病的なやましさのせいで、水の行儀はまるでなってない。(……)

水の不安。ほんのわずかな傾斜にも敏感になっている。両足をいっしょに踏み出して階段を跳び下りる。遊び好きで、子供のように従順な水は、傾斜をこちらに変えて呼び戻すと、いそいで帰ってくる。」[9]

これと同じタイプの分析は、ガストン・バシュラール[(10)]が、空気[10]、水[11]、火[12]、土[13]のそれぞれにあてた一連の著作においてすべての元素に適用されています。これらの著作で彼は、おのおのの元素は特定の人間にとっていわば故郷であり、彼の夢想の主題であること、彼の人生をみちびく想像力にとってお気に入りの環境であり、彼に力と仕合わせをもたらす自然の秘蹟であることを示しています。これらの探究はすべてシュルレアリストの試みから由来しました。すでに三〇年前に、シュルレアリストは、事物のなかに私たちが生きる環境を探りました。彼らは、〔環境のうちで〕とくに、私たちがときとして風変わりな熱情をおぼえ愛着するオブジェ・トゥルヴェ(11)、アンドレ・ブルトン(12)の言う「欲望の触媒[14]」——人間の欲望が顕在化する、あるいは「結晶化」する場所、を探ったのです。

したがって、人間と事物の間に、距離と支配の関係——デカルトの有名な分析における、主権を保有する精神と蜜蠟の断片との間にある関係ではもはやなく、それほど明晰でない関係を認めること——これが現代のごく一般的傾向となりました。それは、私たちが事物をよそにして自分を純粋な精神として把握するのを妨げる関係、あるいは事物を純粋な対象、いかなる人間的属性もない対象として規定するのを妨げる、目がくらむような近さなのです。今回の一連の講演の結論として、世界における人間の情況をどのように表わしたらいいかを訊ねるとき、私たちは、この指摘にふたたび戻らなくてはならないでしょう。

原注

1　Jean-Paul Sartre, *L'Être et le Néant*, Paris, Gallimard, 1943, rééd. coll. «Tel», 1976, p. 671.（『存在と無』松浪信三郎訳、第三分冊、人文書院、一九六〇年、三三三頁。本書は現在、ちくま学芸文庫、全三冊、として刊行されている。）

2　*Ibid.*

3　Joachim Gasquet, *Cézanne*, Paris, Bernheim-Jeune, 1926; rééd. Grenoble, Cynara, 1988, p. 133.（ガスケ『セザンヌ』與謝野文子訳、岩波文庫、二〇〇九年、二一八頁。）〔引用された表現そのものは見当たらないが、ここに次のような記述があり、メルロはこの箇所を彼なりの仕方で要約したのであろう。

「セザンヌ　（……）この絵は何の匂いもしない。どんな香りがここから発しているか言ってごらんなさい。どんな匂いが出ていますか。さあ……。

ガスケ　松の香り。

セザンヌ　あなたがそうおっしゃるのは、前景に大きな松が二本、枝をゆらゆらさせているからだ……でもそれは視覚的な感覚です（……）毎朝ここで涼しくなる牧場の緑っぽい香りや、サント・ヴィクトワールの遠方の大理石の香り、石ころの匂いと結ばれなければならない。それを私はちゃんと表現していない。それを表現しないといけません。(……)」」

4 *L'Être et le Néant*, coll. «Tel», p. 665.（『存在と無』前掲書、三七九頁。）

5 *Ibid.*, p. 227.（『存在と無』松浪信三郎訳、第一分冊、人文書院、一九五六年、四四八頁。）

6 Paul Claudel, *Connaissance de l'Est* (1895–1900), Paris, Mercure de France, 1907; rééd. 1960, p. 63.「草と色とりどりの葉ばかりではなく、それらの線の調和や生えている土地の起伏も風景を構成するが、それと同時に中国人は庭園を石で文字どおり組み立てる。彼らは描き加えるかわりに削り取る。さまざまな庭園の設計や姿にあわせ、さまざまな形の石を用いて、上昇する形態をつくり奥行きをつけたりもでき、また輪郭とレリーフを与えることもできるので、人間味のある景色をつくるために、彼らにとって石は、石が自然にそなえている装飾という役割にかぎるなら、植物よりもっと素直で扱いやすい、またもっと適切な素材に思えたのだ。」

7 Joachim Gasquet, *Cézanne, op. cit.*, p. 205.（ガスケ『セザンヌ』前掲書、頁未詳。）

8 Jean-Paul Sartre, *L'Homme et les Choses*, Paris, Seghers, 1947, pp. 10–11. 次に所収、*Situations* I, Paris, Gallimard, 1948, p. 227.（「人と物」鈴木道彦・海老坂武訳、『シチュアシオンI』一九六五年、人文書院、所収。）

9 Francis Ponge, *Le Parti pris des choses*, Paris, Gallimard, 1942. 次に所収、coll.

«Poésie», 1967, p. 61-63.（フランシス・ポンジュ『物の味方』阿部弘一訳、思潮社、一九八四年、五七〜六一頁。）

10　Gaston Bachelard, *L'Air et les Songes*, Paris, José Corti, 1943.（バシュラール『空と夢』宇佐見英治訳、法政大学出版局、一九八一年。）

11　Bachelard, *L'Eau et le Rêves*, José Corti, 1942.（『水と夢』及川馥訳、法政大学出版局、二〇〇八年。）

12　*La Psychanalyse du feu*, Paris, Gallimard, 1938.（『火の精神分析』前田耕作訳、せりか書房、一九九〇年。）

13　Bachelard, *La Terre et les Rêveries du repos*, Paris, José Corti, 1946.（『大地と休息の夢想』饗庭孝男訳、思潮社、一九七六年）。および Bachelard, *La Terre et les Rêveries de la volonté*, Paris, José Corti, 1943.（『大地と意志の夢想』、及川馥訳、青土社、一九七二年。）

14　明らかに、Anduré Breton, *L'Amour fou*, Paris, Gallimard, 1937, rééd. 1975 への示唆である（『狂気の愛』海老坂武訳、光文社古典新訳文庫、二〇〇八年）。

注釈

（1）　事物の存在論的構造をどのように捉えるべきだろうか。古代から中世にかけて確立され、標準的教理でありつづけた存在論が、近代になって大きく転換した。おおまかに整理するなら、近代以前の哲学者は事物を基体（substratum）ないし実体（substantia）と属性（attributum）という二つの要因から成るものとして捉えたのである。属性とは、ある対象を特徴づける性質つまり特性のことで、ここで例示されたレモンでいえば、その形態や色や酸っぱさ、などのことである。ところが、基体（実体）を精確にどのようなものとして規定すべきかについては議論が絶えなかった。なぜなら、それがあらゆる属性と峻別されるかぎりで、基体を何らかのものとして特徴づけることが不可能だからである。基体はしばしば、「属性を――あたかも建築物の土台か何かのように――支えるもの」と説明されてきた。しかしこれは理論的解明というより、比喩にほかならない。substratumや substantia にしても、もともと「下に置かれたもの」という意味の語であり、具体的には、ものの土台や支持物を意味していた。つまり、これらの語も比喩にほかならない。

近世にはいって、デカルト、スピノザ、ライプニッツなど著名な哲学者が実体概念を中心にそれぞれ独自な形而上学を構想することになる。いずれにしても、彼らは事物の根底に基体としての実体があると考えた。彼らの系譜に対して、英国の経験主義の系譜がロックによって創められた。ロックは過渡期の人でありスコラ学の唱える実体には批判的だったが、実体概念を否定するまでは至らなかった。その後のバークリになると、物体的実体が否定され、ヒュームにいたって精神的実体までが否定されることになった。――以上、大急ぎでたどってみたが、実体概念をめぐるこうした歴史的変遷については、哲学教科書でさらに詳しく知ることができる。問題は、実体の否定という哲学思想上の動向がメルロのいう古典的心理学を準備したという点である。なぜなら、このくだりでメルロが述べているように、古典的心理学は、〈事物〉を種々の特性のシステムに解体してしまうからである。ここに持ち込まれた〈システム〉は明らかに伝統的な実体とは相違している。メルロが「これらおのおのの特性ないし特質が互いにどのように結びつくのかがわか」らないと指摘しているように、この〈システム〉の概念内容が明瞭でないのは否定できないだろう。これが動機となって現象主義（phenomenalism）が提唱されることにもなる。この考えは、大ざっぱに言えば、事物とは感覚された特性の寄せ集めに過ぎない、という主張である。感官で捉えられた特性は〈現象〉（phenomena）と見なされ、その堆積の背後に実在する事物なるものなど存在しない、というのである。メルロのいう「古典的心理学」は、存在論については、現象主義に甘んじているように思える。

　それではメルロは、事物に対してその実体性を否定する見方のどこに不満だと言うのだろうか。彼の言葉を補ってまとめると、次のように言えるのではないだろうか。(1)現象主義者のように、事物を属性の堆積と見なした場合、たとえばレモンの形態とレモンの酸っぱさがどのように結びついて、全体としてのレモンを形成するのか理解できない。この二つの属性はレモン全体にとってはその部分である。部分がどのように全体をつくりあげるのかを説明して、初めてこの種の還元主義（現象主義）が理解可能になるからである、(2)そもそも、旧来の実体と属性の関係を全体と部分——要素と言いかえてもいいだろう——の関係と見なすことに違和感があると言わざるをえない。全体と部分という言い方が理解しにくいのである。もしこの関係が、たとえばの話、あるデジタル機器とそれの部品の関係と同じだったらどうだろう。この場合には、レモンの酸っぱさという一つの属性は、全体としてのレモンから引き離して別の事物、たとえばイチゴの属性になることもできるだろう（あのデジタル機器のある部品が壊れたら、新しい部品と取り換え修理できるはずである）。もしそうなら、レモンの酸っぱさとイチゴの酸っぱさとは酸っぱさとしては同じだということになる。しかしこれは事実に反しているのではないのか。レモンの酸っぱさをイチゴの酸っぱさと区別できない人は味覚が鈍いと言わざるをえない。

それではメルロ＝ポンティは事物の性質の問題をどのように解明しているのだろうか。彼が自分の見解を明確に表明しているテクストの文章を引用することにする。メルロは彼にとって特権的画家であるセザンヌの言葉を解釈してこう述べている。セザンヌが「テーブルはそれ自体のうちに風景の匂いまで含んでいる」と言ったとき、彼が言いたかったのは——メルロによれば——画のなかのテーブルがその色彩で描かれているのは、「この家具が、同じように、この形、この触覚的特性、この音の響き、この匂いをもっているからであり、［一般に］事物はわたしの分割されない実存が自らの前に投射する絶対的充満であるということだ。」さらにメルロは伝統的哲学の用語法に配慮しながら、こう続けている。「硬直したあらゆる特性を超えている事物の統一性というのは、基体でもなく、空虚なXや〈属性が〉内属する主体でもなく、おのおのの特性に見いだされるあの独特な語調（アクサン）、それらがその二次的表現であるようなあの独特な実存のしかたである」（『知覚の現象学』、三六八頁）。

明らかなのは、メルロが伝統的形而上学の〈基体〉あるいは〈主体〉、ならびに〈属性〉ないし〈特性〉などのカテゴリーを拒否していることである。なぜなら、それらによっては世界の実相に迫ることも現象を正しく記述することも不可能だからだ。だが彼は否定的態度に終始しているわけではない。知覚された事物のおのおのの特性が互いに互いを表意しあっており、また同時に事物の統一性がおのおのの特性において表現されていることが主張されている。伝統的形而上学は、全体としての事物とその部分たる特性との関係を空間的隠喩に託して述べるしかなかった。基体は特性を支持する土台のようなものだというのである。だがいまやこの関係は明確に〈意味〉の関係として捉えなおされている。ここで〈意味〉という観念の多義性に注意する必要がある。すなわち、引用のくだりには「意味」を初めとして「翻訳する」、「表現」、「語調」、「標識」、「象徴」などの記号論的用語が頻出しているが、ことがらのすべては黙した知覚の水準に位置している。言語が主題化するのはまだ先のことだが、ここでは、言語以前の身体性について記号論がすでに成立していることの確認が重要である。

すなわちメルロは「知覚の記号論」に先鞭をつけたのであり、それを身体性の哲学によって基礎づけることを試みたのである。この点に関して注釈者はかつていくつか論考を執筆しているので、詳細については以下の文献の参照を乞いたい（菅野盾樹『我、ものに遭う』新曜社、一九八三年、第八章「種について」、『いのちの遠近法』新曜社、一九九五年、第Ⅰ部「人間はどのように〈世界制作〉をいとなむか」）。ここでは二つの論点に言及しておくだけにとどめよう。第一に、知覚の記号論の見地から知覚された事物を分析するなら、その記号系としての構成が〈換喩〉であることがわかる。換喩（metonymy）とは修辞学でいう比喩の一つであり、一般には、「原因で結果を、結果で原因を、包むもので包まれるものを、記号で記号によって意味される事物をあらわす」働きがあるとされる。ここに列挙された諸関係の最大公約数をひきだすと、〈事実上の関係〉というものが得られるはずである。因果関係、包含関係、それに記号の関係は、どれもこの種の関係に相当するからである。言いかえるなら、換喩とは、ある名が通常指すものと事実上の関係にある別のものをこの名で指す、という認知の方式なのである。たとえば、「漱石を読む」では、原因（＝作家である漱石）と結果（＝漱石の小説）の関係に基づいて、原因の名で結果が指示されている。ところで古典的な修辞学には、換喩によく似た〈提喩〉（synecdoche）という比喩がしばしば登場する。論証は端折って結論だけ述べれば（詳しい議論については、前掲書に加えて、とくに「原初の比喩としての〈換喩〉」、拙著『新修辞学』世織書房、二〇〇三年、所収、参照)、〈提喩〉は〈換喩〉の下位カテゴリーにほかならない。メルロのテクストから、知覚の換喩的構成についての証言を引用しておく。「これは絨毯だ、それも毛織の絨毯だ、と言わずに、絨毯の色を完全に記述するのは不可能である。そしてこの色に、ある触覚値、ある手重り、音響へのある抵抗を含ませなければ、そうするのは不可能である。事物とは一つの属詞(アトリビュ)の完全な定義が主語の定義を要求するような種類の存在者、そしてここでは意味が現われの全体と区別されえないような存在者なのである」(『知覚の現象学』、三七三頁)。

メルロ＝ポンティの知覚の現象学が読者に提供する知覚物あるいは可感的なものに関する記述をさまざまな方向で読み解くことができる。なによりもそれは伝統的形而上学を再構築するための強いうながしである。〈実体〉、〈属性〉ないし〈特性〉などの形而上学的カテゴリーをどのように解明すればいいのだろうか。またメルロが知覚を〈表現〉(現代風に言いかえるなら、記号系)と規定したことからすれば、知覚物の記述を記号論として展開できるだろう。この見通しに立って私たちは知覚の換喩的構造を見いだした。さらに、現象学的記述を論理学の方向で解釈しなおすことが可能である。この方向性については注釈(7)において概要を見る予定である。

（2）　ここで「顕現」とした語はもっと平易に「表われ」とか「表明」と言いかえてもよかったかもしれない。ところがメルロのテクストにはしばしばカトリック神学の思想を暗示するような用語法が見られる。思いつくままあげると、「受肉」、「肉」、「秘儀」、「コミュニオン」などの例が散見される。これは、フランスがながらく歴史的にカトリック教国であったという文化的背景の単なる反映ではない。彼の思想とカトリック信仰とはいっそう深くかかわっていたのである。ここでメルロ＝ポンティ哲学とカトリック思想との関係についてひととおり整理をおこなっておきたい。

彼が入学した高等師範学校（エコール・ノルマル・シュペリユール）では、社会主義的な学生グループと「タラ」と渾名されたカトリック系のグループとの対立があり、メルロ＝ポンティは後者に属していた。じつはその頃、彼はすでにカトリックの信仰をほぼ失くしていたが、敬虔なカトリック教徒である母親を悲しませないために教会のミサには参加していたと伝えられる。ところが彼は勉学中に信仰を取りもどし、ソレム修道院（パリから西方のソレム村にあるベネディクト会の修道院、グレゴリオ聖歌の復興運動で知られる）で信仰告白をおこなうのである。ボーヴォワールは当時メルロと親しく交際していたが、一つにはこのメルロの回心がきっかけで彼と別れることになる（ボーヴォワール『娘時代』朝吹登水子訳、紀伊國屋書店、一九六一年、参照）。

だがメルロが生涯カトリックの信仰をもちつづけたかどうかは必ずしも明らかではない。

しかし彼がある時期——サルトルに先駆けて——マルクス主義者として発言しふるまったのは確かである。それゆえ、この間に彼がカトリック信仰から遠ざかったこともまた確かだとおもえる。おそらくそれ以後、彼はカトリック教徒という自己認識を捨てたのではないだろうか。サルトルは『現代』誌のメルロ＝ポンティ特集号（一九六一年一月刊）にメルロ追想の文章を寄せているが、あるくだりで「クリスチャンであった彼は、二十歳でそうであることをやめた」と証言している（「メルロー・ポンチ」平井啓之訳、『シチュアシオンⅥ』人文書院、一九六四年、所収）。とはいえ、遺稿『見えるものと見えないもの』を参照すると、そこに、前述のカトリックの教義に由来する用語に加えて、あらたにカトリックの教えに含まれた主要な概念、たとえば「肉」（chair）への言及が頻繁になされているのがわかる。彼の哲学がつまるところカトリック系の思想だと断定するのはためらわれるが、しかし、それがカトリックの伝統から多くのモチーフを摂取している事実は否定できない。

人間が身体と精神の二つの面を有することを認めながら、しかしメルロはこの二つの要因が「実在的に」区別されるとするデカルトの心身二元論を一貫して斥けている。そのときメルロがこうした両義的な人間の存在様態をいうのに使用するのが「受肉」（incarnation）や「秘儀」という言葉にほかならない。前者はもともと、キリスト教神学において、神が人類の救済のためにイエスという人間の姿でこの世に出現したことをいう概念である。受肉はある場合にはとくに「受肉の秘儀」と呼ばれる。「秘儀」（sacramentum、「秘蹟」

とも訳される）とは、教会において神と人間とを仲介し神の恵みを人間に与える儀式のことであり、神のロゴスの受肉こそ秘儀中の秘儀にほかならない。

（3）　ゲーテ（Johann Wolfgang von Goethe　一七四九～一八三二年）はドイツの文豪として知られるが、文学（詩、小説、劇作）以外にも、自然研究、哲学、政治、法律など広範囲の分野ですぐれた業績をのこした。彼は学生時代から晩年まで自然研究に関心を抱きつづけ、創作や公務のかたわら観察や実験などをおこない、人体解剖学、植物学、地質学、光学などに関する著作を執筆した。ここでメルロが取りあげたのは、ゲーテが晩年まで長いあいだ取り組んでいた光学研究としての色彩論である。以下しばらく、ゲーテの色彩研究のどのような論点がメルロ＝ポンティの身体性の哲学に受容されたかという問題意識に立ちつつ、ゲーテの色彩論の内容を紹介し解説することにしたい。

とはいえ、メルロがゲーテの著作をじかに繙読しゲーテの思想から学んだという形跡はとぼしい。『知覚の現象学』でメルロはわずかに一回だけゲーテに言及しているが、それも他の著者たちからの引用のかたちをとっている。メルロのゲーテ理解は、ゲーテが影響を及ぼした後世の心理学者——この影響関係についてはこのくだりでメルロ自らが述べている——を経由して得られたというのが実情であろう。とくにゴールトシュタイン（Kurt Goldstein　一八七八～一九六五年、ドイツの神経学・精神病理学者）やカッツ（David Katz　一八八四〜一九五三年、ドイツ出身の心理学者）などの著作からメルロは多くを学んでいる。
ゲーテは一八一〇年にそれまでの色彩研究を集大成した論著『色彩論』（*Zur Farbenlehre*）を刊行した。このきわめて大部の本は、教示篇・論争篇・歴史篇の三部からなっていて、教示篇では色彩に関するゲーテ自身の理論を展開し、論争篇でニュートンの色彩論を批判し、歴史篇で古代ギリシャから一八世紀後半までの色彩論を歴史的に叙述する、という体裁をとっている。さて、メルロがここで色彩について訊ねているのは、それがなんであれ事物の〈特性〉のひとつに数えられるかぎりにおいてである。古来、哲学者たちは、〈事物〉なるものの存在の成り立ちについて形而上学的問いを立ててきた。すでに注釈（1）で述べたように、古代において、個々の事物を〈実体〉として捉えるという思想が確立された。多少重複するがあらためてこの考え方について一通り整理しておこう。

　古代におけるアリストテレスの形而上学では、他のものと区別された「一つのもの」として同一指定される個別の事物が〈第一実体〉、類として同定できるが個別なものとして可感的でないものが〈第二実体〉と呼ばれていた。いずれにしても、〈実体〉は単なる現象やまして仮象でもなく、現実に存在する物象（モノ）を意味したのである。古代から中世のスコラ学へと継承された〈実体〉の思想は、やがて近世において有力な哲学者たちによってさまざまな方向へ展開されることになる。しかしながら、〈実体〉という観念にはいつも事物の成り立ちに関するある種の直観が含まれていたと言えよう。それが、「事物は特性をもつ」という理解である。

たとえば、この机はひとつの実体である。一般に実体はさまざまな〈特性〉(property)ないし〈属性〉(attribute)(たとえば、色、形、重さ……など)をそなえている。属性がそれだけで存立することは考えにくいから——たとえば、一定の〈重さ〉が、具体的事物の重さとして、その事物に属するという様態で認識されるのではなく、あらゆる事物とは無関係に重さそのものがどこかに存在するとは考えにくいから、一般に属性を担い支持するなにかしらのものがあるはずだと思える。この属性の支えを哲学者はかねてから〈基体〉(subjectum)と呼んできた。このものと〈事物〉とは区別されなくてはならない。というのは、感覚にアピールする属性によって私たちは事物を認識することができるのだが、定義上、基体は感覚では知りえないからである。そして多くの場合、哲学者たちはこの意味での〈基体〉のカテゴリーを〈実体〉のそれと区別しなかった。たとえば、デカルトは〈実体〉として存在するものを精神と物体の二つに限定する哲学体系を構想した。そして物体の〈属性〉は延長であるとした。ここで〈延長〉のカテゴリーに包含されるのは、事物の形態、運動、位置、大きさなどの性質のことである。事物はもちろん色彩や匂いなどの性質ももつが、それらはデカルトによれば、物体が人間の身体に作用を及ぼした結果生じた主観的性質(外部の世界に実在しない性質)にすぎない。(後者の部類の特性を含めた)延長を除外した後に残る実体としての〈物体〉とは何だろうか。ほかの論拠をもちださないかぎり、デカルトが〈実体〉のひとつに数えた〈物体〉が〈基体〉という形而上学的身分にあることは明らかだろう。

こうした哲学思想の歴史を背景として、メルロは特性のひとつに数えられる〈色彩〉を考察の的にしている。色彩を主題化したメルロの意図は、色彩について理解を深めることにとどまるものではない。彼の色彩論の真意はむしろ、色彩の知覚を手掛かりにして〈特性〉ないし〈属性〉という形而上学的概念を吟味し、知覚主義の見地からこの種の概念を再構築することにあったのである。

ゲーテの色彩論は学説史のうえでどのような位置づけをもつのだろうか。ゲーテの当時、色彩については、近代科学の大成者ニュートンの学説が定説化していた。ゲーテはこの光学にもとづく色彩論へ正面から異を唱え、古代における色彩論に示唆をうけつつ自分でも実験や周到な観察をおこない、それらを通じて色彩研究に新しい領域を切り拓いたのだった。彼の色彩論は同時代の研究者にはほとんど顧慮されなかったが、二〇世紀にいたって再評価の機運が高まり、とりわけ現象学派の心理学をある面で先取りするものと見なされている。これに加えて、とくに現象学を標榜しない心理学者も、ゲーテの業績を「色彩心理学」と呼ばれる分野のすぐれた先駆的研究と評価している（金子隆芳『色彩の心理学』岩波新書、一九九〇年、大山正『色彩心理学入門』中公新書、一九九四年、などを参照）。

ゲーテの色彩論を理解するには、ニュートンの光学に多少ふれておかなくてはならない。

ニュートンのプリズムを使用した実験はよく知られている。暗箱の小さな穴を通して太陽光を第一のプリズムを通過させると、光が分散してひろがる。白い紙にこの光を投影すると、赤、橙、黄などと変化する帯状のスペクトルが現われる。彼はここに七つの色のカテゴリーを識別したが、これが後に虹の七色としてひろく言われるようになった。この実験からニュートンは、太陽光がさまざまな光の合成であり、それぞれがプリズムを通過するときの屈折の角度が異なるので帯状の光が現われ、その色がさまざまになるという知見をみちびいた。しかし光そのものが各種の色の混合なのではない。「正確に言えば、光線には色がついていない。光線はあれこれの色の感覚を生じさせる力ないし傾向をもっているにすぎない。」色なる特性が外界にある事物自体に属しているのではなく、色彩とはさまざまな波長の光が眼の神経を刺激した結果として生じる感覚の質にすぎない、というのだ。ちなみに、屈折を始めとする光学現象を古代以来の伝統を打破し力学的に扱おうとした最初の人のひとりはデカルトだとされている。彼の光学そして色彩論はニュートンのものとはまったく異なるが、色彩を「感官がもたらす幻想」としてまったく主観的な性質と見なした点ではニュートンと見解をともにしている（第一章、注釈（4）を参照）。

ニュートンの実験には後半部がある。第一のプリズムでスペクトルに分散した光をレンズで集めて焦点を結ぶ位置に第二のプリズムをおき、その背後に白紙をおくとする。するといったん七色に分かれた光がまた白色光になることが確かめられた。さらにこの白色光を第三のプリズムに通過させると、ふたたび、赤から菫までのスペクトルの帯が現われる。すなわち、プリズムを通過することによって光そのものは変化しないことが実証できたことになる。

ゲーテはニュートンの理論に正面から異を唱えた。彼はプリズムを眼の前に取りあげて白壁を見たのだが、そこに七色のスペクトルは生じなかった。もしプリズムが白色光を分散するなら、プリズムを通して白壁からの反射光を見れば、虹のような色彩が現われるのではないか。だが実際には白壁の上下の縁が色づいて見えただけだった。ゲーテはこの「実験」にもとづいてニュートンの理論は誤謬だと断定した。——現代の研究者によって、ゲーテの論証は不十分であり、彼の得た実験結果がニュートンの光学に反しないことが知られている。したがってゲーテ色彩論のポイントは、むしろゲーテが色彩をどのようなものとして捉えたか、特性としての色彩にどんな存在論的身分を与えたかにある。ゲーテは色彩論の序論で述べている。「……われわれは色彩をまず、それらが眼に属し、眼の作用と反作用にもとづいている限りにおいて考察した。……〔この第一のものを〕われわれは生理的色彩（physiologische Farben）……と名づけた」と（ゲーテ「色彩論」木村直司訳、『自然科学論』ゲーテ全集第十四巻、所収、三一四頁）。この「生理的色彩」についてゲーテは本論の冒頭で詳しく規定している。ここにその要点を掲げることにしたい。「はじめに生理的色彩を論じるのは、それが主観に、すなわち眼に属しており、色彩論全体の基本だからである。これまでこの色彩は非本質的で偶然的なもの（außerwesentlich, zufällig）とみなされてきた。言いかえるなら、この種の色彩は仮象（Schein）や幻覚（colores phantastici）と同じ扱いをされてきたのである。ここでそれらを生理的色彩と名づけたのは、それらが健康な眼に属し視覚の必然的条件とみなされるからである。これらの色彩は、視覚そのものの内の、また外にたいする生き生きした交互作用（lebendiges Wechselwirken in sich selbst und nach außen）を意味する」（『色彩論』前掲書、三二八〜三二九頁、参照）。すこしコメントしておくと、ゲーテが「生理的色彩」と称するものは、現象である色彩、生きられたかぎりでの色彩にほかならない。この色彩の捉え方が独特なのは、古来の由緒ある実体・属性という形而上学的二分法を超えている点である。その証拠に、このくだりには「本質」や「偶然性」に関連した言葉遣いがみられる。デカルトもニュートンも、色彩現象の「本質」としてそれ自体は無色の光――これは色彩を生む力や原因にすぎない――を仮設した。その上で色彩を眼や神経の生理機構が生みだす偶然的効果、それゆえほんものの視覚と差別がない幻覚とひとしいものと見なした。このような考え方をゲーテはまるごと放棄している。だからといって〈属性〉なり〈特性〉なりのカテゴリーが不要になるわけではない。ゲーテはこの問題を直接取り上げてはいないが、しかし文脈にいくつかの示唆をこめているのは事実である。その示唆を現象学の方向へ展開することが十分可能であり、二〇世紀の心理学者は実際その道をたどったのである。ちなみにメルロはこの種の色彩を「感覚」（sensation）ではなく、「感官」（sens）と捉えて論じている点に注意を促しておきたい（第一章、注釈（1）を参照）。そのかぎりでゲーテの色彩概念と基本的に変わるところはないと言えよう。つまり色彩は二人にとって、生体のはたらきとして生理的かつ精神的な両義的現象なのである。

メルロ＝ポンティにとってゲーテの色彩論の重要性はとりわけゲーテが「色彩の感覚的精神的作用」（Sinnlich-sittliche Wirkung der Farbe）を詳しく述べるときに際立ってくる（『色彩論』、前掲書、四四三頁以下）。ゲーテは作用としての青について述べている。青は色彩としてひとつのエネルギーであり、眼に対して刺激と鎮静の矛盾した作用をおよぼす。高い空や遠くの山が青く見えるように、青いものはわれわれわれから遠のいてゆく。逃れてゆく対象を追いかけたくなるように、われわれは青いものを好んで見つめるのだ。また青はわれわれに寒いという感じを与え、陰影を想起させる（同書、四四六頁）。メルロがゲーテの論述に直接言及しているわけではないが、『知覚の現象学』における〈青〉の記述はゲーテのそれと符合するばかりか、その含意を表立たせている。メルロによれば、色は一般に一定の運動的相貌をそなえ生命的価値でつつまれている。青や緑は内転（adduction）を促進するようにはたらく。「内転」という生理学用語は、手足の屈曲運動のように身体の中心面に向かう四肢の運動のことをいう。青のこの運動的相貌や生命的価値を解剖学や物理学で説明することはできない。内転には外転（abduction）が対立する。これは伸展運動のように身体の外側に向かって四肢が運動することである。結局これら二つの運動の区別は、「環境に対して生体がとる態度の区別」（ゴールトシュタイン）なのだ。対象を見つめることは、眼球の輻輳や筋肉の動きによって生体が「世界を所有しようとする態度」であり、伸展運動は、あくびや伸びの動作のように、「物事に気を奪われている状態」や環境を支配しようとしない生体の「受動的存在」を表すのである（『知覚の現象学』、二四二頁以下、また『行動の構造』、二二二頁以下を参照）。

（4）感覚あるいは感官として現象する〈特性〉ないし〈属性〉が、注釈（3）で論及したようなあり方をしているのが——問題は残るとしても、そのおおよそは——明らかになったとして、ではそれら種々の特性がひとつの事物に統合されるのはどのようにしてなのか。ふつうの心理学によれば色は視覚的特性であり、音は聴覚的特性であって、別々の感覚様相（sensory modalities）に分類される。どのようにして様相の違う種々の特性が同、一の事物に統合されることが可能なのか。ここでいう特性の統合とは次のような事態を意味している。たとえば、ひとつのリンゴのその赤さ、その味、手にしたときのその重みなどが、全体としてこのリンゴの特性と見なされること、しかもリンゴの一部の特性に焦点をあわせたとき、たとえばリンゴの赤さを見るとき、この色彩にリンゴの味覚が直接ダブっているのを感知せざるをえないこと、そして感覚様相が異なる特性についても同様である、という事態のことである。

この問題との関連で、すでに注釈（1）において、知覚物の換喩的構造に論及した。言語表現としての換喩が成立する条件をメルロは的確に述べていた。もう一度その箇所を引用しよう。「これは絨毯だ、それも毛織の絨毯だ、と言わずに、絨毯の色を完全に記述するのは不可能である。そしてこの色に、ある触覚値、ある手重り、音響へのある抵抗を含ませなければ、そうするのは不可能である。事物とは一つの属詞（アトリビュ）の完全な定義が主語の定義を要求するような種類の存在者、そしてここでは意味が現われの全体と区別されえないような存在者なのである」（『知覚の現象学』、三七三頁）。従来、「感覚」（sensations）や「可感的性質」（qualités sensibles）が表現を絶した純粋な質（quale）の体験と考えられてきたことにメルロは異を唱える（『知覚の現象学』、二四三頁）。この種の観念で致命的なのは、純粋な質がたがいにどのような論理的つながりも有しないとされてきた点である。言いかえれば、純粋な質はたがいに論理的に独立しているという意味で絶対的である。しかし、私たちの知覚経験に与えられる知覚物の「特性」はどれひとつ絶対性をもたない。メルロは講演のこのくだりで、こうした事態を事物が有するさまざまな特性の等価性（équivalence）という概念によって確認している。そしてさらに議論の歩を進めて、この等価性の根拠が事物（とその特性）にともなう運動的相貌（physionomie motrice）にあることを明らかにしている。もっともこの根拠については、「感情的意味」（signification affective）、「情動的意味」(signification émotionnelle)、「生命的意味」(signification vitale) などさまざまな表現が動員されている。これは特性を現出させる根拠にそなわる多様な側面を表わそうとする工夫でもあるだろう。そしてこれらすべてがつまるところ実存の存在様態に収斂してゆく。

知覚物の特性について、メルロによる「ある特性が他のさまざまな感覚特性と照応する」という指摘は、知覚の換喩的構造を述べながら、感知される特性に関連する他の問題群のありかも示唆している。〈照応〉(correspondance) がどちらかといえば静的な概念としての〈等価性〉を含意しつつ、それ以上に、特性のふるまいを意味する動的概念である点に注意しなくてはならない。ある感覚様相の特性が別の様相の特性とじかに交流する経験を歌ったボードレール (Charles Pierre Baudelaire 一八二一〜六七年、フランスの詩人) の詩「万物照応」はよく知られている。ふつうはこの詩の主題を「共感覚」(synesthesia) であるとする解釈がなされている。たとえば、メスカリンを服用した人がフルートの音で青緑色を感覚するとか、メトロノームの音が暗がりのなかで灰色の斑点として感じられるという経験があり、心理学ではこの種の経験を「共感覚」と呼んでいる。しかしながら、メルロが正しく指摘するように、視覚的特性(色)を純粋な質として、聴覚的特性(音)をやはり純粋な質として定義するかぎり、心理学的説明は不可能であり、説明されるべき「共感覚」の経験を規定することはできない。なぜなら、純粋な質は絶対的なものだからである。ふたつの感覚が外側から並置されて現われるのではなく、「被験者は緑色が形成されるまさにその地点にフルートの音色そのものを見る」のである（『知覚の現象学』、二六三頁以下）。共感覚の経験はむしろ感覚される特性の本来の構造にもとづくものと見なされるべきだろう。この教訓から引き出されるひとつの課題として、心理学における「感覚様相」の概念の再構成がある。（問題を整理し基本的見地を素描した文献として、菅野盾樹「記号の精神からの音楽の誕生」（『恣意性の神話』勁草書房、一九九九年、所収）を参照されたい。共感覚をはじめ、このくだりでメルロが言及している「盲人の絵画」などの主題について、サイト「現在思想のために」（http://d.hatena.ne.jp/namdoog/）にアクセスすれば、種々の考察と文献などの情報を得ることができる。）

（5）サルトル（Jean-Paul Sartre　一九〇五〜八〇年）は、第二次大戦後から冷戦時代を通じて、フランスはもちろん多分世界の多くの国で思想的リーダーを務めたもっとも著名な哲学者だったろう。メルロ＝ポンティとは学生時代に知り合い、戦後、この二人はフランス現象学派ないし実存主義の旗手としてフランス思想界を牽引した。だが、二人の思想や生きかたにはかなりの違いがある。二人が協働して雑誌をつくり社会的発言や活動を共にした時期もあったが、その後、意見の違いで袂をわかってからも互いに啓発しあう思想的同志あるいは論敵でありつづけた。ここではとくにメルロ＝ポンティの哲学との対比を念頭にしながら、サルトルの業績についてその輪郭を描いてみたい。

メルロと比較すると、サルトルがいち早く一九三〇年代後半から哲学の執筆活動を始めたこと、広範な分野で活発な活動を展開したことにどうしても目を奪われる。サルトルは論文「自我の超越性」ならびに最初の哲学的著作『想像力』(*L'Imagination*, PUF.「想像力」平井啓之訳、『哲学論文集』人文書院、一九五七年、所収)を一九三六年に刊行している。その後いくつかの論文を執筆し、一九四〇年には『想像的なもの——想像力の現象学的心理学』(*L'Imaginaire*, Gallimard.『想像力の問題』平井啓之訳、人文書院、一九七六年)を上梓した。この著述はメルロ＝ポンティに少なからぬ影響を及ぼしたことがうかがわれる点で興味深いし、主著『存在と無』(一九四三年)につながる重要な作品でもある。一九三九年、第二次世界大戦が勃発し兵役につくが、翌年にドイツ軍の捕虜となった。この体験を彼は小説『自由への道』に描いたが、この頃に『壁』、『水いらず』を初めとする短編小説、とりわけ『嘔吐』(一九三八年)によって作家としての地位を確立した。このように、サルトルは多方面に大きな影響を与えた哲学者であると同時に、多くの小説、戯曲、シナリオなどを執筆した文学者でもあり、文学や政治や歴史や藝術などについて意見を述べた批評家あるいはジャーナリストでもあった。サルトルがにわかに時の人として注目を集めたのは、戦後になってクラブ・マントナンでおこなった通俗講演「実存主義はヒューマニズムか」(一九四五年)によってである。同年一〇月、彼は雑誌『現代』を主筆として創刊した。これは多彩な書き手が論文を寄せる有力なメディアとしてその後ながく影響力をふるい、いまも発刊を続けている（本書「まえがき」注釈（1）を参照）。彼はそれまでリセで教えていたが、この年を最後に教壇を去り、以後は在野の知識人という地位を生涯つらぬいた。

二人の比較をさらにおこなうと、サルトルが多くの国々を自発的にあるいは招聘されてしきりに訪問・旅行している事実にも目がゆく。訪問国としては、イタリア、スペイン、英国、ドイツ、アメリカ合衆国、中南米（キューバ、メキシコ、ブラジルなど）、アルジェリア（一九六二年以前はフランス領植民地）、北欧諸国、アフリカ（ナイジェリア、エジプト、モロッコなど）、ソ連、中華人民共和国、東欧諸国（ポーランド、ユーゴ、チェコなど）、そして日本（一九六六年九月一八日〜一〇月一六日）などがある。サルトルはこれらの国々の政治家や知識人などと意見を交換しあるいは現地の事情を取材して、それらの見聞を文章として公にした。これと比べて、メルロ＝ポンティは海外に旅行する機会が少なかったようである。二人の生涯を全体として眺めるなら、サルトルが在野の知識人としてまことに精力的に多様な仕事にたずさわったのに対して、メルロについては、ほとんど書斎と教室の二つの場所で哲学研究と教育に邁進する教師としての姿が浮かんでくる。

サルトルは一九二四年に高等師範学校（エコール・ノルマル・シュペリユール）に入学した。同級にアロン、ニザン（Paul Nizan 一九〇五〜四〇年、作家、哲学者）などがおり、後にメルロ＝ポンティやボーヴォワールと知り合うことになる。学校では新カント派の哲学やベルクソンを学んだが（これはメルロの場合も同じである）、アロンの手引きでフッサールの現象学を知ることになりべルリンのフランス学院に留学し、フッサール、ハイデガー、シェーラーなどの哲学を学んだ。サルトルが後に体系的に『存在と無』において展開する意識哲学の源泉はまったくフッサールの志向性概念にある。サルトルによれば、「意識はつねに〈意識以外の〉なにか対象についての定立的意識であり、同時に自己についての非定立的意識である。」ちなみに「定立的」(thétique) とは、意識に〈明白で確実である〉という様態がともなうことを言う。この二重の「について」(de) の作用つまり志向性の概念は、サルトルにとってデカルトからカントを経由して現在にいたる認識論の問題に解決をもたらし、存在論の原理ともなるものだった。なぜなら、意識は対象そのものを捉えるのであり、しかも自己を実体として意識の内面に持ちこむ必要もない。彼は〈存在〉のカテゴリーをなにかが——理念的であれ経験的であれ——「物象(モノ)としてある」という意味に解した。古代の哲学者パルメニデスは「あるもの(のみ)があると語りかつ考えねばならぬ。なぜなら、それがあることは可能であるが無があることは不可能だから」という言葉を遺している(『ソクラテス以前哲学者断片集』内山勝利編集、第二分冊、岩波書店、二〇〇八年、参照)。サルトルはさしずめ現代のパルメニデス学徒だと言えるかもしれない。この思想にサルトルはハイデガーの実存思想を結びつける。人間は存在するのではなく——存在するのは事物にすぎない——実存するのだ。人間は存在の無である。比喩的にいえば、人間は存在の穴であり裂け目なのだ。対象を認識することは、存在のこの裂け目に対象が浮かび上がることである。

人間のこうした存在様態をサルトルは〈対自〉(le pour-soi) と術語化する。これにひきかえ、志向性の構造を欠く存在者を彼は〈即自〉(le en-soi) と呼ぶ。対自の無化のはたらきを即自的なもの(たとえば肉体や環境の条件)が制約することは原理的にありえない。この意味で人間は人間であるというだけで自由である。ところが自由は人間を不安にする。そこで人間は自由を覆い隠し即自の状態で生きようとする。たとえば自由な行動に挫折したとき、失敗を生得的能力のせいにして「自分はダメな人間だ」と欺瞞的に思い込もうとする(この傾向をサルトルは「自己欺瞞」と術語化した)。

サルトルも人間が行為を選択し決断をおこなわないかぎり実存の自由が空疎でしかないことを知っていた。監獄に囚われた者が自由ではありえない。しかし彼が獄屋に繋がれた不自由さを意識するなら、すでに彼は自由である(即自存在、たとえばこの椅子は不自由さを自覚しないだろう)。そしてこの状況を乗り越えようと決意し行動に自分を縛りつけるとき、実存としての人間は十全な意味で自由で、あ、る、。人間が状況のうちで出会う困難は人間の自由を拘束すると同時に、じつはこの拘束が人間の自由な企ての表現でもある。この両義的な自由の様態をサルトルはアンガージュマン (engagement) という用語で描いている。これは動詞 engager に由来する名詞であり、〈抵当 (gage) に入れること〉、〈自分で保証すること〉、〈自己を拘束すること〉を意味する。人間は自由だからこそ、将来に向かって自己を拘束し、いまの自己を超えて不確実な将来の自己に賭けるのだ。この考えと用語は社会問題への参加を哲学的に基礎づけるものとしてひろく人口に膾炙するようになった。

サルトルが意識の構造をともすれば理想化しこれを存在論にまで展開し洗練していったのに対して、メルロはむしろ意識の経験的な構造にこだわった。サルトルが意識の無化を打ち出したのとは異なり、メルロは意識が身体の不透明さに浸潤された全体の姿を直視しようとした。彼は意識が存在の穴だというサルトルの向うをはって、それが存在の窪みあるいは襞だという。対自と即自の二項対立がサルトルの存在論の柱だとすると、メルロ＝ポンティは意識が薄明状態にある身体性から明晰な意識へと上昇するプロセスを存在論の問題として追跡しようとした。サルトルが『存在と無』で叙述した意識の冒険のドラマがなんといっても近代ヨーロッパの個人主義を反映しているのに対し、メルロは哲学物語を個人から始めるのではなく、個人と個人のあいだとしての〈間主観性〉（フッサール）さらには〈間身体性〉（intercorporeité）をその基本において描こうとした。

サルトルの自由の教説をメルロはどのように受けとめたのだろうか。サルトル哲学における即自と対自の対立関係がしばしば単純化に陥る危険にメルロは警戒を怠ることがなかった。『知覚の現象学』第三部、Ⅲ章「自由」において、実際、メルロはサルトルの自由の教説の脆弱な面を批判している。たしかにサルトルは一面の真理を言い当てていたろう。唯物論のように意識を複雑な機械の働きに仕立てたり、あるいは意識のなかに事物的要素を持ち込んだりするのが誤りであるのはサルトルの指摘のとおりである。しかしながら、メルロは、自己欺瞞や想像的なものによる意識の眩惑をサルトルの意識概念では説明できないと考えた。それは単にサルトルに向けられた批判ではなく、遺稿『見えるものと見えないもの』に付載された研究ノートでメルロが自身に向けた自己批判でもあった（同書、二四〇～二四一頁、二五二頁など）。この論点は自由の問題につながっている。サルトル哲学が実存による選択や決意を強調する点をとらえ、それを主意主義（volontarisme）に分類するのは――「主意主義的」と形容すべき側面をサルトル哲学がそなえるのは否めないとしても――やはり間違いである。サルトルは世界の秩序を構築する実存の意志に至上の力を認めたわけではない。メルロはサルトルの〈自由〉について次のように論評している。「サルトルが人間のうちで尊敬しているものは、〔人間の〕根本的不完全さである。これによって人間が存在し、人間だけが自らをつくることができるのだ。……私たち各人の自由は他人の承認を期待しており、自由が発揮されるために他人を必要としている。それゆえ私たち各人は、その固有な点において類的なのである」（「スキャンダラスな作家」、『意味と無意味』所収）。サルトルが対自と即自の関係を対立の構図で描きがちなのは確かであるが、自由は一方的に対自から即自に振るわれるのではない。むしろ、両者が交錯し反転する曖昧な地帯で自由が浮き彫りにされるのであり、サルトルの自由の教説（ドグマ）と自由の観察ならびにその記述とのあいだにはしばしば齟齬がある――このようにメルロは評価している。この引用中でもっとも重要なメルロの指摘は、〈自由〉が個的実存の属性ではなく、超個人的で類的な人間の徳だという点である。

この論点はサルトルの他者観につながっている。彼は実存を対自として捉えたが、この基礎のうえに実存の対他存在（être-pour-autrui）という存在規定を論じている。サルトルはこれらの用語や発想をヘーゲル（Georg Wilhelm Friedrich Hegel 一七七〇〜一八三一年、ドイツ観念論を代表する哲学者）から学んだ。実存としての人間は他者にかかわる存在でもある。これは自明なことだが、問題は、存在論のうちでこの事態をどのように理論化するかという点である。サルトルは他者を「わたしとは異なる別のわたし」と規定する。哲学書ではしばしば「他者の存在」が議論される。常識に照らせば他人がいるのは確実だが、他人の心を直接覗き込むことができない以上、厳密に言って、自分の相手が精巧なロボットではないとなぜ言えるのか。問題の起こりは、デカルトによるコギトの発見にある。あらゆるものは存在しないしあらゆる知識は偽であるという恐るべき懐疑の果てに、デカルトは、「わたしは考える、だからわたしは存在する」と確言した。いま存在するのは考えつつあるわたしだけである。デカルトは他者の存在を、結局、神に訴えることによって救ったのだが、この証明は神の存在証明を前提しており、万人が受け入れうるものではない。実存の構造を〈意識〉に求めたサルトルは現代のデカルト派だといえる。しかし彼は――デカルトとは異なり――他者の存在を演繹できるとは考えないし、蓋然的事実と見なすのも拒否する。他者は認識の対象ではない。わたしは他者に出会うのであり、他者がいることの必然性にはいかなる理由もない。他者は、何よりも、わたしに眼差しを向ける者としてわたしの目前に立ちふさがる。言いかえるなら、他者はわたしを対象化しようとする主体であり、〈超越する‐超越〉（transcendance-transcendante）である。他者が〈超越〉だというのは、わたしが所有するすべてのものを超えた外部に他者が実在するからであり、それが〈超越する〉のは、他者がわたしの振るう対象化の働きを超えているからである。わたしの世界は他者が存在するかぎり完璧ではありえない。他者の眼差しがわたしの所有する世界に穴をあけそこから世界の実質が流れ出し、逆に、わたしが他者の世界に対象として埋め込まれてしまう。対他存在の経験は基本的に〈他有化〉（aliénation）――わたしが他者のものになること――である。

しかしながら、わたしが他者の他有化に甘んじるはずもない。なぜなら、他有化されたわたしは実存の死にほかならないからだ。こんどはわたしが他者を対象として捉えようとする。いまや他者は〈超越された‐超越〉（transcendance-transcendée）の地位に滑り落ちるとその刹那、またもや他者は眼差しをわたしに向け、〈超越する‐超越〉の地位を奪回しようとする。――このようにして、対他存在の根本的様態は、眼差しを向ける主体とそれを向けられる対象という、絶対に和解不可能な地位をめぐり相互に変動する関係であり、〈相克〉（conflit）なのである。とはいえ、個々人は砂粒のようにばらばらに存在するのではない。おのおのの実存が社会をなして生活しているのは事実である。サルトルが多大な影響を受けたハイデガーは、『存在と時間』において、世界の内に投げ入れられてある人間を現存在（Dasein）と術語化して呼ぶ。現存在は、漠然とではあるが、自己の存在に関心をもちそれを了解している。だが日常的には、現存在は周囲の道具的世界（Umwelt）への配慮と他の現存在への顧慮にとりまぎれて生きている。つまりハイデガーによれば、現存在は孤立した個人や自我などではなく、他の現存在とすでに世界を分かちあう「共同存在」（Mitsein）でもある。サルトルも〈世界内存在〉としての人間の共同存在（être-avec）に論及している。だが彼にとって共同存在は、対他存在を基礎として成立する人間の存在様態でなくてはならない。「わたし」が「われわれ」を基礎づける。とすると、対他存在の根本的経験が〈相克〉であるかぎり、共同存在は実現できない理想にすぎないだろう（サルトル『存在と無——現象学的存在論の試み』全三冊、松浪信三郎訳、ちくま学芸文庫、二〇〇七〜〇八年）。

メルロは他者や社会的共同性についてどのように思索したのだろうか。彼は対自と即自の二項対立を認めなかったが、同じように、対自と対他という対比によって他者や共同性を描くことを拒んでいる。たとえば彼は、「絶対的主観性がわたし自身の抽象的観念にすぎないのと同様、対象としての他者（autrui-objet）は他者のいつわりの様態にすぎない」と考えている。彼は個的な実存としての人間が存在できるのは、まずもって人間が共同性を生きるからだと見なしている。このかぎりでメルロはハイデガーより共同存在（coexistence）にいっそう重きを置いていたとさえ言えよう。ただしこの共同存在が、メルロの場合、あくまでも身体性の水準に成立する点に注意が必要である。たとえば他者の感情に〈共感〉（sympathie）によって同化するという事例がそうである。そのうえ共同存在は人間と事物とのあいだにも成り立つし、むしろこれが共同存在の原型と見なされている点も看過すべきではない。他者や共同性についてのメルロの基本的見地は次の引用が雄弁に語っている。「〈対自〉――わたし自身にとってのわたしと、他者自身にとっての他者――は〈対他〉――他者にとってのわたしとわたし自身にとっての他者――の地のうえに現われるのでなくてならない」（『知覚の現象学』、三六二頁）。要するに、間主観性の地のうえで一方に主観が、他方に他者としての主観が析出されるのであり、初めに〈主観〉の存在を設定するという理論的構成をメルロはかたくなに拒んでいる。しかし、自己と他者が険しく対立する経験は私たちの卑近な事実ではないだろうか。メルロの存在論がこの種の経験に多くの記述を割いていない点に注意が必要である。

しかしメルロが自己と他者の相克を知らないわけではないし、サルトルとは別の見地から理論的考察をしなかったわけでもない。二度の世界大戦を経て激動する歴史を身をもって経験した、この二人の卓越した知識人は、さまざまな局面ではげしくぶつかることを通じて互いを啓発しつづけた。高等師範学校（エコール・ノルマル・シュペリユール）時代のサルトルはすでに社会主義に同調していたが、メルロ＝ポンティはカトリックの信仰を保っていた。やがてメルロは哲学としてのマルクス主義ならびに政治としての社会主義に接近し、カトリック信仰から離反することになる。そのきっかけのひとつが、亡命ロシア人のアレクサンドル・コジェーヴ(Alexandre Kojève　一九〇二～六八年)がパリでおこなったヘーゲル『精神現象学』講義である。これをメルロは一九三五年に聴講している。この講義にはレイモン・アロン、ジャック・ラカン(Jacques Lacan　一九〇一～八一年、フロイトの精神分析の新しい解釈に立ってパリ・フロイト派をひきいた精神医学者)、ジョルジュ・バタイユ(Georges Bataille　一八九七～一九六二年、広範な領域を横断する評論活動をおこなった思想家)など各分野のすぐれた人々が出席していた。コジェーヴはマルクス主義に立って議論を展開したが、当時の通俗的なマルクス主義の単純な決定論的歴史観とは違って、人間の自由な行為と歴史の必然性が縦糸と横糸のように織りあわされる過程として歴史を捉えようとした。この思想がメルロ＝ポンティに大きく影響したのは確かだと思える。その後一貫して彼は、政治や歴史を存在論の深みから捉えようとした。当時のサルトルが政治を道徳主義的な観点から見ていたことと対照的な態度である。この意味でメルロはマルクス主義者となったが、現実政治に対する彼の態度やかかわりは単純ではなかったし、曲折を重ねたことも事実である。いずれにしても、彼はついにフランス共産党には加わらなかったし、ソ連共産党の権威を容認することもなかった。

一九三八年のモスクワ裁判〔スターリン独裁体制のソ連において「反革命分子」に対して一九三六年から一九三八年にかけ三回にわたり実施された「公開裁判」。実際はスターリンが「反対派」粛清のために仕組んだ裁判であった〕に取材し執筆された転向者アーサー・ケストラー（Arthur Koestler 一九〇五～八三年、ハンガリー出身のジャーナリスト・作家）の小説『真昼の暗黒』（*Darkness at Noon*, 1940. 中島賢二訳、岩波書店、二〇〇九年）は、『零と無限』（*Le Zéro et l'infini*, 1945）のタイトルでフランス語に訳され多くの読者に迎えられた。反共宣伝のためにこの作品が利用され、共産主義とソ連に対する幻滅がひろがってゆくが、共産党からのこの動きに対する攻勢も強まってゆく。騒然とした情況のただなかで、サルトルは『現代』誌に「唯物論と平和」と題する論文を執筆した（一九四六年六月～七月）。これがマルクス主義に関するサルトルの最初のまとまった見解の表明となった。彼はエンゲルスとスターリン的ネオ・マルクス主義に批判を集中し、粗雑な「反映論」や俗流唯物論を克服することなしにマルクス主義の再興はありえないと主張した。第三者的に見ると、サルトルの議論はマルクス主義を評価するものではなく、むしろ彼の自由の哲学を提唱するものと見なしうる。実際、この論文は反共の宣伝として利用されたのである。

いっぽうメルロ＝ポンティは、同じ一九四六年に、マルクス主義に関する論文をふたつ執筆している。それらにはマルクス主義についての彼の関心と真摯な取り組みの跡が歴然としている。詳細には立ち入れないが、サルトルのマルクス主義についての見識に比べ、これらの論文のほうが、控え目に言って数歩勝れている（'Autour du marxisme,' dans *Fontaine*, volume 5, numéros 48-49, 1946; 'Marxisme et philosophie,' dans *Revue internationale*, volume 1, numéro 6, 1946.「マルクス主義をめぐって」木田元訳、「マルクス主義と哲学」同、『意味と無意味』滝浦静雄ほか訳、みすず書房、一九八三年、所収）。翌一九四七年、メルロは『現代』誌に掲載された記事を素材として、ケストラーの小説を新たに解釈した論考『ヒューマニズムとテロル』（*Humanisme et terreur, essais sur le problème communiste*, Gallimard, 1947. 森本和夫訳、現代思潮社、一九六五年）を発表した。これら一連の文章がサルトルのマルクス主義観に影響したのはほぼ確かである。

『真昼の暗黒』は、第三回モスクワ裁判におけるブハーリン（Nikolai Ivanovich Bukharin 一八八八〜一九三八年、ロシアの革命家・ソビエト連邦の政治家。この裁判で有罪となり銃殺された）をモデルにこの粛清裁判を糾弾した一種の心理小説である。ケストラーはおおよそ自由主義的な価値観からこの裁判の不条理を告発している。共産主義につきものの暴力・プロパガンダ・謀略・無原則な現実主義がこの裁判に如実にあらわれている。これらの暗黒の要素に対して、自由主義は、自由な言論と法の支配・真理の尊重・個々人の信条の自由などを対置する。ケストラーの見地に誰も文句は言えないだろう。だが待ってほしい、とメルロはいう。自由主義の諸価値を抽象的水準で語っても意味がない。それらはいつでも人間が行動する情況のうちで意味をもつものだし、個人的意識のなかで実現されるわけでもない。共産主義の暗黒として暴露されたものが、そっくりそのまま、自由主義的価値の偽装のもとに見いだされることもある。たとえば、かつてアメリカでは法と自由の名で労働者のストが暴圧された。メルロは歴史が間主観性の領域であることを指摘する。ブハーリンがしなかったこと（不作為）あるいは自分の意図に反してわれ知らず彼が加担したことから、ブハーリンが免責されるわけではない。不作為も間主観性の領域では効果をもち、そのかぎり作為と異ならないことがあるからだし、意図に反した偶然的行動も間主観的領域では意図した行動と区別がつかない場合があるからである。メルロの議論は逆説にみちている。彼は粛清裁判を擁護したいわけではなく、ブハーリンが「裏切り者」だと信じるのでもない。それでもメルロ＝ポンティは、ケストラーの否定にもかかわらず、この暗黒から一閃の真実を指し示そうとする。メルロは思想としてのマルクス主義を――共産主義に対する囂々（ごうごう）たる非難の世情にもかかわらず――擁護するのである。注釈者の見地からメルロの議論を評価しておこう。確かに彼の議論は、共産主義にとって正義や（真の意味の）自由の余地がないわけではない点を指摘している。とはいえ、共産主義がそれらを可能にするという積極的な結論にはたどりついていない、と言うべきである。

　メルロに背中をおされた格好で、一九五〇年代にかけて、サルトルは共産主義者たちに急接近してゆく。当時は東西陣営のあいだの冷戦がますますつのってゆく時代であった。東側について粛清や強制収容所（ラーゲリ）（ロシア時代から存在したが、レーニンやスターリンが支配するソ連において拡大していった。政治犯などの犯罪者や敵国の捕虜等を収容し強制労働に従事させた。この制度のゆえにソ連は事実上の奴隷制をもつ唯一の国家だと言いうる」などの事実が暴露された結果、多くの共産主義者が運動から脱落してゆき、アメリカに「赤狩り」の嵐が吹きあれた。そして一九五〇年六月二五日、朝鮮戦争が勃発する。もはや冷戦とはいえない事態がおこったのである。当時東西ドイツ国境で東西の軍事力が対峙しており、ヨーロッパに戦争の危機が一段とたかまった。東ドイツ国境から五〇〇キロしか離れていないパリの人々は恐慌におちいった。「現実のマルクス主義がどんなに非道でも、その暴力を全面的に否定するのではなく、そこに希望のかけらを見つづけなくてはならない」という主旨の言葉を述べたメルロ゠ポンティは、この事件をどう受けとめたのだろうか。彼はまさに自身で述べていたように、出来事に押されて（しかし意図して）現実の共産主義から離脱することにきめたのである。彼はサルトルに宛てた手紙で「事件が起きるのにあわせて書くのはもう止めようと決心した」（『サルトル／メルロ゠ポンティ往復書簡』菅野盾樹訳、みすず書房、二〇〇〇年、参照）と明言している。それでも、サルトルはソ連に同調するふるまいを隠さなかった。二人は四七年当時にそれぞれが現実の共産主義に対する距離の取り方を交換したように見える。サルトルは現実の共産主義へアンガジェすることを決意した。メルロは現実の共産主義には見切りをつけた。そして、この二人の位置関係が変わらないまま八年間が経過した。

一九五五年にメルロは彼の政治哲学の主著というべき『弁証法の冒険』(*Les Aventures de la dialectique*, Gallimard.『弁証法の冒険』滝浦静雄ほか訳、みすず書房、一九七二年)を刊行する。本書は、メルロ゠ポンティ自身の政治にかかわる経験や見聞を、身体性の哲学の見地から読み解こうとする意図に発している。サルトルが前期の主著『存在と無』で対自と対他の対立や対他のあいだの相克を描いたのに対して、メルロの『知覚の現象学』では共同存在(coexistence)としての実存が強調されており、実存と他者とのかかわりに多くの観察が割かれていないのは確かである。しかし『知覚の現象学』の目的は、実存の基礎的存在論を解明することであり、他者たちがつくりあげる〈社会〉と社会という次元で展開される個人や集団の〈行動〉が取りあげられていないのはむしろ当然である。他方、『ヒューマニズムとテロル』は、個人や集団の〈行動〉を現象学的見地から考察した社会哲学の著述として評価することができる。『弁証法の冒険』はこの見地を継承し、その消極面を克服する意図をもって書かれた、メルロ゠ポンティの政治哲学の表白にほかならない。彼は「非共産主義左翼」ないし「西欧マルクス主義」の道を模索することになるのだが、これについては後ほど紹介しよう。

ここでは同書の後半部「サルトルとウルトラ・ボルシェヴィズム」の章でサルトルの政治思想が手ひどい批判を加えられていることに触れておかなくてはならない。ここにいう「ウルトラ・ボルシェヴィズム」(ultrabolchevisme)とは、メルロがつねに撃破すべき目標として持ちこたえてきた、実在論と観念論（あるいは経験主義と主知主義）の二者択一の政治的変種である。デカルト哲学にその典型を見ることができるように、この二者択一の伝統によれば、存在するものは物体であるか観念であるかどちらかである。前者に依拠するなら実在論が成立し、後者に依拠するなら観念論が成立する。どちらも両義的なあり方をする身体を無視し、事物や世界を「上空飛翔的思考」によって眺める立場である。換言すれば、事物や世界の内部に住みつくのをやめた思考なのである。同じ事態が共産主義の思考のうちに示されている。共産主義的思考は、一方で、歴史過程を法則が支配し革命を通じて共産主義社会が必然的にもたらされると主張するが（実在論）、他方で、歴史に意味＝方向を付与するのは共産主義者の恣意的な意志であるとする（観念論）。この両者は、見かけとは異なり、じつは互いに支え合う関係にある。歴史の客観的意味は実際には共産主義者の意識が世界に押し付けたものなのだが、この意味付与が成功すると、それが不変の歴史的真理として客観視され、人々がこの意味に従って行動するよう命じられる、というわけだ。サルトルの思想に認められるのもまさにウルトラ・ボルシェヴィズム、つまり、「互いに相手を支え合う極端な客観主義と極端な主観主義との混淆物」にほかならない。

　サルトルはこの批判に直接答えなかった。その後二人の仲はいよいよ疎遠になったが、それぞれの立場から政治へ参加することは止めなかった。そのうえ、二人がまた協力する局面があったのも事実である。サルトルは一九五七年末からふたたびマルクス主義について論考を執筆することを始めたが、その成果を一九六〇年四月（メルロ＝ポンティが不慮の死を遂げるのはその約一年後である）に『弁証法的理性批判I』（*Critique de la raison dialectique*, t. I, Gallimard）として刊行した。著者はこの著作を、硬直したマルクス主義を実存主義の立場から蘇生させるための哲学的試論と位置づけている。（なお「歴史の可知性」と題された未完の第二巻が一九八五年に遺稿として公刊されている。）この著作のもとになった雑誌論文や『弁証法的理性批判I』に生前のメルロが目を通していたことは遺稿の研究ノートから窺えるが、サルトルの構想する歴史哲学に対するメルロの評価はあいかわらず否定的である（『見えるものと見えないもの』、三七二、三八〇頁）。

（6）ここまでメルロは、特性ないし属性という存在論的カテゴリーについて再考する必要を強調するとともに、特性という概念に関する現象学的考察によって基本的知見をうちだしてきた。ここでメルロが展開する〈甘ったるいもの〉（le mielleux）への議論は、認知意味論の見地からいえば、「カテゴリー化」（categorization）の問題に現象学的存在論からひとつの見通しを与える作業、として解釈できるだろう。メルロが——サルトルの記述を援用して——打ちだしたいポイントを分節化して挙げてみよう。第一に、〈甘ったるいもの〉という性質が人間のあらゆる行動の象徴として機能すること。一般化して言いなおせば、初次的に得られた特性のカテゴリーを隠喩的に拡張することによって、二次的カテゴリーが成立する、という論点である。第二に、初次的カテゴリーが、基本的に、身体性を生きる主体と環境との交流のただなかから生成するということ。第三に、システム（特性の名称目録）を編成するために、まずカテゴリーとして生成されるのが、カテゴリーであること。この意味で〈自己〉や〈他者〉は原始的カテゴリーの身分にある。しかしながら、もっとも基礎的レベルにあるカテゴリーだからこそ、これらはいわば暗黙の言葉であり、言語が生成する以前の身体性の水準で成立するカテゴリーなのである。以上の論点についてそれぞれできるだけ簡明に説明をしておきたい。

順序は逆になるが、まず第三の論点をとりあげよう。人間にとって生活の大多数の場面で〈自己〉とはいつでもさしあたり〈自己の身体〉である。皮膚表面で外界と限界づけられた人体に〈わたし〉あるいは〈自己〉が宿っていると無意識に了解されている。まして言葉を解さない幼児にとっての〈自己〉は知覚と運動システムとしての身体以外ではない。この身体的な自己に対して――無機的な事物であれ生き物や他の人間であれ――〈他者〉が存立することは言うまでもないが、存在論にとっての問題は、自他の二者が事実上どのように存立しているか、また自他の二者がどのように生成したかを訊ねることである。サルトルは主著『存在と無』において自己と他者のかかわりを基本的に相克（conflit）と捉えた。メルロの場合とは異なり、サルトルにとっての〈他者〉は、すでに「わたしとは異なる他の人間存在」、「(わたしではない) 別のわたし」(alter ego) である。わたしは他者の眼差しにさらされることによって、わたしが単なる対象であり他者が主観であることを実感する。世界がわたしのものであるのに、そしてわたし一人が世界を意味づける主人公であるのに、しかし他者がわたしに眼差しを向けた途端、わたしの世界は崩れ始め、他者のほうへと流れ出してしまう。わたしが主観の地位から転げ落ちて対象になったからである。そこでわたしは他者に眼差しを向けなおし、他者を対象として支配しようとする。——こうした他者へのかかわりを自己の存在の条件として抱えている人間のあり方をサルトルは〈対他存在〉(être-pour-autrui) と呼んだ。対他存在は他者と〈主観〉の地位をめぐる争いにつねに巻き込まれざるを得ないのだ。

メルロ゠ポンティの身体性の哲学では、自己と他者との関係はサルトルの意識の哲学の場合とは異なる分析と解釈がなされている。彼は、〈間身体性〉(intercorporeité) や〈可逆性〉(réversibilité)、あるいは後期の哲学における〈交錯〉(entrelacs) あるいは〈交叉〉(chiasme) などきわめて独自な概念によって、複雑で逆説的な他者関係を解明することに努めた。このくだりで彼がサルトルの〈甘ったるいもの〉の分析に着目したのは、「受肉した主体としてのわたしとこの性質の担い手である外的対象との間のやりとり」、つまり自他の関係をサルトルが正確な観察にもとづいて分析していたからである。身体性のこの水準にもすでにサルトルのいう「相克」が演じられている。だがこの対抗関係は〈眼差しを向ける－眼差しを向けられる〉という意識のはたらきに起因する相克ではなく、生体システムのあいだの相補的かつ対抗的な関係である。

〈甘ったるいもの〉はサルトルのテクストにおいてじつは〈ねばねばしたもの〉（le visqueux）というカテゴリーの表現形式のひとつであった。松脂、柔らかな粘土、糊、ジャム、蜂蜜などはみな〈ねばねばしたもの〉のメンバーをなす。たとえばパンを食しているとき、手指に付着したジャムのあのひどい不快感はどこから由来するのだろうか。サルトルはこの疑問に見事に解答を与えている。サルトルのテクストから引用しよう。「わたしが手の上に感知する、このねばねばしたものの吸引は、わたし自身に対するねばねばした実体の連続性を表している。わたしはねばねばしたもののなかにわたしを喪失し、流れ込んでゆく。それは、わたしを共犯者に仕立て上げながら、わたしの個体性を蝕むのだ」（『存在と無』、七〇三頁）。ジャムが手についた不愉快さは、サルトルの言うように、〈自己〉の同一性が脅かされることに由来する。逆に言えば、〈自己〉という存在様態は、自己を脅かすものとの（身体性の水準における）対抗関係によってようやく確保される、と言わなくてはならない。この関係は一方的なものではない。というのは、最初から主体としての自己が存在するわけではなく、互いが侵し脅かす関係のただなかで、こちら側を侵犯する向こう側に、他者がはっきりと姿をとって現われるのと同時に、脅かしに対抗するものとしての自己がこちら側にやはり明らかな姿で現出するからである。このかぎりで、自己と他者とはギブアンドテイクの間柄にあると言えるかもしれない。別の言い方をするなら、初めから〈自己〉なる存在者が存在するのではなくて、間身体性を領野とする対抗的相補性によって、その領野に自己が、そして他者もまた出現するのである。このくだりで読者はメルロ゠ポンティの関係主義——事物ないし実体より関係や過程を優先させる思考を確認できるはずである。（注釈者はこの問題を、哲学のみならず文化人類学や言語学の知見に学びながら展開しようとした。菅野盾樹『我、ものに遭う』新曜社、一九八三年、とくに第Ⅱ部を参照。）

（7）『知覚の現象学』の主題のひとつは知覚物あるいは可感的なものの存在論を記述することにある。伝統的形而上学の用語で〈対象〉といい、日常語で〈事物〉と称する存在者を、メルロは〈知覚物〉ないし〈可感的なもの〉と命名しつつ、その存在論的本態をあらたに捉えなおそうとする。例として、知覚物としての一個のリンゴを考えよう。このリンゴについて私たちは、それがいろいろな特徴をもっていることを暗黙裡に了解している。もしそうでなければ、リンゴをたとえばミカンから区別できないし、リンゴについて他人と会話することもできない。こうした特徴を伝統的哲学（とくに存在論や形而上学と呼ばれる分野）では〈特性〉ないし〈属性〉と術語化していまにいたっている。リンゴの特性としては、紅さ、甘さ、手にしたときの重みなどを列挙できるだろう。さてメルロはこの講演で特性に対して基礎的な問題を提起している。それは伝統的哲学の問いでもあった。しかし彼は身体性の現象学の展望のうちで特性の問いをあらたに提起する。特性は互いにどのように結びつくのか、特性とは別にリンゴなるものがあるのか、もしそうだとして特性と区別される実体としてのリンゴとはいかなるものか。特性に関してメルロがどのような観察をおこない、どのような特性の存在論を構想したかについて、注釈（3）ならびに（4）においてその概略を述べた。結論をかいつまんで繰り返せば次のようになる。知覚物の特性はそれぞれが他の特性を意味的・機能的に含んでおり、またひとつの特性が知覚物全体を含んでいる。換言すれば、知覚物と特性の関係は全部と部分との関係にほかならない。また記号論ないし修辞学の視点からいえば、知覚物に観察されるのは、知覚物と特性の関係が全体として換喩構造をなすということである。

さて、こうした知覚物の存在論的＝記号論的構造をメルロ＝ポンティは日常言語による現象学的記述として読者に提供したにとどまった。『知覚の現象学』で特性の問題を論じるさい、彼は実際に修辞学の用語を使用している（しかし「換喩」に明示的に言及してはいない）。彼はつねに知覚経験の具体性を表現することに努めた。蕪雑な形式主義的言語によって知覚経験を棄損するのを恐れたからである。しかし彼がつねに（最後期の思索においても）フッサール現象学から示唆を汲みとることを止めなかったことを思うと、形式主義的言語の節度ある使用を彼が考えてもよかっただろうし、形式主義の発想を思索のある場面で活用するのを考えてもよかったのではないか。なぜなら、彼の私淑したフッサールは数学基礎論の研究によって哲学者としてデヴューし、その後も論理学の研究にしたがうなかで現象学の構想に到達したという経歴が物語るように、形式主義的言語の問題に深くかかわりつづけたからである。

そればかりではない。特性の論理学を構想する課題に向き合わなくてはならないのなら、私たちがフッサールの名を忘れることは許されない。知覚物と特性の関係が全体と部分のそれに匹敵するなら、この種の関係を取り扱う形式的存在論ないし論理学として、すでにメレオロジー（mereology<meros「部分」+logos）が知られており、じつはフッサールは現代においてその確立に寄与した一人だからである（『論理学研究』第三研究、参照）。メレオロジーの現代におけるひとつの発祥が現象学にあったことは、メルロの知覚論を深く読み込もうとする読者にとってきわめて示唆的である。ではメレオロジーが私たちの問題にとってどのような点で示唆的なのだろうか。以下において、主として齋藤暢人「形式的存在論と環境の形而上学」（河野哲也ほか編著『環境のオントロジー』春秋社、二〇〇八年、所収）を参照しながら、メルロ＝ポンティが記述した特性の存在論とメレオロジーの関連について、ひととおり述べることにする。

メレオロジーが全体と部分の関係（以下で「全体部分関係」という）の解明に大きな役割を果たしたことは専門家がひとしく認めている。だが他方で、彼らはメレオロジーの形式的分析が全体部分関係について私たちがいだく日常的理解に反するという印象をもった。それは以下で述べるような事態である。はじめにメレオロジーの論理的主張の三つの要点を掲げる。これらの要点をメレオロジーが証明抜きに真理として打ち出しているという意味で、これらを「公理」と呼ぼう。

第一は〈外延性の公理〉である。これは、どのような事物であれ、それをつくりあげている部分がひとしい事物はすべて同一である、という主張である。たとえばレストランで二品を注文したとして、一方の献立の素材（香辛料などすべてを含む）と他の献立の素材がまったく同じなら、これら二つの品はじつは同一である。しかし考えてみれば、「同じ素材」が二つとあるだろうか。豚の同じ部位の同じ重さの二つのロース肉でもどこか違う点があるはずだ。こうして、同じ部分からなる事物は世界に二つとないことになる。はたして外延性の公理は正しいのだろうか。

第二は〈無制限な構成の公理〉である。この公理は任意に複数の事物を寄せ集めて何かひとつの事物をつくることができることを主張している。しかしながら、素材となるものを勝手に集めてひとつの物あるいは個体をつくれるとは到底思えない。たとえば、ネクタイ、温泉旅行、花束、現金五万円、コースのフランス料理を集めてきて、何がつくれるというのか（この例は後でまた取り上げる予定）。

最後が〈原子論に関する中立の公理〉である。透き間から差しこむ陽の光でそれまで気づかなかったほこりの粒々が見える。この経験によって古代人が世界をつくっている微細な粒子あるいは原子(アトム)〔atom は、a(否定)+tomós(分けられた)〕の認識をもったという説がある。その真偽はともかく、全体をつくっているその部分を考えるときに、それが原子的なあり方をしていると理解するのが自然だとも言える。しかし、いったん原子と見なされたものがいつでも分割可能であると考えることもできないわけではない。この公理は、原子があるかないかを決める理由がアプリオリには存在しないことを述べている。

三つの公理を見たので、以下でそれぞれの問題点を点検して、そのうえで特性の存在論とメレオロジーのかかわりについての展望を得ることにしたい。第一の〈外延性の公理〉は、対象の同一性について〈本質〉を存在論の基礎概念として要請しないという意味で寛容な見地を表わしている(詳しい考察は齋藤論文にゆずりたい。本質主義について、拙論文「人間はどのように〈世界制作〉をいとなむか」、『いのちの遠近法』新曜社、一九九五年、一二三～一四〇頁、参照)。ここに一本の樹があるとする。全体部分関係から見ると、この樹(全体)はセルロース分子(部分)の集積とも、葉、枝、幹、根などの集積とも、あるいは多種多様な原子の集積とも見なすことができる。それ以外にも樹の部分を析出するやりかたはあるかもしれないが、いずれにしても、樹を部分に分割することはいつでも可能である。しかし、逆は成り立たないように見える。この樹をチップに加工するために裁断したとする。セルロース分子の集積は確かに樹に重なり合うはずだが、しかし樹は消滅している。

伝統的哲学によれば、消滅したのは〈樹であること〉つまり〈樹の本質〉である。ちなみに、「本質」(essence) はラテン語の essentia に由来し、後者は esse (「あること」) からの造語である。

こうして、外延性の公理を主張するのは反本質主義者であるだろう。反本質主義者は事物の同一性は事物の存在にとって偶然的であるとする。偶然的だからこそ、素材を加工し組み合わせて「同一性」をそなえた事物を構成できると考えている。すなわち反本質主義は何らかの意味での構成主義となる。さて、メルロの身体性の現象学が反本質主義にくみするのはまず間違いがない。人間は基本的に本来的身体 (corps propre) によって世界に帰属している。つけ加えるなら、この本来的身体の存在様態は知覚=行動系 (記号系) であって、解剖学的身体ではない。人間は行動によって知覚的世界に働きかけ、この過程が同時に事物の同一性を——メルロの用語では——形態化する (gestalten) のである。事物の同一性は普遍的で不朽の本質に基礎づけられるのではなく、多少飛躍した言い方になるが、究極的には生命に根ざすと言わなくてはならない。

次に無制限の構成をどう考えたらいいのだろうか。この主張が理屈にあわない理由として論者があげることのひとつに、任意の対象を集めて個体がつくれるとすると、対象を〈分類する〉という認識の働きが無意味になるという事態がある。たとえば、ネクタイ、温泉旅行、花束、現金五万円、コースのフランス料理——これでなにか個体をつくれるとして、これはまことに奇妙な個体である。したがって、無制限の制約の公理を許すと、「自然な」分類が意味をなさなくなる。ネクタイはネクタイ、フランス料理はフランス料理として別個に集めるのが自然な分類なのだ(「分類」の主題については、前掲拙論文の参照を乞う)。――この異論に対して、メルロの身体性の現象学からはおそらく以下のような応酬が可能である。「無制限な制約」の意味はもっぱら論理的な意味でいわれている。もちろんこの「論理」は演繹的推論をいう。しかし、分類をもし単に論理的観点から考えるなら、多数の対象の集合から任意の対象を集め、それらで特定のグループを構成することがつねに可能である。実際、ネクタイ、温泉旅行、花束、現金五万円、コースのフランス料理――これらの対象をひとつのカテゴリーに包括することは十分に可能だろう。それはたとえば〈誕生日の贈り物〉である。それゆえこのカテゴリーに対応する個体に存在の権利を認めなくてはならない。

形式的存在論には形式的論理がじかに存在者に到達できるかのような想定がともなうかに見える。しかしこの想定にどのような根拠があるのだろうか。確かに言語と論理は明らかに異なる表現体である。たとえば、二人の会話者のあいだの言葉のやりとりを論理式で完全に記述するのは不可能である。とはいえ、両者が無関係なはずはないし、それぞれの表現能力の機軸をなすものが多少とも共通するのも疑いえない。たとえば日常語のある種の推論を三段論法として遺漏なく言いかえることができる。論理と言語のこの錯綜したつながりを無視してはならない。そして実際に両者を媒介するのが〈カテゴリー〉の表現体にほかならない。カテゴリーは認知と分類に不可欠な言語的要素であり、論理を言語につなげる紐帯である。メルロ＝ポンティは前期の哲学思想を代表する『行動の構造』と『知覚の現象学』において、ゲルプ（Adhémar Gelb 一八八七〜一九三六年、ドイツの精神病理学者）とゴールトシュタインの「カテゴリー的態度」、すなわち失語症患者に欠けていて健常者にそなわる、事物を命名する能力について立ち入った考察をおこなっている。

あの俄かづくりのカテゴリーに戻ろう。この種のカテゴリーを許容できないと感じる向きは、あるカテゴリーを必要十分な条件で規定できるとは限らないことを再認識すべきである。なるほど、〈直角三角形〉という幾何学的カテゴリーは、〈三角形である〉、〈ひとつの角が直角である〉という二条件で明確に規定できる。それぞれの条件はこのカテゴリーにとって必要であり、この二条件で十分である。しかしこの種の古典的カテゴリーとは構成原理が異なる種類のカテゴリーがある。知覚世界を記述するためのカテゴリーの大半は後者のタイプなのである。ウィトゲンシュタイン（Ludwig Josef Johann Wittgenstein 一八八九〜一九五一年、オーストリア出身の哲学者）が例示した〈ゲーム〉のカテゴリーをここでも取りあげよう。〈ゲーム〉を必要十分な条件で規定するのは不可能だ。たとえば、子供が壁にボールを投げて遊ぶのも、野球もテニスも、トランプでするブリッジも、将棋もすべて〈ゲーム〉である。使用する道具、参加する人数、競争、技量、娯楽、運などの特徴を、あるゲームはもつが、別のゲームはもっていない。どんなゲームにも規則があるとは言えそうだが、もちろんこの特徴は明らかに〈ゲーム〉の十分条件ではない。要するに、あらゆるゲームを規定するための必要十分な条件はない。さまざまなゲームのあいだには、互いに重なりあったり交差しあったりする、複雑な類似性の網目があるにすぎない。ウィトゲンシュタインはこの種の類似性を「家族的類似性」(family resemblance) と称した。親や子や兄弟さらに伯父や叔母などには、互いに顔つき、体格、声の調子など、どこか類似した点がある。しかし家族全員が共有し、しかも他人にはないワンセットの特徴を抽出するのは不可能である。こうしたことも〈本質〉の存在論的資格を疑わせる観察である(カテゴリーについて、拙論文「カテゴリーとレトリック」、『新修辞学』世織書房、二〇〇三年、二三二―二五〇頁、参照)。

〈誕生日の贈り物〉のようなアド・ホックなカテゴリーにあてはまる個体の存在が、それを把握する人間――身体をそなえて世界に住まう人間――から独立に(「客観的に」)あらかじめ実在しているとは考えにくい。この論点はじつはすべての経験的カテゴリーに拡張できる。経験的カテゴリーが要請する存在論は少なくとも二つの項目をそなえなくてはならないだろう。第一に、人間は徹底的に世界の内部に生きているということであり、第二に、人間の基本的存在構造は身体性にあるということ、である。言うまでもないが、メルロの身体性の現象学はこの種の存在論を企図するものである。

最後の論点については多少の暗示しか述べることができない。〈原子論に関する中立の公理〉に関して身体性の現象学がどのようにかかわるか、この問題については別途に入念な考察が必要とされるからである。メルロの存在論の特色が反実体主義ならびに反本質主義にあることは明らかである。また彼の存在論がつねに、事物より事物のはたらき、静態的なものより動態的なもの、静より動、淀みより流れに重きを置いていることも明らかである。それを確認したうえで、彼の反実体主義と反本質主義が、実体や本質のニヒリズムではないことに注意しなくてはならない。すなわち、身体性の現象学は実体と本質がそれ以前の何らかの存在者から生成することを認めるのであり、それらがあらゆる意味で存在しないと主張するわけではない。こうした構想としての身体性の現象学がメレオロジーの二つの公理を事実上引き受けていることは確かだと思える。この局面で外挿法が妥当するかどうか明らかでないが、あえていえば、身体性の現象学が〈原子論に関する中立の公理〉も内含しているという見込みはかなり高いのではないだろうか。少なくとも、メルロ゠ポンティの哲学思想を読み解くさい、メレオロジーの形式的手法に学ぶことが、かえって彼の哲学思想に伏在する豊かな洞察を掘り起こすのに役立つとは言えるだろう。

(8) コンプレックス(フランス語 complexe、英語 complex、ドイツ語 Komplex)は精神分析の用語。辞書の項目にはこうある。「強い情動的価値をもち、部分的にあるいは全体的に無意識に属す表象と記憶との組織化された総体」（ラプランシュ／ポンタリス『精神分析用語辞典』村上仁監訳、みすず書房、一九七七年）。この語は日常語としてもふつうに用いられているが、その場合はたいてい「劣等感」という程度の意味をあらわす。この用法も専門用語としてのコンプレックスからそれほどかけ離れているわけではない。劣等感は「強い情動的価値」をもっており、それが何に起因しているかが自覚できない点で「無意識」に属している。しかし上記の辞書の解説によれば、精神分析学者のあいだでは、エディプス・コンプレックスと去勢コンプレックスを除けば、しだいに使用が好まれない用語になっているという。精神分析の創始者フロイトは後年に「……心理学的現象を記述的にまとめるためには便利でもあり、時には不可欠な言葉である。精神分析がその専門的必要のためにつくったいかなる用語もかくもポピュラーにはならなかったし、正確な概念を形成する妨げになるほど、これほど誤用された言葉もなかった」（「精神分析運動の歴史について」、一九四一年。ラプランシュ／ポンタリス『精神分析用語辞典』一四七頁の引用）と述べている。彼が言いたいのは、情動的な力を付与された思考や関心をひとまとめに記述するために「〜コンプレックス」というラベルを貼ることは便利なやり方だが、しかしそれで何かを説明したことにはならないし、かえってこのラベルが真の病因を糊塗してしまう危険がある、という点であった。

さてメルロがここで「コンプレックス」の用語を採用したとき、精神分析の場合のように、病的な行動の原因を解明するという目的を考慮しているようには見えない。complexe の語源を調べると、それがラテン語の complexus（complectere「抱く、取り囲む」の過去分詞）であって、「抱きあわされてひとつの全体にまとめられたもの、複合されたもの」を意味することがわかる。辞書をひくと、この語に対して「総合ビル」、「複素数」、「錯体」など多くの語義が与えられている。結局、メルロは、種々の表象がまとまって安定したひとつの構造体をなし、それが感情をにない行動にむすびついている、そのような知覚の経験を一語でいうためにこの語を採用したものだろう。

精神分析が文学研究や文学や絵画などの創作におおきな影響をおよぼしたことはよく知られている。たとえば、超現実主義（シュルレアリスム）は精神分析から影響を受けて、個人の意識ではなく、無意識や集団の意識、夢想などを重視し、これらのモチーフを作品として表現した。表現の技法に関しても、シュルレアリストたちがオートマティスム（automatisme 自動筆記）やデペイズマン（dépaysement）、コラージュ（collage）などを活用したことに精神分析の影響を窺うことができる。技法のそれぞれについて簡単に説明すると、オートマティスムは、無意識にわだかまる存在に憑依されて意識の制御のきかない動作をおこなうことをいい、そうした状態で文章を綴ることを「自動筆記」と訳している。デペイズマンは「異郷へ追いやること」を意味するが、技法としては、意外な事物の取り合わせによって鑑賞者を驚かせ途方にくれさせるやり方である。またコラージュは文字通り雑多な素材を貼り合わせることであり、そこに創作家の意識しなかった偶然の効果がかもされる。ところで、精神分析の藝術活動に対する影響はいわば精神分析の作品化と見なしうるが、その淵源は精神分析そのものにあった。すなわち、フロイト自身が精神分析の理論的展開を藝術作品の分析というかたちで具現したのだった。たとえば彼は、『グラディーヴァ』（*Gradiva—ein pompejanische Phantasiestück*　ドイツの作家ヴィルヘルム・イェンゼンの小説）、『ヴェニスの商人』（*The Merchant of Venice*　ウィリアム・シェイクスピアの喜劇）、ミケランジェロの《モーゼ像》などの作品を分析しており、またダヴィンチ、ゲーテ、ドストエフスキーなどの藝術家を論じている。

　メルロが精神分析と藝術とのかかわりについて知っていたのは当然であるし、精神分析について『知覚の現象学』その他で主題的に論じることもしている。だがこのくだりでメルロを精神分析の概念に導いたのは、おそらくバシュラールであろう。科学認識論者と詩論家の二つの貌（かお）をもつこの人物については注釈（10）でその業績を見ることになる。

（9）　フランスの詩人ポンジュ（Francis Ponge　一八九九〜一九八八年）は　一九二三年ころからさまざまな雑誌に詩を寄稿しつづけた。一九二七年に第一詩集『十二の小品』（*Douze petits écrits*）を発表。それ以後も詩作にたずさわったが、人に知られることが少ないまま長年が経過した。ようやく一九四二年に第二詩集『物の味方』（*Le parti pris des* choses）が刊行される。これは散文詩三二篇をまとめた詩集だが、翌年カミュから称賛の手紙を寄せられ、さらにサルトルがポンジュ論（「人間と物」、『シチュアシオンⅠ』所収）を執筆するなどのことがあり、一躍その名がたかまり、詩人としての地位が確立された。第二次大戦中はレジスタンスに参加し、一九三七年から一〇年ほど共産党に加入していた。一九四四年、解放後のパリに戻ったポンジュは、アラゴン（Louis Aragon 一八九七〜一九八二年、フランスの小説家・詩人）の要請で雑誌の編集にあたったが、まもなく職を辞している。一九五二年以降、アリアンス・フランセーズ講師を勤めた。退職後は南フランスのバール＝シュル＝ルーで暮らした。

メルロがここでポンジュに言及したのは、「人間は事物のなかに取り込まれており、事物も人間のなかに取り込まれている」ことを、この詩人が作品のかたちで実証し示しているからである。このくだりでメルロは、〈事物〉あるいは〈物象（モノ）〉というカテゴリーを実在論と主知主義の双方から奪還する必要があると主張している。科学的認識の対象にすぎない事物や理念的な本質に還元されてしまうと、物象から人間のしるしが失われる。事物にしるされた人間性とは、まずもって事物の表情のことである。事物はこの変幻する表情によって私たちに語りかける。この章の冒頭でメルロは、レモンを例にとりながら、事物とその特性、あるいは古典哲学の用語でいえば、実体と属性の問題を提出していた。ポンジュはレモンをモチーフに詩をつくることがなかったが、同じ柑橘類のオレンジなら、

『物の味方』のなかに登場する。この詩のなかで、ポンジュは、オレンジの欲望、無気力さ、意識、気づかい、などについて語っている。そのうえオレンジの種子に注目して、それをごく小さなレモンだと呼んでいる。

事物とその特性について考察しているメルロの視線は、知覚物としての事物にだけ向けられてはいない。彼の観察は、事物が発する光と色彩からセザンヌの絵画へとおよび、そこから東洋の庭園に、さらには詩や散文へと展開してゆく。知覚の現象学は〈知覚〉が、実在論者や主知主義者のいうような、感覚与件の単なる受容の産物でもなければ、感覚の知的な処理でもないこと、それはすでに環境との交流であり〈表現〉であることを明らかにした（第二章、注釈（3）を参照）。ところで絵画や詩などは文字どおりの表現であるうえに、知覚にその源泉をもっている。したがって、詩、絵画、音楽などの〈表現〉は、自乗された表現、表現の表現にほかならない。

ポンジュの詩集が画期的だったのは、サルトルの慧眼が見抜いたように、これらの散文詩がそのまま詩に対する批評を体現していたからである。『物の味方』は詩集であると同時に詩集に対するテクスト、メタ詩集あるいは詩論でもあった。とはいえ、ポンジュの問題提起が単に詩の言語にだけ向けられたものでなかったことは注意に値する。彼のテクストが「散文詩」であることは決定的だった。詩はつねに散文に浸透しているし、散文はすでに詩のなかに萌している。だからこそ『物の味方』は——おそらくポンジュの意図にかかわりなく――言語そのものへの批評、すなわち言語論になりえたのである。ポンジュの企てを「言語の構成要素である語と、語の対象である物との、双方の物質性を相関的に回復することを通じて、人間の条件を絶望的状況から救出しようとする新たなユマニスム」と定義できるかもしれない(この的確な定義は阿部良雄による。『フランシス・ポンジュ詩集』阿部良雄編訳、小沢書店、一九九六年、二〇七頁)。ところがメルロはここで議論の歩みを急ぎすぎてしまったようだ。彼は言語と事物の関係に照明をあてるステップを踏まない。結果として彼は言語をすり抜け、ただちに詩人の〈こころ〉にむかう。メルロは正しくも「事物とはコンプレックスなのです」と指摘しているが、残念といわざるをえないが、この解釈には言語の問いの不在が示されている。しかしながら、『知覚の現象学』において身体性に基づく言語の存在論を展開したのは、メルロ＝ポンティその人ではなかっただろうか。彼が描きだした言語の姿かたちは、実際にポンジュの詩集が体現する言語観にほとんどそのまま重なり合うものなのだ。それはどのような言語の姿なのだろうか。ここで私たちは、ポンジュの言語観を浮き彫りにするために、クロード＝エドモンド・マニーの「F. Pあるいは幸福な人間」(一九四六年)ならびに阿部良雄「始原の擬音語――始原の雷雨」(一九七四年)という二本の論考(いずれも、前掲の『フランシス・ポンジュ詩集』に収載されている)の議論に耳をかたむけ、そのうえでポンジュの言語観からメルロ＝ポンティの言語思想へと橋渡しをするつもりである。

マニーによれば、ポンジュがこの詩集で企てたのは、言語によって物象（オブジェ）を現前させようとすること、紙のうえに物象の正確な転写を描きだすこと、その果てに物象の等価物をつくりだすことである。従前の言語観に立つなら、こんなばかげた企てもないだろう。言語が意味するということ、それは言語がなにかを指示しあるいは代表することだ。意味された対象は必ず言語の外部にあるはずである。紙のうえに記された「リンゴ」の語が意味する対象は、紙のうえにではなく、たとえばキッチンの籠にある。にもかかわらず、ポンジュが、言葉の操作のみによって事物の本質的な相が解明されるという信念を表白しているなら、彼は通俗的な言語観だけではなく、これを乗り越えて前進しようとしたソシュール記号学さえも越えようとしていることになる。ソシュールによれば、言語記号は、しばしば誤解されるのとは異なり、世界のなかにある事物のひとつではない。もし紙に記されたある種の形象（デザイン）や音声が読まれも聴かれもしないなら、あるいはその言語の文字や発音にまったく通じない人がそれを見たり聞いたりするだけなら、その場面に〈言語〉と呼びうるものはなにもない。たとえば、「リンゴ」の語は、聴取され読み取られたかぎりで〈記号〉としての実をあげることができる。この言語経験の事実に密着しつつ、ソシュールは、記号（signe）を〈記号表現〉（signifiant）と〈記号内容〉（signifié）が表裏一体をなす二重構造と捉えた（これについては、第二章、注釈（5）において言及した）。記号表現とは〈聴覚イメージ〉（image acoustique）であり、記号内容とは〈概念〉（concept）である。ところで、ソシュール記号学の核心のひとつは、記号表現と記号内容とのあいだに「必然的な繋がり」はないことを主張する「恣意性の原理」である。

ポンジュの詩作はこの原理を言語の物質性を露呈させることによって突き崩す試みであった。マニーはサルトルのポンジュ論にふれつつ、次のような主旨のことを述べている。「サルトルは、ポンジュの書物のなかに、即自と対自の綜合という、人間精神につきまとっているあの不可能な企てを、文学という方法で実現するためになされた努力のうちでも、現代においてもっとも成功したものの一つを見た点で、間違ってはいない」と。メルロの見地からいえば、サルトルは哲学探究に出発する際に見当違いのスタートラインに立ち、間違った目標めがけて走りだしたのである。即自と対自という存在論的カテゴリーには妥当性がないし、それゆえそれらの綜合という目標も誤りである。人間は身体によってこの世界に帰属するかぎり、ある意味ですでに即自と対自の綜合を生きている。言語は人間の身体性の重要な一部にほかならない。言葉は意味のまえで透明化する媒体などではなく、意味を体現する身体のしぐさである。メルロ゠ポンティは言語のこの真の様態を「語が意味をもつ」(le mot a un sens) という命題に集約して語っている(『知覚の現象学』、二〇六頁)。言語が質料の厚みをもつからこそ、聴覚イメージと概念を対応づけるなんらかの操作(ふつうこれが〈思考〉と呼ばれている)を想定しなくても、言葉が意味を表わすことができるのである――メルロのこの指摘をソシュール記号学批判としても読むことができるだろう。

〈言語の物質性〉にはそれぞれに展開すべき多くの論点が含まれている。まず〈音象徴〉(sound symbolism) の問題がある。たとえば、イヌはワンワンと吠え、梅雨の天候はジメジメしている。前者は実在する動物の鳴き声を言葉に移した表現であり、ふたつの音声が多少なりとも類似するのは明らかである。これに加えて、英語だとイヌは bow-wow (およそバウワウと発音する) と吠え、この音声は明らかに日本語とは異なる。とはいえ、二つの言語音がどこか類似することまで否定するわけにはゆかない。この種の音象徴を擬声語 (onomatopoeia) と呼ぶ。梅雨がジトジトしていることについては、天候が字義的に音声を発するのではない以上、言語音がそれを模倣する可能性は考えにくい。だが考えにくい事態を実現するところに言語の力が認められる。逆に、梅雨をカラカラといえば、言語的に間違いである。梅雨とは逆に晴れがつづく天候をカラカラと称する。これら二つの形容詞がそれぞれの天候の様態にまことに似つかわしいと私たちの直観は証言するだろう。この種の表現をとくに擬態語 (imitative word) ということがある。いずれにしても、音象徴はソシュール記号学の恣意性に反する言語現象のようにおもえる。これについてソシュールは反論を用意しているが、ここで議論の応酬をするのは控えておこう (菅野盾樹『恣意性の神話』勁草書房、一九九九年。「恣意性の神話・補遺――〈シリウス星の言語学〉を越えて」、『総合人間学』総合人間学会機関誌、二〇〇九年、一二七~一三二頁、に筆者の見解を示した)。メルロ゠ポンティの言語の存在論によれば、言語とは拡張された身体運動としての言語音にほかならない。身体の所作はそのまま表情である。たとえば、ジメジメという言語音は、鬱陶しい天候を不快な表情でもって模擬的に反復する。

その他の論点について簡単に述べることでこの項目を終えることにする。言語を〈身体の表情ある仕草〉と規定することで、言語が物の味方になりうること、言いかえれば言語が事物を模擬的に反復しうることが明らかになった。言語も事物も同じ身体性(後期のメルロはこれを「肉」(chair)と呼ぶようになる)の生地を裁断し仕立てたものだからである。第一に、音象徴の問題はいまだに未発達な「語源学」の問題にむすびついている。初発の言語音が事物の模倣であるなら、単語の語源の解明に少なくない示唆がもたらされるはずだ。第二に、新たな言語観は、一八世紀に盛んだったがほどなく非学問の烙印を捺された「言語起源論」を新しい形で復興することにつながるかもしれない。最後に――もっとも重要と思える点だが――以上のすべての論点が、こぞって、身体から言語への転調という存在論的出来事を指し示している。ひとつの身体機能が別の身体機能に飛躍的に移行するという意味で、転調は身体性の〈再帰的動き〉にほかならない。言語にかかわる再帰的動きの究明が大きな課題として残されている。後期のメルロ゠ポンティはこの問いに、彼のやり方で立ち向かったのだと解しうるだろう。

（10）バシュラール（Gaston Bachelard　一八八四～一九六二年）は二〇世紀フランスが生んだ哲学者として、その経歴においても学問的業績においても、同時代のアカデミーに属したほかの哲学者の誰にも似ていない。
バシュラールはシャンパーニュ地方の鄙びた町バール＝シュル＝オーブに生まれ、中等教育をここで修めた。コレージュ・ド・セザンヌで補助教員となり（一九〇二年）、翌年に兵役について二年間を過ごす。その後パリの郵便局員として働くが、第一次大戦がはじまり徴兵され前線に赴いている（一九一四～一九年）。戦争が終わると同時に故郷の町で学校教師となり、物理学と化学を一一年間教えている。理科を教える田舎教師であったバシュラールだが、その彼が三〇半ばの年齢になって（一九二二年）、哲学の教授資格（agrégation de philosophie）を取得するのである。これはひとつの出来事だと言いうるし、彼の内面で演じられたドラマの存在を示唆するものである。彼はさらに一九二七年にソルボンヌ大学で文学博士号を修得し、ほどなくディジョン大学（現在のブルゴーニュ大学）で哲学教授の地位を得て一〇年間教壇に立っている（一九三〇～四〇年）。そして、一九四〇年にはソルボンヌ大学に招聘され科学哲学と科学史を講ずることになり一九五四年まで在職した。

バシュラールの功績として特筆すべきは、フランス認識論（l'épistémologie française）の伝統をつくることに他の有力な研究者の誰にもまして貢献したことであろう。彼の業績はヤヌスのように二つの貌をもつと称されている。ひとつは科学認識論の探究を科学史の研究と並行して推しすすめた科学哲学者としての貌。もうひとつは、科学的認識と鋭く拮抗しつつも世界認識に寄与する詩的想像力を詩や文学や古代哲学のうちに探究した詩の哲学者としての貌。科学と詩の研究がどうしてバシュラールにおいて両立するのだろうか。いやどうして両立しなくてはならないのだろうか。そのカギは、バシュラールが提示した〈認識論的切断〉(rupture épistémologique)や〈認識論的障害〉(obstacle épistémologique)などの概念にひそんでいる。

バシュラールは科学史の研究において「過去の科学者がなぜ理論的過ちを犯したか」という問いを重要視した。彼が見いだしたのは、科学者が認識論的切断の操作を怠るとき誤謬が生じる、という科学史上の事実であった。科学的認識は二つの切断を介してようやく得られる。まず、常識(無意識化している知識を含む)と科学的認識とを切り離さなくてはならない。次いで、現行の科学的認識と生まれつつある認識とを切断しなくてはならない。常識や現行の科学理論は新しい科学的認識の障害にすぎないからだ。この切断のために、バシュラールはフロイトの精神分析を再解釈して「理性の精神分析」を提唱する。この主張は『科学的精神の形成——客観的認識の精神分析のために』(*La Formation de l'esprit scientifique. Contribution à une psychanalyse de la connaissance objective*, Vrin, 1938. 邦訳、及川馥・小井戸光彦訳、国文社、一九七五年)において雄弁に語られている。まさに同じ年に彼は『火の精神分析』(*La Psychanalyse du feu*, Gallimard, 1938. 邦訳、前田耕作訳、せりか書房、一九六九年）を公刊している。これは〈火〉をめぐる詩人や作家たちの想像力の羽ばたきを記述した物質の現象学である。想像力を彼は形相にかかわるものと質料に生気を与えるものとに区分するのだが、物質の現象学はもちろん質料的想像力の探究にほかならない。彼は火とあわせて四つのエレメント――地（土）・水・火・風（空気）――につながる想像力の精神分析を次々に試み、その成果を著作にまとめている。こうして、想像力の精神分析が科学理論に適用された場合、その知見は科学認識論の重要な部面となり、これが文学や神話などに適用された場合、その成果はただちにある種の詩学（poétique）となるのである。

メルロ＝ポンティはこのくだりでバシュラールの業績のうちもっぱら物質の現象学ないし詩学に関心をもち、その知見を自分の議論のために援用している。なぜなら、知覚のうちには質料的想像力が発動しているからだ。メルロはこうした事態を精神分析の用語で「コンプレックス」と呼び変えていたのを私たちはすでに読んでいる。バシュラールのこうした取りあげ方は後期のメルロでも変わっていない。科学認識論者としてのバシュラールを正面からメルロが取りあげて論じたことはどうやらなさそうである。

メルロがバシュラールに抱く共感には、想像力に関する、サルトルとの微妙だが決定的な見解の不一致が呼応しているように思える。サルトルは想像力についての哲学理論の著者として世に出たといっても言い過ぎではない。*L'Imagination*（1936），*L'Imaginaire*（1938）

が彼の最初の二冊の本であった。彼はフッサールの超越論的意識を原理にすえて想像力を解明しようと努めている。なぜ存在論の大著『存在と無』を執筆する以前にサルトルが想像力の問題に思索を傾けたのか。その動機は一通りではないだろうが、確かなのは、意識として実存する人間の自由の問題が彼を想像力の考究に向かわせたということだ。現象学的還元によって実在する対象のすべてが意識のうちに取り込まれる。これは、対象の質料がすべて揮発してしまい無化されたことを意味する。意識は無化の作用そのものである。それでは意識が想像的なものの場合はどうだろうか。ピエールのイメージを喚起することは、ピエールという生きた人間を、非存在として（彼は死んでもういない）、あるいは不在として（彼はパリを離れている）、ここではない余所に存在するものとして、または存在者として措定するのをやめることによって（ピエールは小説中の人物だった）——つまるところ、対象の実在を否定することによって、初めて可能になる（『想像的なもの』）。かくして想像的なものは「サルトルにとって否定の否定であり、無化が自分に適用される次元であり、したがって、存在の措定に匹敵する」（『見えるものと見えないもの』研究ノート、一九六〇年一一月）とメルロはいう。最初の否定によって実在する対象が措定され、この対象が否定されイメージが喚起されるというわけである。サルトルは知覚と想像力を「実在的に区別されたもの」と見なすのである。知覚と想像力とは論理的に相容れない。知覚が多少とも想像力を含むような意識の様態は不可能である。否定の否定としての想像力にサルトルは人間の自由の証を認める。この自由を揮いうる典型的人間が藝術家にほかならない。このようなサルトルの主張には、かつてのロマン主義者の口吻を聞きとることができるだろう。

だがメルロ゠ポンティの診断によれば、サルトルが知覚と想像的意識（イメージ、夢想など）を両立しえない意識の様態ときめつけたのは、彼が〈知覚〉を正しく概念化できなかったためである。知覚（現実性の意識）と想像的なもの（仮構性の意識）はたがいに蚕食しあう、とメルロはいう。だがそれは不都合だとサルトルは反撃に転じるだろう。彼はかつて、現実的意識と想像的意識の違いを程度問題と見なせば（この点ではヒュームもベルクソンも同じだった）、現実的意識を否定する帰結が招かれることを説得的に論じた。しかし、ふたたびメルロの側から異議申し立てがなされるだろう。サルトルの論証が正しいとして（事実それは正しいが）、彼は擬似的問題と取り組んだに過ぎない。そもそも現実的意識と想像的意識の彼による定義が間違っているから、両者の関係から不都合が生じたとしても、メルロの構想する知覚の存在論にそれが損害を与えるわけではない。とは言え、第三者の見地からすると、想像的なものの存在に関するメルロの言説は必ずしも明晰ではない。五〇年代半ば以降のさまざまなテクスト、とくに遺稿『見えるものと見えないもの』に問題に関する思索の深まりが認められるが、前期の考え方も保持されている。メルロ゠ポンティの哲学は、前期の思索が後期のそれを予兆し、後期の思索が前期の思索を更新するという運動のなかにある。

(11)〈オブジェ・トゥルヴェ〉(objets trouvés) は日常語としては「落し物」、「拾得物」をいう。美術の用語としては、自然のものであれ人工物であれ、藝術家が意図して制作したものではないが、それに何らかの美的価値をみとめて「拾いあげたもの」を意味する。——かたわらの美術用語辞典にはこんな説明が出ているが、これだけで、オブジェ・トゥルヴェがどんなものかを理解できる人はいないだろう。

オブジェ・トゥルヴェの命名者は未詳だが、よく似たジャンルの作品制作のさきがけとして言及されるのはマルセル・デュシャン (Marcel Duchamp 一八八七~一九六八年、アメリカで活動したフランス出身の美術家) であり、彼はこのジャンルを〈レディ・メイド〉(ready-made) と名づけた。彼は一九一七年に陶器製の便器に「リチャード・マット (R. Mutt)」と署名しこれに《泉》とタイトルをつけて美術展に出品したが、展示を拒否された。この事件は後年周知のことになった。オブジェ・トゥルヴェのジャンルがレディ・メイドと違うのは、人工物に加えて流木や石などの自然物を作品素材として認めているという点だろう。辞典の説明には「美的価値」への言及があるが、《泉》の便器を見てもどこが美的なのかは意見が分かれるところだし、デュシャン自身、必ずしもこの作品に美的価値を認めてはいない。その他もろもろの点で辞典の記述はあまりにも説明が不足している。

しかしメルロの議論を理解するためには、オブジェ・トゥルヴェを次のように押さえておけば十分である。すなわち、〈オブジェ・トゥルヴェ〉とは、アーティストが世界にあるあらゆる事物から個別的な事物を取りあげこれを展示するとき、この行為が何らかの（積極的であれ消極的であれ）美的表現を構成するようなジャンルである、と。メルロはオブジェ・トゥルヴェについて、それを、私たちがときとして風変わりな熱情をおぼえ愛着する環境の要素だとしている。これがオブジェ・トゥルヴェにたいする唯一の解釈ではない点に留意する必要があるだろう。そのうえで、メルロが言いたい真意についてもうすこし考えてみよう。

シュルレアリスムを指導したアンドレ・ブルトンは制作技法として自動記述を提唱した。この技法によって得られたテクストには、ふつうの散文とは異なる顕著な特徴がある。それはこの種のテクストがオブジェの世界を描いていることである（注釈（12）を参照）。そこで、シュルレアリストのオブジェへの関心と欲望がどこに由来するのかが問われるだろう。答えのありかを探るために、いささか大きな主題に言及することになるが、〈藝術〉という人間のプラクティス（慣習行動）の様態とその理解が二〇世紀において大きく転換した経緯にどうしてもふれなくてはならない。

伝統的な藝術観によれば、藝術の営みとは、〈主観〉としての藝術家が自在に駆使できる技法をもちいて作品を制作することだとされる。制作は基本的に主観の意識的過程であり、所産としての作品はその内容とともに客観として存在する。作品は何かを表意するかぎりで〈表現〉であるが、その表現の様態は、外的であれ内的であれ、何かしらの現実を再現することである。——古典的藝術観の骨格をあっさりと述べるとこんな風になる。さらに若干の補足をしておこう。藝術家が用いる技法について彼や彼女が完全にこれを統御するのが理想だが、現実にはつねに技法の改善が試みられる。つまり藝術家がいつでも主体的に技法を遣いこなすわけではない。その理由のひとつに、技法と素材（絵の具、粘土など）とは一対のものなので、新たな素材が新たな技法を要求するということがある。その上、制作が意識的過程だといっても、しばしば藝術家が不合理な霊感(インスピレーション)にみまわれる場合もあるだろう。だがこれは例外であるに過ぎない。現実の再現(レプレゼンテーション)に藝術の表現としての機軸をみるこの種の考え方だと、いわゆる幻想絵画や表現主義絵画などは、主観の内的な空想や情念の表出であるとされる。ちなみに、〈再現〉と〈表象〉は横文字としては同じ representaion の訳語である。

二〇世紀の藝術活動がこうした見方を覆してしまった。もちろん藝術家はいまも主観ないし主体であるだろう。しかしメルロ＝ポンティが詳しく跡づけているように、この〈主観〉が変身をとげたのである。人間が身体を具え世界に住むかぎりで、主観は対象を一方的にまなざす存在者ではもはやない。対象ないし現実が与件ではないからである。現実とは主観の探究に応じて新たに立ち現われる現象なのだ。メルロは「これらの探究はすべてシュルレアリストの試みから由来した」として、彼らの藝術運動に高い評価を与えている。彼らの表現技法に藝術をめぐる存在論的転回を確かめることができるだろう。ブルトンが提唱した自動記述については注釈（12）で述べる予定なので、ここではコラージュやフロッタージュを紹介し、それらの意義にふれてみよう。

コラージュ（collage）は本来「貼ること」を意味するが、絵画制作の技法としては、写真、新聞紙、布きれなどを切り取って画面に貼りこむというやり方をいう。マックス・エルンスト（Max Ernst　一八九一～一九七六年、ドイツ出身のシュルレアリスムの画家・彫刻家）がたまたま古い銅版画の挿絵や商品カタログの図版、図鑑のイラストなどをながめていたときのことである。既成のあれこれの図版が幻覚のように自分にとりつき、それぞれの図版がたがいに結びついたり離れたりするのを感じた。そこでエルンストはそれらを切り取って糊で貼りあわせ作品を制作した。これがコラージュの最初の実験であるという（巖谷國士『シュルレアリスムとは何か』ちくま学芸文庫、二〇〇二年、七五頁以下）。

エルンストが既成の素材に加工して作品をつくったのではなく、素材がたがいに結びつくのを彼はいわば観客として見たのだ。彼があらかじめ下図を準備し、それにあわせて図版を貼りあわせたのではない。こうした事態が、古典的藝術観では理解できない点を強調しておきたい。しかし、彼にそのような光景を見るように仕向けた要因がある。少なくともこの要因が意識的主観のうちにないのは確かだろう。その所在をフロイトのように「無意識」というかメルロのように「身体」というか、その呼び名にはあまり意味がない。重要なのは、古典的な〈主観〉が無力化して新たな〈主観〉が誕生したことである。

フロッタージュ（frottage）もエルンストが発見した技法である。もともと「こすること」を意味するが、絵画技法としては、木目や布地や葉っぱなどの上に紙をおき上から鉛筆などでこすって画像をつくることをいう。この場合も画像を描いたのがエルンストという主観だとは言い難い。彼はただ鉛筆でこすったにすぎないのだから。むしろ彼は匿名の何ものかが創造する働きを補佐しつつ、創造の現場に立ち会ったのである。

マルセル・デュシャンはシュルレアリスムには一定の距離をとりつづけたが、彼を含めシュルレアリスムに与する藝術家たちに共有された方法論を〈デペイズマン〉（dépaysement）として集約しうるだろう。この言葉はブルトンが使用しエルンストが理論化に用いたもので、de（除去、否定を表わす接頭辞）＋pays（故郷、国）からできた動詞 dépayser（異郷に移す、違和感を与える）の名詞形である。コラージュやレディ・メイドがデペイズマン、つまり「本来の環境から別の場所への転置」による技法であることは明らかだろう。フロッタージュも例外ではない。たとえば、葉の形態は現物の葉に属する特性だが、それを紙にこすり取ることで別の効果を生むのだから、やはり場所の転置の技法だといいうる。デペイズマンが、原理的に、意識的主観が制御する方法ではない点が重要である。「手術台の上のミシンと雨傘の偶然の出会いのように美しい」という詩句（ロートレアモン『マルドロールの歌』）にシュルレアリストはデペイズマンの原理を読み取った。ここに出る〈偶然〉の概念が、メルロにとってと同様、シュルレアリストにとって本質的なものだったことを指摘しておこう。

結局、これらの技法は単に既成の世界の対象を作品化するためのものではなく、世界を新たに見直すことを学ぶ手法であった。メルロ＝ポンティによれば、そのつどの知覚は〈世界を新たに見直すこと〉を内包する。知覚とは知覚しなおすことである。この意味で世界の知覚は世界の構成だといってもいいが、むしろそれは知覚の領野に世界が現出することへ立ち会うことである。メルロに言わせるなら、シュルレアリストはこの種の知覚の方法的パフォーマーである。知覚の遂行によって発見される事物を彼らはまことに素っ気なく〈オブジェ〉（objet）と命名した。これは哲学用語としては「対象」、「客観」をいう。メルロ＝ポンティはシュルレアリストの論理をさかのぼる形で〈オブジェ〉の存在様態が、対象ないし客観の本来の様態だというのである。

（12）アンドレ・ブルトン（André Breton　一八九六〜一九六六年）はフランスの詩人であり批評家。シュルレアリスムの理論的支柱として（文学、美術、映画などの領域における）シュルレアリスムの藝術運動を指導した。ブルトンは一九二四年に『シュルレアリスム宣言』を発表して世の人々にシュルレアリスムの名を知らしめたが、そこで彼はシュルレアリスムが〈超現実〉(surréel) の思想であること、また超現実を表現するために自動記述 (écriture automatique) の方法にしたがうべきことを語っている。すなわちブルトンによれば、シュルレアリスムとは「心の純粋な自動現象であり、それを通じて口頭、記述、その他あらゆる方法を用いて、思考の真の働きを表現することを目標とする。それは、理性の行使するどんな統制も及ばない、美的・道徳的ないっさいの懸念から解放された、思考の書きとり (la dictée de la pensée)」なのである。

それでは「シュルレエル」あるいは「超現実」とはなんだろうか。ふつうに私たちが現実と見なすもの (レエル) とシュルレエルとの関係は錯雑していて単純化はできない。シュルレアリスムが「超現実主義」と訳されることも手伝ってか、シュルレアリスムが現実ばなれした幻想的なものの表現を目指すという理解がされることがあるが、これはまったく誤りである。現実を超えたどこかにシュルレエルがあるのではない。レエルのうちにシュルレエルが潜むのであり、ある意味でシュルレエルのほうがいっそうレエルなのである。

ブルトンはフロイト精神分析の信奉者であり、同時にマルクス主義者でもあった。精神分析とマルクス主義は理論としての共通点がある。現実がしばしば偽装された現実でしかないことを暴露する理論という点である。たとえば、精神分析によると、意識レベルで起こる思考や行動の意識的動機や理由がまやかしであり、真の動因は無意識の底に潜んでいることがある。フロイトは『日常生活の精神病理学』で多くの〈失錯行為〉(Fehlleistung)

を紹介している。私たちは、言い損ない、読み誤り、やりそこないなど、言葉・記憶・行動のしくじりを日常的に犯している。取引先の電話番号のメモを紛失するというしくじりの真の動因が、取引先の人物に対する押し殺した敵意であることもあり得ないわけではない。他方でマルクス主義は、現実社会における正義や美などの価値さらにあらゆる観念の体系は、じつは支配階級が被支配階級を抑圧するためのイデオロギー（虚偽意識）だとする。実際に、ブルトンの思想には精神分析の影響が直接うかがわれる。たとえば、『シュルレアリスム宣言』の「理性の行使するどんな統制も及ばない、美的・道徳的ないっさいの懸念から解放された思考」というくだりに精神分析の概念の反響を聴きとることができないだろうか。

それゆえ、シュルレエルのほうがレエルより現実的なのであり、真の現実だともいいうるのだ。ブルトンはシュルレエルを方法的に志向することによって理論家でありえた。その方法が自動記述である。この方法について述べる前に、まずブルトンの思想と現象学との共通性を指摘しておかなくてはならない。現象学における還元という思考方法はよく知られている（現象学的還元については、第一章、注釈（4）を参照）。いま一度この方法についてごく簡単に説明をしておこう。フッサールは、まず私たちが背負っているあらゆる判断や観念を「括弧にいれ」それらが意味する働きを封じることの必要を説いた。これを「判断中止（エポケー）」という。この操作を徹底すれば、あらゆる意味の源泉としての

〈超越論的意識〉が現われるはずだと彼は考えた。この源泉から今度は逆に世界に存在する対象の「本質」について考察を始めねばならない。現象的還元のこの部面はとくに「形相的還元」と呼ばれる。この操作は、対象についての個別的な直観からスタートしながら、これを自由に変容させて得られる多様な像を重ねてゆくことによって、一定不変な項を発見するという方法である。発見物をそのまま記述することが、〈現象学的記述〉の書記行為になる。以上をブルトンの方法と比較すると——相違する面も多々あるが——両者に共有された方法的特徴が浮かびあがってくる。

自動記述を実施するには、書く内容をあらかじめ用意しないでおき、筆のすべるのにまかせて速いスピードで書いてゆく必要がある。「自然的態度」における書記（ecriture）は、書類や手紙を書くときのように、前もっておおまかにせよ内容を準備し、それをどちらかというとゆっくりと紙面に文字として記してゆく作業である。既定の内容を排除することで（＝シュルレアリスムの「エポケー」）書く動作の物理的制約を無視しスピードをあげて記述する（＝シュルレアリスムの「形相的還元」）ことが可能になる。おまけに自動記述をやりすぎると、異常な心理に陥ることもままあるという。その人の生きる世界の様相が変わってしまうからだ。このようにして、自動記述がもたらすテクストが表意するのは、レエルなものではなくシュルレエルなものになるだろう（巌谷國士『シュルレアリスムとは何か』ちくま学芸文庫、二〇〇二年、参照。著者は自分で自動記述を何回も試行したという）。

自動記述から得られたテクストには注目すべき特徴がある。初めの段階では、そこから一人称の主語 je がなくなり、やがて il, elle など特定の人物を示す主語が消えてしまう。代わりに不特定のだれかや不定な人々を指す on がしばしば登場する（巌谷國士、同書、四三〜四六頁）。これはメルロ＝ポンティが『知覚の現象学』で主体としての身体の人称性について語っているところを考え合わせると興味深い事実である。彼は身体の匿名性を指摘し、その人称を on に対応づけている。

その先の段階まで自動記述を続けてゆくと、最終的には、記述をしているのが自分であるというより、「だれか」によって自分が書かされるという状態になる。通常の主語と動詞と目的語……などで組み立てられた構文は解体してしまう。言いかえれば、テクストの要素の大半がオブジェ、つまり物象であるようなテクストが現われる（同書、五二〜五四頁）。フランス語の objet は哲学用語としては「対象」、「客観」であるが、日常用語としてはメルロのいう「知覚物」にほぼ同じである。また美術用語の「オブジュ」でもある。これらの多義性を縮減しないでブルトンのテクストを読まなくてはならない。「主観にもとづいて幻想を展開するのではなく、むしろ、客観が人間におとずれる瞬間をとらえるのが、シュルレアリスムの文学や藝術のありかた」なのである（同書、五四頁）。この論点は前の注釈（11）で示した論点にそのままつながっている。

このくだりでメルロは「彼らは、〔環境のうちで〕とくに、私たちがときとして風変わりな熱情をおぼえ愛着するオブジェ・トゥルヴェ、アンドレ・ブルトンの言う「欲望の触媒」――人間の欲望が顕在化する、あるいは「結晶化」する場所、を探った」と語っている。全体としてこの箇所は、シュルレアリストが環境から〈オブジェ〉を取りあげるという藝術的行為を知覚の存在論の見地から再解釈した言葉として読むことができる。しかしその細部については不明な箇所が残っている。そこで、メルロが参照を指示するブルトンの『狂気の愛』を――ブルトンの構想した〈オブジェ〉の概念とメルロのその解釈をともに明らかにするために――読むことにしよう。この著書のⅢで著者は、ジャコメッティ(Alberto Giacometti 一九〇一～六六年、スイス出身の彫刻家・画家、一九三五年にブルトンから破門され、シュルレアリスムから離れた)といっしょに古物市にでかけ掘出し物を発見するエピソードを語っている。ブルトンはこの記述をみずから「発見した掘出し物の触媒的役割を論証しようとするこのエッセー」(同書、七〇頁)と呼んでいるが、メルロは、文脈を考慮しつつ、この「エッセー」の核となる観念を「欲望の触媒」という語句で要約したのだろう。二人が古物市をそぞろ歩きしている最初の一時間ほどは、陳列されていたのはどれも変哲もない物で彼らの関心をひかなかった。そうこうしていたとき、かつて見たこともない(jamais vu)、何の役にたつのか知れない金属製の半面マスクが、彼らの眼に飛び込んできた。いったん躊躇(ためら)ったが、ジャコメッティがこれを買った。そこから数軒のところで、同じような親和力、つまり存在の惹きつけあう力のせいで、ブルトンが木製の大きなスプーンを入手した。

こうして二つのオブジェが誕生したのだが、その背景には彼らの〈欲望〉があった。オブジェはまさにその欲望の触媒となって働いたわけである。この欲望を精確にまた具体的に再現するためには、ブルトンのテクストの部分的な引用やその要約ではすみそうもない。というのは、この「エッセー」は抽象的理論を述べた文章ではまったくなく、それ自体が文学的作品（小説であり散文詩でもある）だからである。だがその記述のスタイルが理論的・説明的なのも事実であり、そこから次のような「オブジェの欲望」の説明を引きだすことができる。

ジャコメッティは当時ある彫像を制作中だった。ほとんど完成していたのだが、顔の造形が定まっていなかった。ジャコメッティの知覚の底には、彫像のあるべき姿がそっくり出現するのを見たいという欲望がわだかまっていた。ブルトンといえば、サンドリヨン（シンデレラのこと）の失くした室内履き（スリッパ）をガラスで造りそれを灰皿として遣いたい、そうしたオブジェをジャコメッティに制作してほしいという欲望をいだいていた。古物市を見て歩いていた二人は「スイッチの入ったただひとつの発電機」となっていて、掘出し物が二人とのあいだに稲妻を散らしたのだ。持って帰ったオブジェを後日吟味すると、あのマスクが下彫りした状態のままだった顔（あとでジャコメッティが完成させたのだが）のひとつ前の形のものだと判明した。スプーンについては、これを家具の上に置いて調べてみると、その柄の部分から出ている木製の小さな靴の形をしたところが踵であり、全体が室内履き(スリッパ)の輪郭をなすのがとつぜん見てとれた。――このようにして、二人の欲望はオブジェによって媒介され満たされたのである。ブルトンは精神分析の信奉者としてこの欲望を性的なものと規定している。彼はそれを裏づけるための記述を抜かりなくこの作品に加えている。だがメルロは、この講義で「欲望の触媒」としてのオブジェという観念についてはシュルレアリストに同意するが、その欲望が性的なものであるとはしていない。フロイトが表向き汎性欲主義――行動の主要動因を性欲に求め、心理現象を性欲の視点から説明しようとする立場――を提唱したとしても、メルロによれば、精神分析が実際に明らかにしたのは、人間行動を性欲で説明することではなくて、性(sexualité)のなかに生理的動因とは異なる人間的関係や制度を見いだすことであった(『知覚の現象学』、四三七頁)。メルロがここでいう「欲望」とは、人間と世界のやり取りを導く人間の能動性のことである。世界がさしあたり人間の環境として存立するなら、この能動性を環境への適応能として解釈できるだろう。

第四章　知覚的世界の探索——動物性

これまで三回の講演で述べたように、古典的な科学、絵画、哲学から、現代の科学、絵画、哲学に移行するとき、私たちは、知覚的世界のいわば目覚めに立ち会うことになります。周囲にあるこの世界を見ることを私たちは学び直すことになるのです。感覚ではこの世界について価値あるものは何も学べない、考慮すべきものといえば、厳密に客観的な知識だけだと確信して、私たちはこの世界から顔をそむけていました。〔しかしいま〕私たちは、自分が身を置いた空間——これは、制限された観点、つまり私たちの観点のことですが、こうした観点からしか見ることができない空間に、ふたたび注意をはらうことになります。制限があるとはいえ、私たちが住むのはこの空間ですし、この空間と私たちはさまざまな身体的関係を維持しています。私たちは、おのおのの事物に一種の存在のスタイル、実際に人間の鏡であるような存在のスタイルを見いだします。

こうして、私たちと事物との間には、統治をおこなう思惟とこの思惟の面前に広げて配置された対象ないし空間との間の純粋な関係ではもはやなく、受肉し制約を負う存在者〔つまり身体によって世界に住まう人間〕とかれが垣間見る謎めいた世界との両義的関係が成り立っています。これは、受肉した存在者が親しく交わることをやめない世界、しかしつねに、さまざまな観点がかれに顕わにするその分だけを隠しもするような観点を通じて――あらゆる事物が、人間の眼差しの下でとる人間的形象を通じて、垣間見られる世界なのです。

ところで、このように変換された世界には私たち〔ヨーロッパ人、大人、そして恐らくは男性〕だけがいるのではないし、私たちはただ人間に立ち混ざって生きているのでもありません。世界は動物、子供、未開人、狂人にも開かれています。彼らは自分たちなりのやり方で世界に住み、彼らもまた世界とともに実存しているのです。知覚的世界の回復によって、私たちは今日、生と意識の極端なあるいは変則的なこれらの形式に対して、いっそうの意義と興味を認めうるはずです。たとえ、新しい意味を受けとるのは、結局のところ、世界と人間のありよう全体のほうだとしても、です。

古典的思想が動物、子供、未開人、狂人のいずれをも軽んじていたことは、よく知られています。〔古典的思想を代表する〕デカルトが、動物のなかに歯車、梃子(てこ)、バネなどの組み合わせしか見なかったことが思い出されます。デカルトによれば、動物は機械だというのです。[1][(1)] 〔デカルトとは違い〕動物を機械とは見なさなかった古典的な思想家にとって、〔機械でこそなかった〕動物はいわば人間の芽生えのような存在にすぎませんでした。たとえば多くの昆虫学者は、人間的生の主要な特徴を動物に投射するのを恐れなかったのです。子供と精神病患者に関する知識は長年のあいだ遅れた状態にあったのですが、これも同じ偏見のせいです。医師ないし実験をする研究者が自分に課した問いは人間に関する問いでした。研究者は、子供や患者が彼ら自身の名においてどのように生きているかを理解しようとはしませんでした。むしろ彼らは、日常的にふるまっている大人ないし正常な人間と前者とを隔てる距離を測定しようとしました。未開人について言うと、研究者は彼らのうちに文明人についての美化されたイメージを捜したり、あるいは逆に、『風俗試論』[2]におけるヴォルテールのように、彼らの慣習や信仰のうちに、説明のつかない一連のばかげた言動しか認めなかったりしたのです。これらのことは、古典的思想がディレンマに陥っているのを示唆していました。一方で、私たちがかかわっている存在者が人間と同一視できるなら、アナロジーによって、成人で正常な人間一般に認められる特徴を、それに帰属させることができるようになります。他方、それが分別のない機械、生きた混沌でしかないのなら、そうしたものに意味をみつける術はないことになります(2)。

それではなぜ、多くの古典的著述家は動物、子供、狂人、未開人について冷淡な態度を示したのでしょうか。それは彼らが、完全無欠な人間、つまりデカルトがいう「自然の主人でその所有者」[3]であるべく定められた人間——こうした人間がいることを確信しているからです。完全無欠な人間は、原理的に、〔事物の単なる現象ではなく〕事物の本質に到達する至高の知識を構築することができますし、あらゆる現象——単に物理的自然の現象だけでなく人間の歴史と社会が私たちに示す現象——の謎を解明して因果的にそれらを説明できるのです(3)。この種の人間は、最終的に、子供、未開人、狂人、動物を真理から隔てている〔彼らの〕異常さ（アノマリ）の根拠を、彼らの何かしら偶発的病状のうちに見いだすことができる、というのです。古典的思想にとって、神授権による理性〔つまり神から授与された権利としての理性〕というものがあるのです。古典的思想は、あるいは実際に、人間の理性を創造神の理性の反映と考えたり、あるいは——あらゆる神学を放棄した後になってさえ——人間理性と事物の本質的存在とが原理的に合致することを要請したりしています。こうした観点からすると、言及された〔子供、狂人、未開人の〕異常さにはただ心理学的に好奇心をそそるものという価値しかないのであって、だからそれには、「正常人を考察する」心理学と社会学の片隅にひとつの場所を恩着せがましく設けてやればすむことです。

しかしながら、まさにこの確信あるいはむしろこの独断のゆえに、いっそう成熟した学問と考察が問われることになるのです。もちろん、子供の世界、未開人の世界、病者の世界、そしていっそう強い理由で、動物の世界は、そのふるまいによって再構成できるかぎりでは、整合性のあるシステムをなしていません。これと異なり、正常な大人の文明人の世界が整合性を得ようとしているのは確かです。とはいえ、問題の核心は、正常な大人の世界が実際には整合性を有してはいないことです。整合性はひとつの理想ないし事実上到達されえない限界なのです。したがって、その世界はそれだけで完結できませんし、「正常人」は異常さを理解することに意をもちいなくてはなりません。正常人も異常さを決して免れないからです。彼はうぬぼれを捨てて自己を吟味し、彼のうちにあらゆる種類の妄想、夢想、呪術的行動、理解しがたい現象を再発見するよう誘われます。それらの要素は、彼の私生活と公的生活において、そして他人との諸関係においても絶大な力を持ちつづけています。それらは彼の自然認識に対してさまざまな欠落をもたらし、そこを詩が穴埋めするのです。確かに大人で正常な文明人の思考は、子供や病者あるいは野蛮人の思考にまさっていますが、そう言えるにはある条件があります。すなわち、大人の思考を神から授かったものと見なさず、いつでも人間生活の難しさと曖昧さと誠実に戦い、人間生活の非合理的根底との接触を失わないこと、つまりは、理性が自らの世界が未完成であることを認め、理性がひたすら隠してきたもの〔つまり、理性の不完全性あるいは非理性〕をすでに克服したというふりをしない、という条件です。理性の至高の職務とは、むしろ文明と認識を議論の余地がない確実なものとは見なさず、それらに疑いをさしはさむことなのですから。

現代の藝術と思想が、新たな興味をもって、私たちからもっとも遠い実存の諸形態を再考しているのは、こうした精神においてなのです。なぜなら、それらの形態は、あらゆる生物と私たち自身が、世界――この世界は私たちの認識と行為の企てにとって宿命として課されたものではありません――を形づくろうとしている運動を明らかにしているからです。古典的な合理主義は物質と知性のあいだに何も中間物を置きませんでした。いや、生命また生きものに知性がない場合、それを単なる機械と同列に見なしました。

という観念そのものを混乱した観念と同じように扱ったのです。これに反して、現代の心理学者は生命の知覚が存在することを私たちに明らかにしています。彼らはこの種の知覚の様相を記述しようとしております。昨年、ミショット氏[4]がルーヴァン大学から運動知覚に関する興味深い著作を刊行しました。この著作によって、スクリーン上の光線の運動が生命の動きのような印象を与えることが異論の余地なく明らかになりました。たとえばもし二本の垂直で平行な線がおたがい遠ざかるとします。一方がその運動をつづけ、他方が方向を変えてはじめの位置に戻るとします。すると私たちは——目にするものの形態が毛虫にはまるで似ておらず、毛虫の記憶を喚起すべくもなかったとしても——不可避的に爬行（はこう）の動きを目にしているという感じを持たざるを得ません。ある運動が「生きたものの」運動として解釈されるのは、その運動の構造そのものによるわけです。観察された線の位置移動は、各瞬間に、ひとつの全体的動きの瞬間的部分として現われます。この動きによって、スクリーン上に生きものがその幻影をあらわし移動をおこなうわけです。「爬行」がなされるとき、これを見る者は、潜在的物質、ある種の虚構の原形質が「身体」の中心からその前方に投射された動的延長部分へと流れてゆくのを見ていると思うのです。この実験結果について機械論的生物学が何を言えるにせよ、いずれにしても、私たちが生きている世界は単に事物と空間からつくられてはいません。私たちが生物と呼ぶある種の物質の断片は、それの周囲にその所作ないし行動によって、事物に関する彼らに固有な視覚を描きはじめます。私たちが動物世界〔動物性〕の光景に同意さえすれば、また一切の内面性を動物性に対して拒むような無茶をせず、動物性と共に実存しさえすれば、こうした視覚が私たちに出現するでしょう[5]。

二〇年前の古い実験でドイツの心理学者ケーラーがチンパンジーの宇宙の構造を生き生きと語ろうとしました[5(6)]。動物の生の独特さは、古典的実験の多くの事例がそうでしたが、動物の生は、それと異質な問題を押しつけるかぎり明らかにはならないことを、彼は正当にも注意していました。〔たとえば、犬の行動を心理学的に調べる実験の場合〕錠前をかけたり開けたりすることや梃子（てこ）をおすことを課題にするかぎり、その犬の行動はばかげており、機械のようにぎこちなく映るかもしれません。だからといって、犬の自発的生の観点から行動を考察し、また犬が自分で設けた課題をまともに考察するなら、動物がある種の素朴な物理法則によって環境に対処していること、〔環境の構造をなす〕特定の諸関係を把握していること、それらの関係を一定の結果を引きだすために用いること、つまり〔その動物〕種に特徴的なやり方で、環境の影響を調整していることを否定はできないのです。

動物の生は、未開人の夢想のなかで、私たちの隠された生の夢想におけるように、広大な役割を演じていますが、それは、動物がある種の世界を「形態化する」力の中心にいるからですし、動物には行動という属性があるからです。[7] またそれは、確実性の乏しい、経験の積み重ねがそれほど可能ではないふるまいの試行錯誤をつうじて、動物が、課題を解く鍵をもたない世界に投げ出された実存の努力を白日のもとに明らかにし、動物の生が私たち人間の欠陥や限界を思い出させるからです。〔このことを裏づける研究はいろいろありますが、たとえば〕フロイトは、おのおのの幼児がそれぞれの年齢段階で未開人の動物神話をふたたび創造することを明らかにしました。子供は両親や自分と両親との葛藤を自分が出会う動物の形象として描きます。こうして、小さなハンスの夢では馬が――未開人の聖なる動物のように――不吉で抗えない力を揮っています。[6(8)] またバシュラール氏がロートレアモン研究のなかで指摘していますが、一冊の詩集のうちの二四七頁を占める「マルドロールの歌」に一八五もの動物名が見つかります。[7(9)] さらに、詩人のクローデルは、人間以外のあらゆるものを軽んじがちなキリスト教徒であっても、「ヨブ記」からの啓示をうけて「動物に訊ねなさい」と強く勧めています。[8(10)] クローデルはこう記しています。「大勢の盲人に囲まれている〈象〉を描いた日本の版画がある。この画は、〔人間の世界へ〕介入したこの記念碑的なものの正体をつきとめるためにこの場に派遣された委員会を描いていると言えるかもしれない。彼らは人間にとって既知のものによって〈象〉の同定をしようとする。最初の盲人が象の脚を抱きしめてこういう、「こりゃ樹だ」と。つぎの人が耳を見つけて「なるほど、葉がある」という。三人目が脇腹に手をやって、「いやいや、こりゃ壁だ」という。尻尾を摑んだ四人目が「紐だ」と叫ぶと、鼻を手探りした五人目は「ホースだ」と言い返す。(……)

我らが母なる聖カトリック教会についても同じことが言える。教会は、〔象という〕聖別された動物と、その大きさ、足取り、穏やかな気質——口から突き出た正真正銘の象牙による二重の守りについては言うまでもなく——を共有している。わたしにとって、教会は天国から直接注ぎ落ちる水上の四足動物であり、巨大なその体軀のあらゆる箇所を鼻でたっぷり洗礼することができる。」[9]

デカルトやマールブランシュがこのテクストを読み、〔彼らが機械として見捨てていた〕動物たちが、人間的なものと人間を超えたものの象徴になっているのを見つけたらどうだろう——このような想像は楽しいものです。しかし、次の講演でお話しするように、動物のこの復権は、彼らには縁が遠いユーモアとある種冷笑的な人間主義（フマニスム）を前提にしています。

原注

1　*Discours de la méthode*, 5e partie, in *Œuvres*, éd. A. T., Paris, Cerf, 1902; rééd. Paris, Vrin, 1996, vol. VI, pp. 57–58; in *Œuvres et lettres*, Paris, Gallimard, coll. «La Pléiade», 1937, rééd. 1935, p. 164.（「方法序説　第五部」三宅徳嘉ほか訳、『デカルト著作集1』、白水社、一九九三年、五七〜六〇頁。）

2　*Essai sur l'hisotoire générale et sur le mœurs et l'esprit des nations, depuis Charlemagne jusqueà nos jours*（1753, éd. augm. 1761-1763).（部分訳『歴史哲学序論　諸国民の風俗と精神について』安斎和雄訳、法政大学出版局、一九八九年。これは『歴史哲学』として一七六五年にヴォルテールが匿名で出版した書物の翻訳。これを彼は『風俗試論』一七六九年刊の「序説」として組み入れた。）

3　*Discours de la méthode*, 6e partie, in *Œuvres*, éd. A. T., *loc.cit.*, vol. VI, p. 62, l. 7–8; in *Œuvres et lettres*, *loc.cit.*, p. 168.（「方法序説　第六部」三宅徳嘉・小池健男訳、『デカルト著

作集1』、白水社、一九九三年、六二頁。）

4 Albert Michotte, *La Perception de la causalité*, Louvain, Institut supérieur de psychologie, 1947.

5 Wolfgang Köhler, *L'Intelligence des singes supérieurs*, Paris, Alcan, 1927.（ケーラー『類人猿の知恵試験』宮孝一訳、岩波書店、一九六二年。）

6 Sigmund Freud, *Cinq Psychanalyses*, «Analyse d'une phobie chez un petit garçon de 5 ans», trad. fr. M. Bonaparte, *Revue française de psychanalyse*, t. 2, fasc. 3, 1938; rééd. Paris, PUF, 1954, pp. 93-198.（「ある5歳男児の恐怖症分析」高橋義孝・野田倬訳、『フロイト著作集』第五巻、人文書院、一九六九年、所収。）

7 Gaston Bachelard, *Lautréamont*, Paris, José Corti, 1939.（バシュラール『ロートレアモン』平井照敏訳、思潮社、一九八四年。）

8 Paul Claudel, «Interrogé les animaux», *Figaro littéraire*, n° 129, 3e année, 9 octobre 1948, p. 1; repris dans «Quelques planches du Bestiaire spiritual», in *Figures et paraboles*, in *Œuvre en prose*, Paris, Gallimard, coll. «La Pléiade», 1965, p. 982–1000.

9 Paul Claudel, *Figaro littéraire*, *ibid.*, p. 1; «Quelques compéres oubliés», repris dans «Quelques planches du Bestiaire spirituel», in *Œuvres en prose*, *op.cit.*, p. 999.

注釈

(1) デカルトの動物機械論は後世の哲学思想に大きな影響を及ぼしたが、動物機械論そのものはデカルト以前にすでに唱えられたことがある。したがって、動物機械論に対するメルロの批判を読み解くうえで重要だとおもえるのは、デカルトが動物を機械と同一視したのはどのような根拠によるのか、という点である。動物と言っても、ミミズのように一見して単純な動きしかしないのもいるし、イヌや猫のように飼い主とこころの交流ができると思える動物もいる。ましてチンパンジーの仲間となると、機械呼ばわりはまったく理不尽に思えるに違いない。デカルトより二五年遅く生まれたラ・フォンテーヌ(Jean de La Fontaine 一六二一~九五年、フランスの詩人)は動物を主人公にした寓話集を執筆したが、そのなかで、デカルトの動物機械論を頭でっかちの哲学者が考え出した空論と揶揄している(「寓話・巻の九」、「寓話・巻の一一」、『ラ・フォンテーヌ寓話』市原豊太訳、白水社、一九九七年、所収)。

デカルトははやくから動物が機械であると確信していたようである。『思索私記』には「動物のある行動がいかにも完全であることから、われわれは動物が自由意志を持っていないと推測する」という言葉を読むことができる(「思索私記」森有正訳、『デカルト著作集4』、白水社、一九七三年、四四一頁)。行動が「完全だ」というのは、もちろんそれに柔軟さや自在なところがなく、生硬で杓子定規だという意味である。これに対して人間の行動は臨機応変になされる。『思索私記』においてデカルトは人間行動が機械的でない根拠を〈自由意志〉に求めている。逆にいえば、機械であるものには自由意志がない。同じ著述には、神が人間に自由意志を授けたという形而上学的確信が語られている。しかしこれで動物機械論が裏づけられたことになるだろうか。〈自由意志〉とはどのようなもので、どのように存在しているのかが明らかにならないかぎり、そして自由意志が人間だけにそなわるという証明がなされないかぎり、自由意志を持ちだしても、動物機械論が妥当であることにはならない。

　これにひきかえ、『方法序説』における動物機械論ははるかに周到に組み立てられており、現在においてもやすやすと論駁できるとはかぎらない。デカルトの議論は二つの段階をへて展開されると見なせるだろう。〔第一段階〕動物の身体を解剖すると、それが骨、筋肉、血管などあらゆる部分からできているのがわかる（人体も同様である）。さて、これらの部分はすべて死んだ物質であり精神も宿っていない。ところが人間はこれらの部分を組み合わせて一個の自動機械（オートマトン）をつくることができる（人体は神がつくった機械である）。この機械が一匹の猿と外見がそっくりであり、また機械のあらゆるふるまいが本物の猿のふるまいそっくりであるとする。いまや私たちは、一匹の猿と一個の自動機械を目の前にしているのだが、どこが違うのか指摘できないのである。一般論として、二つの事物があり、それぞれの特性のすべてについて両者の一致が認められたなら、これらの事物は同一であると言わないだろうか（ここで用いられた推論規則は「不可識別者同一の原理」と呼ばれる）。——こうしてデカルトは、動物は自動機械である、という帰結を引きだす。この考え方は、現在のコンピュータ科学や工学などで使用されるシミュレーション（simulation）の研究手法とおなじ内容を表わしている。〔第二段階〕デカルトが動物に対して施したシミュレーションを人間に適用できるのではないか。人間は自由意志のゆえに動物ではありえないという主張はひとつの形而上学にすぎない。人間のふるまい、とりわけ知的ふるまいをする機械を製作できないとなぜ言えるのか。この疑問にデカルトは、人間だけに可能な知的ふるまいとしては言語や言語に似た記号システムがあるという。デカルトはこれに加えて〈理性〉という「普遍的な道具」が人間だけにそなわるという主張もしている。ギリシャ語の「ロゴス」が言葉、理性、法則など多くの語義をもつことに示唆されるように、機械言語や動物の「言語」とは区別される人間言語と理性はいわば一体をなすと考えてもいいだろう。実際、伝統的に、ある人が自分の気持ちや判断を明確な言葉で表現できることこそが、その人が理性の持ち主である証しだとされてきた。デカルトのようにいきなり〈理性〉を人間に固有な属性として持ちだすのは、〈自由意志〉の場合と同様、ひとつの形而上学の主張だとおもえる。

第一段階で明示されたシミュレーションの思想は第二段階の言語や理性の議論とつながっている。二つが結びついたところに〈人工知能〉（artificial intelligence）の想念が成り立つ。人工知能とは、文字どおり人間の知性と同様の働きをする機械をいうが、またそうした機械の設計・利用などを研究する分野をもいう。人工知能については、しばしば、強い意味で語られた人工知能と弱い意味で語られた人工知能という言い方がなされる。強い意味の人工知能とは、人間の知性の働きを情報処理過程と捉えて、これを実際にコンピュータのうえで実現できる（はずだ）、それゆえ知性は機械の働きである、という主張である。この主張がデカルトによる動物機械論の推論に酷似しているのは明らかであろう。他方、弱い意味の人工知能とは、人間の心の情報処理を機械で代替できるとは言わないまでも、知性の部分的働きをコンピュータ上でシミュレートすることによって、心の働きの解明に役立たせることができる、という主張である。この弱い意味での人工知能の手法によって、現在、認知心理学や脳科学などの分野で研究がさかんにおこなわれている。

動物機械論における第二段階の議論は、二〇世紀の言語学者チョムスキー（Avram Noam Chomsky 一九二八年〜、マサチューセッツ工科大学教授）の研究に直結している。彼はまさに『方法序説』のこのくだりに着目してデカルトが「生成文法」の先駆者であると評価すると同時に、彼につながる言語探究の系譜を「デカルト派言語学」と呼んだのである（*Cartesian Linguistics*, Harper and Row, 1965.『デカルト派言語学』川本茂雄訳、みすず書房、二〇〇〇年、を参照）。生成文法とはチョムスキーが構想した言語理論のモデルである。彼によれば、ある自然言語（英語、日本語など。数学言語や人工言語に対していう）の生成文法とは、当該言語の文法に適っているあらゆる文をつくりだし（生成し）、文法に適合しない（非文法的な）文をひとつも生成しない規則のシステムあるいは規則系のことである。〈生成する〉（generate）とは、実際に話し手が発話した文をつくることを意味するのではなく、発話された文と（発話されていないが）可能な文法的文のすべてをもたらしうる規則系の構成力をいう。言語理論の課題は、個別の言語に対して妥当な生成文法を構築することだけではなく、一般に自然言語の生成文法がどのような形式的・数学的特性をもつかを解明しなくてはならない。チョムスキーは『文法の構造』（*Syntactic Structures*, Mouton, 1957.『文法の構造』勇康雄訳、研究社出版、一九六三年）において、自然言語の生成文法が〈有限オートマトン〉と呼ばれる強い制限をともなう規則系でもなく、〈文脈自由型の句構造文法〉でもないことを明らかにした。結論として彼が見いだしたのは、自然言語の妥当な生成文法とは、ある記号列を別の記号列に写像する句構造規則だけではなく、句構造規則によって規定した句構造標識を別の句構造標識に変換する変形規則（transformational rules）も含んだ、制限がごく弱いタイプの規則系であることだった。彼はこの種の生成文法を変形生成文法（transformational generative grammar）と呼ぶ。彼の議論の細部の規定はともかくとして、チョムスキーの生成文法の思想が物語るのは、言語というものが規則系をそなえた言語的要素の集合にほかならず、文の生成とは、言語要素にこれらの規則を逐次的に適用して文をつくりだすプロセスである、という言語観である。すなわち、言語の営みは機械の動作にひとしいことになる。すると私たちは、ここでパラドックスじみた光景を見ていることになりはしないか。デカルトは機械には不可能なふるまいとして言語をあげた（それゆえ人間は動物ではない）。そのデカルトに深く共感したチョムスキーは、言語がやはり機械的なものだという結論を引き出した。彼は「デカルト派言語学」を自称しているが、じつは「反デカルト派」ではないだろうか。もちろんメルロ゠ポンティはこうした思想に与するはずもない。彼がチョムスキーの言語思想について知識をもっていたかどうかはわからない。だが彼は最後の著作『眼と精神』のなかで、二〇世紀の人間機械論と目されるサイバネティクス（cybernetics）について厳しい批判の言葉を遺している。サイバネティクスはノーバート・ウィーナー（Norbert Wiener　一八九四～一九六四年、米国の数学者・工学者）が第二次世界大戦中につくった工学的な情報理論であり、機械の自動制御、生物の神経系の働き、通信システムなどの研究に新たな研究モデルを提供した。メルロはこのサイバネティクスに絶対的な人工主義（artificialisme）、つまり、物質的現象、生命活動、それに人間の精神活動のすべてを人間が操作しうる機械仕掛けと捉えるイデオロギーを見ている（『眼と精神』、二五四～二五五頁）。

デカルトの動物機械論に含まれた論点を現代において展開した人工知能と生成文法の二つの思想は、いまなお探究の過程にある。これらの動向を技術的に先導するのが情報処理機械つまりコンピュータにほかならない。デカルトはかつて『方法序説』で自動機械つまりオートマトンに言及したが、それは人間がオートマトンではありえないことを言うためだった。現代におけるオートマトンは現物としてはコンピュータであり、理論としては計算機構の数学的モデル一般のことである。チョムスキーの変形生成文法は後者のオートマトンに形式的に等価であるのが知られている。かつてチューリング(Alan Turing 一九一二〜五四年、英国の数学者)はコンピュータが知性をもつかどうかを判定するためのテストを考えた。これがデカルト型のシミュレーションであることは注意に値する。いま男性、女性、質問者の三人がいて、質問者はあとの二人とは別の部屋にいる。二つの部屋はテレタイプでつながれていて、それを用いて質問者が彼らに次々に質問してゆき、どちらが男性か女性かを当てる課題が質問者に与えられる。男性は女性のまねをして質問者を欺こうとするが、女性は正直に質問に答えなくてはならない。さて、このシミュレーションにおいて、コンピュータに男性の役をやらせ、質問者がそれを人間の男性と思い込むことができるかどうか、つまりコンピュータが人間の質問者を騙せるかどうかがテストされる。チューリングがこのテストを考案したのは、〈知性〉の存在論を「コンピュータが人間言語と同等の能力をもつ」という基準に還元するためである。彼は早晩このテストに合格するコンピュータがつくられるだろうと予想した。これは楽観的にすぎる予想だったが、不可能であることの証明もなされていない。実際に、〈知性〉が及ぶ領域を特定の専門分野に限定するなら、この種のテストに合格するコンピュータがつくられていると言っていい。

これが〈エキスパート・システム〉(expert system) であり、たとえば疾病の診断や鉱床の発見のためのシステムなどが研究開発されており、人工知能で現在もっとも盛んな研究分野となっている。(ここにもデカルトの動物機械論が人間機械論に反転する例がある。)

チューリング・マシンが知性の存在論として妥当かどうかについてはサール(John Rogers Searle 一九三二年〜、米国の哲学者)による有名な思考実験を提示した「中国語の部屋」の論証(The Chinese Room Argument)がある("Minds, Brains, and Programs", *Behavioral and Brain Sciences*, 1980)。ただしこれについては賛否両論が入り乱れているので、いまこれに深入りするのは、メルロ＝ポンティのテクスト解釈からはるかに逸れてゆく恐れがある。そこでいまは、「中国語の部屋」の議論が、心の哲学における機能主義への強力な反論と思えること、計算の数学的モデルとしての文法あるいは構文論(syntax)だけでは言語を捉えられないこと、意味論(semantics)を言語理論に統合すべきこと、といった論点に留意するにとどめておこう。

動物機械論は私たち人間との交渉裏にあらわれる動物の現実の姿——知覚されたかぎりでの動物——にあまりにもそぐわない。このことを理由にメルロは動物機械論を斥けている。まして人間は機械ではありえない。言いかえるなら、メルロによれば、知性は機械化されないのである。もちろん〈機械〉には情報処理機械が含まれるし、その他のまだ実現していない仮想的機械も含まれる。要するに、後年、メルロが問題視した〈アルゴリズム〉(algorithm) を原理とする機能システムが知性を具現することはない、というのである。デカルトの動物機械論が含む論点が現代においていくつかの方向で具体化されたことを見た。では知性の機械化の不可能性という彼のテーゼは機械論の現代的展開のどの部分を衝くのだろうか。チューリング・テストの思想は、人間言語の能力をそなえたコンピュータを、原理上つくることが可能であると主張している。だがいまにいたるまで、そして近い将来にも、その種のコンピュータを製作する見通しは暗いと言わざるをえない。

この事態はメルロの論点——知性の機械化の不可能性——によくあてはまっている。他方でメルロ＝ポンティは『知覚の現象学』において人間言語についての周到な観察にもとづきつつ、身体性の哲学に依拠する言語の存在論を提示している（『知覚の現象学』第一部・第Ⅳ章「表現としての身体と言葉」、参照）。言語とは何かという問いに関するメルロの存在論的主張は、「言語とは表情ある身体のしぐさである」というテーゼに要約できるだろう。この主張の要点について若干の注釈をしておこう。第一に、彼のいう身体は解剖学的身体でも古典的哲学の主観に偽装された名目的身体でもない。言いかえれば、客観主義あるいは実在論が規定する事物(モノ)としての身体ではないし、主観主義あるいは観念論が差しだす主観ないし意識でもない。第二に、文字どおり言語は意味をもつ。言語の背後に意味をつむぐ思惟を捜すのは間違いである。そうではなく、身体のふるまいとしての語（le mot）——言語音そのもの——はそれ自体が意味をもつのだ。第三に、あらゆる意味はふるまいの表情性に始原をもつ。この原理は私たちに伝統的な記号論ならびに意味論の基本概念の改訂を要求する。とくに私たちがいま身をおいている文脈でいえば、メルロの言語存在論をオートマトンないしアルゴリズムとしての言語（生成文法であれコンピュータ言語であれ）に還元することは原理的に不可能だと言わなくてはならない。

　メルロは『知覚の現象学』刊行後、いくたびも言語の存在論を再考する試みをしている。前期においては、たとえば、二つの論考「間接的言語と沈黙の声」（一九五二年）、「言語の現象学について」（一九五二年）（『シーニュ　1』竹内芳郎監訳、みすず書房、一九六九年、所収）、没後に遺稿『世界の散文』として刊行された著作に収められた論考（一九五一〜五二年）、ソルボンヌにおける講義「意識と言語の獲得」（一九四九・五〇年度）、コレージュ・ドゥ・フランスにおける講義「発話（パロル）の問題」（一九五三・五四年度）、「感覚的世界と表現の世界」、「言語の文学的用法の研究」（一九五三・五四年度）（『コレージュ・ドゥ・フランス年報』に発表された要録（レジュメ）のうち後の二つの邦訳が、『言語と自然』滝浦静雄・木田元訳、みすず書房、一九七九年、に所収）、などがある。そして後期においてメルロは、再度、言語について考究を深めようとしたことが遺稿『見えるものと見えないもの』の本文ならびに研究ノートから窺うことができる。なぜ彼は言語の思索を永いあいだにわたり遂行しつづけたのだろうか。前期の彼の言語存在論のどこが不十分だったのか。彼は晩年の研究ノートのある箇所に次のように記している。「……暗黙の〈コギト〉は、いかにして言語が不可能ではないかを理解させてくれるに違いないが、しかし、いかにして言語が可能であるかを理解させてはくれない。――知覚的意味から言語的意味への移行、行動から主題化への移行、この問題が残っている。〔しかしながら〕主題化そのものが、さらに高次の行動として理解されねばならない。――〔すなわち〕主題化と行動との関係は弁証法的なものである。……」（『見えるものと見えないもの』、一四八頁）。

前期のメルロの言語存在論は、知性と言語の機械化の不可能性を決定的に証明したわけではない。逆にいうと、知性の機械論者は、ただ、彼の言語存在論を自分の陣営に引き入れることに今のところ成功していないだけである。大脳が言語をつかさどる中枢であることは現代人の常識かもしれない。大脳をコンピュータのような「情報処理機械」に見立てて、それが「非常に複雑なオートマトンである」と決めつける向きもある。しかしそれはたんに予想であって誰かが証明したことがらではない。そのかぎりで彼の言語存在論はどこまでも不可能ではない。つまり十分に可能である。けれども、この「可能性」は単に論理的なそれであって、メルロは、言語の存在に対してそれ以上の意味における「可能性」を要請する。この用法にはほとんど論理的意味での「必然性」を言うような印象がある。これは、歴史や運命の「必然性」をいう言葉遣いに似ているのではなかろうか。おそらくメルロは言語存在論を目的論として展開する必要を痛感していたと推測できるだろう。この論点に次の論点が接続している。「主題化」とは、世界の知覚的分節化のシステムを言語システムへと移行させることである。前期の言語存在論は、事実上、この移行を解明するのにひとまず成功していた。しかしこの解明それ自身が主題化されてはいなかった。問題は、言語の主題化を言語によって主題化することである。言語のふるまいとしての主題化はまだ主題化できていない——メルロの哲学思想におけるこの否定的状況こそが、前期の言語存在論を提示した後に彼をふたたび言語への省察に向かわせた動因であった。

(2) メルロ＝ポンティはここで四つのタイプの存在者(動物、子供、未開人、狂人)をあげ、古典的な哲学思想がこうした存在者の理解に失敗してきたこと、これらにふさわしい存在論をまだ構築できていないことを主張している。この主張に関連するいくつかの論点を——本文の読解に資するかぎりで——箇条書き風に記すことにしたい。

第一に、古典的哲学がその実像を捉えそこなった存在者はメルロの枚挙したものに尽きているわけではない。たとえば〈自然〉はその最たるものである(実際、彼は他の回の講演で〈自然〉を主題に論じている)。哲学にとって、問題を原理的考察で終わらせず具体的事例の考察に進むのが当然の責務だが、そのさい重要になるのは、事例の考察であるよりも(それも重要なのだが)、事例を枚挙するための基準の明確化であろう。メルロはここで枚挙の基準を明言していない。だが基準がどこに求められたかは文脈が教えている。枚挙の基準が、この章にたびたび出現することばとしては「人間」、あるいは次章でクローズアップされる「人間主義(フマニスム)」に置かれたのは明らかだろう。それゆえメルロの「人間主義」(humanisme)を「ヒューマニズム」、「人道主義」、「人文主義」などと同一視してはならない。「人間主義」には多くの含意がともなうが、少なくとも、それが一面で人間の存在構造を解明する知的探究であり、他面でこの探究をつうじて人間が導かれるはずの人間としての自己の自覚、を意味することは否めない。したがってメルロの人間主義は、『知覚の現象学』などの具体的表現において示された身体性の現象学と実質的にはほぼ重なりあうし、またシェーラー(Max Scheler　一八七四～一九二八年、ドイツの哲学者)などに始まる哲学的人間学の企図とも一致している(ただし晩年のメルロが「人間主義」を超えようと思索を深めていたことに留意する必要がある。『見えるものと見えないもの』、四〇七頁、参照)。動物、子供、未開人、狂人に対して古典的哲学はそれらの存在構造を歪め恣意的な虚像にすり替えてきた。メルロが古典的哲学のこのやり方を糾弾するのは、それが人間存在の解明を損なうからである。古典的哲学者が誤りを犯した原因は、彼らの自己了解にともなう無自覚である。すなわち、彼らは人間一般をただ彼らがそうである〈西洋人〉、〈大人〉、〈正常者〉という属性を本質に格上げしつつ、これらの属性によって構成した。それゆえメルロの批判の真意は、動物や子供などの存在者がけっして不完全性を被った出来損ないではなく、それぞれがある仕方で十全性を実現した人間であるという点にある。(この確言にともなうスキャンダラスな響きと大胆さを見過ごすことはできない。)とすると、メルロが事例の枚挙をいい加減にしたのではないかという疑いが生じる。問題は〈古代人〉と〈女性〉である。

人類が生きる歴史は連続性と非連続性（断絶、飛躍）の錯綜である。古代と近代の二項対立はまず誰の目にも明らかだ。たとえば、古代がすでに近代科学の萌芽を準備していたのは事実だが（一例として、ユークリッド幾何学は紀元前四世紀に『原論』として集大成された）、自然科学は近代の産物である。というより、自然科学の成立が〈近代〉を劃したとも言いうる。古代人の呪術と信仰を基軸にした生活と比較するとき、近代人の生活は異彩を放っている。古代と近代の対立を人々が明らかに自覚していたことを示す歴史的証拠として、一七世紀末から一八世紀初頭に（この時期を「啓蒙時代」（the Age of Enlightenment）という）フランスを中心として巻き起こった「新旧論争」（Querelle des Anciens et des Modernes）を指摘できる。当時の西ヨーロッパ人は、学藝と技術の著しい発達や新世界の発見などのために、自分たちが文明の頂点にいるとの自覚をもつようになった。ルネッサンスや宗教改革をへて中世の遺制が否定された反面で、古代ギリシャやローマの文物はなお模範や規範として尊重されていた。さて新旧論争は、作家シャルル・ペロー（Charles Perrault　一六二八～一七〇三年）がルイ太陽王の病気恢復を寿いでつづった詩「ルイ大王の世紀」（Le siècle de Louis le Grand, 1687）のなかの一行に対して、古代派の詩人ニコラ・ボアロー（Nicolas Boileau-Despréaux　一六三六～一七一一年）が反発したことから火がついた。ペローはルイ十四世の御代が古代ローマのアウグストゥス（Gaius Julius Caesar Octavianus Augustus　前六三〜後一四年、ローマ帝国の初代皇帝）の時代をしのぐ優れた時代だと述べている。誰もがアウグストゥス治世下はオウィディウス（Publius Ovidius Naso　前四三〜後一七年）やウェルギリウス（Publius Vergilius Maro　前七〇〜前一九年）などの詩人を輩出した古典古代の最盛期だと目していたから、近代派のペローは「ルイ十四世の世紀」を含む近代が人類史の最高峰だと明言したことになる。この論争は、歴史を進歩と見る者と堕落と見る者との歴史観の争いでもあった。

論争はいくつもの起伏を示しながら、やがて両派が和解するという曖昧なかたちで終息したが、いずれにせよ、〈古代人〉について真っ向からぶつかりあう二つの見方があったことは、メルロの人間主義に問題を提起するものであり、このくだりで、彼が〈古代人〉のカテゴリーを忘れたのには理由があるかどうかを訊ねなくてはならない。

ここで私たちはメルロの「内なる新旧論争」について語ることができるだろう。彼はこの連続講演において自らの哲学思想を古典的思想とつねに対比しながら呈示している。そのうえ、彼はあからさまに優劣の尺度で二つの思想の軽重を測るというやり方をとっている。彼のいう「古典的思想」が、実際、本来の新旧論争における近代派の思想にほかならない点に注意しよう。近代派の人々は人間の理性的能力に満腔の信頼を寄せつつ、その能力によって科学技術を推進することが未開から文明への人類の進歩だと力説した。こうした思想の創始者の一人がデカルトであるのは言うまでもない。メルロの身体性の現象学は二〇世紀に呱々の声をあげ、彼がラジオ講演をおこなった当時育まれつつあった哲学である。そのかぎりで彼は「近代派」の立場を回避することができない。彼が自らの哲学をつきつけた相手側の思想を「古典的」と称さなくてはならないゆえんである。

メルロが言及しないですませたもうひとつのカテゴリーは〈女性〉(femme)ではないだろうか。彼の『知覚の現象学』は「性的存在としての身体」に一章を割いているし、精神分析に大きな関心を抱きつづけていたのも事実である。確かに彼は〈性〉(sexualité)に対して細やかな観察を注いでいるし、〈女性〉にもしばしば言及している。しかしメルロの使用する「女性」の語は精神分析や精神病理学がすでに使用した用語の反復にすぎない。それは性別のタイプとしての女性のことである。世界内属存在の様態としての〈女性〉を彼の人間主義に統合するという問題意識は、メルロにおいて希薄なように思える。言いかえれば、メルロは歴史的・文化的次元と交叉する女性概念、あるいはジェンダー(genre)としての〈女性〉を主題化することがなかった。この点ではフランスの他の哲学者、たとえば彼の盟友サルトルも同様である。

第二に〈子供〉(enfant)のカテゴリーについて。彼は一九四九年から五二年までソルボンヌ大学における児童心理学および教育学の教授職に就いていた。この間の講義要録は一冊にまとめられて出版されている(*Merleau-Ponty à la Sorbonne. Résumé de cours 1949-1952*,

Cynara, 1988. 部分訳『意識と言語の獲得』木田元・鯨岡峻訳、みすず書房、一九九三年)。講義で彼が取りあげたトピックをいくつか紹介すると、たとえば、「心理学的に見た幼児の言語の発達」、「親子関係」、「子供の発達の諸段階」、「発達の概念」、「ピアジェの業績」など、きわめて専門的で広範囲にわたっている。精神分析や心理学や人類学などの子供研究をつうじてメルロは〈子供〉を基本的にどのような存在として摑み出したのだろうか。子供は小型の大人ではないし、大人の身体的・精神的能力にまだ到達していないという意味で、「未発達な」大人でもなく、大人の理解を絶した異種の動物でもない——どの場合でも、〈子供〉が問題として真に問われることはないだろう。メルロの子供の存在論は、子供の存在構造を〈大人〉を尺度として記述するのではなく、大人の蝶へ脱皮を遂げるさなぎとして子供を捉え、子供の発達を大人である潜在性の変身として記述する課題を負っていたようである。ある講義でメルロは〈発達〉(développement) の概念を分析している。いつもどおり彼は実在論的ないし経験主義的な〈発達〉の観念と観念論的あるいは主知主義的なそれの両方が破綻することを指摘し、かわりに「弁証法的」な〈発達〉概念を呈示する。発達とは、(1)それ以前の段階における要因による新たな形態(ゲシュタルト)の創発 (émergence) によって特徴づけられ、(2)量的要素の集積が質的変化に転化する現象であり、(3)身体の内的要因(医者のいう「内因性」(endogènes) の要因) と環境の要因 (「外因性」(exogènes) の要因) が相互に作用しあう現象なのである (ibid., pp. 245–249.)。

第三にメルロが〈未開人〉(primitif) について論及した歴史的背景について。一五世紀から一七世紀中葉にかけてヨーロッパ人はインド、アジア大陸、アメリカ大陸などへつぎつぎに進出していった。これによってヨーロッパ人の地理の観念が一新されるとともに、ヨーロッパ文化とは異なる文化をいとなむ人々と遭遇することになった。行政官、軍人、商人、宣教師などによって未知の土地の住人たちについての情報が本国へもたらされ、航海記や見聞記が流布され、また作家や思想家たちがそれらに題材した虚構の物語を数多く執筆した。このくだりでメルロが念頭にしているのは、これらのテクストに描かれた〈未開人〉のことである。「未開人」(primitif) はもちろん「文明人」(civilisés) の反対語だが、当時の用語としては「野蛮人」(barbare, sauvage) のほうが普通に使用された。つまり、彼らは知性や慣習などにおいて劣悪だと見なされたのである。しかし思想家や作家のなかにこのヨーロッパ中心主義的な見方に異議を唱える者がいた。モンテーニュ (Michel de Montaigne 一五三三〜九二年、フランスの思想家) はその『エッセー』(*Essais*, 1580) の「カンニバルについて」の章で、アメリカ先住民の美質や社会を称賛することばを記している。「この国には全くいかなる種類の取引もない。……役人という言葉もないし、統治者という言葉もない。」このことばがルソー (Jean-Jacques Rousseau 一七一二〜七八年、フランスの作家・啓蒙思想家) の『エミール』(*Emile ou de l'éducation*, 1762) に直接影響を与えることになる。ルソーは未開人の生活に人間の理想を見て、「自然の秩序のもとでは人間はみな平等であり、その共通の天職は人間であることだ。……私の生徒を、将来、軍人にしようと、僧侶にしようと、法律家にしようと、それはわたしにはどうでもいいことだ」という。ディドロ（Denis Diderot　一七一三～八四年、フランスの作家・思想家）は『ブーガンヴィル航海記補遺』を執筆し、平和に暮らす野蛮人に比べ、争いを繰り返すヨーロッパ人のほうがよほど野蛮だと批判した。こうして〈高貴な野蛮人〉（sauvage noble）や〈善良な野蛮人〉（bon sauvage）の表象がひろく流布されることになる。したがって、未開人の理想化にはヨーロッパ人の自己批判の面が大いにともなっている。さらにこの理想化が、新世界の住人に対してヨーロッパ人のふるった暴虐と殺戮を偽装する面をもつことも見過ごせない。ヨーロッパ人は未開人を支配する植民者であり、未開人は支配される被植民者であった。（この基本構図は二〇世紀までつづいたのである。いや、いまだに残存していると言えるかもしれない。）支配する者が支配される者を美化すること自体になにほどか偽善が含まれている。メルロ没後のことになるが、サイード（Edward Wadie Said　一九三五～二〇〇三年、パレスチナ系アメリカ人の文学批評家）は、ヨーロッパ人がアジアや中東についてロマンティックで美化された表象をつくる伝統が、欧米の植民地主義的な野望の隠れた正当化として作用してきたと主張した（*Orientalism*, 1978.『オリエンタリズム』今沢紀子訳、平凡社、一九八六年）。メルロの認識はそこまでは届いていない。だが、あらゆる虚偽意識や幻想を排して〈未開人〉を人間主義へ統合すべきだという論点は、オリエンタリズム理論と両立するし、それを準備するものである。

最後に〈狂人〉(fou)のカテゴリーについて。メルロは〈子供〉や〈未開人〉に対処するのと同じ態度でこのカテゴリーを問題化している。言いかえれば、精神的疾患をもつ者の存在構造を〈正常者〉という基準によって規定するのは間違いだ、とメルロは考える。『知覚の現象学』の第Ⅲ部において、メルロは精神分裂症患者の幻覚を分析している。ある患者は庭に男が立っている幻覚をありありと見る。ところが実際に誰かを幻覚の人物そっくりの姿をさせて庭のその場所に立たせてみると、患者は驚いて「誰か別の人がいます」という。だからといって彼は庭に二人の男がいるとは認めない。患者自身にとって、幻覚された物と知覚物とは同じ存在資格をもたないのだ。換言すれば、幻覚現象は間主観的世界に場所をもたない。だが患者にとって幻覚も存在資格をもち、知覚に優勢する可視性を有している。人間主義は狂人と正常者の両者を人間存在の可能性として統合しなくてはならない。幻覚と知覚の問題については、それぞれに先立つ知覚以前の知覚、あるいは〈根源的臆見〉(Urdoxa)に両者が基づくことをメルロは主張している。(この用語はもともとフッサールのものである。)〈子供〉や〈未開人〉などについてと同じ存在論的アプローチがここにも認められる。その意味で彼の理論的構えは首尾一貫している。とはいえ、まだなお問い残された問題は多い。彼がすべての問題に答えたかどうか定かではない。彼がテクストに答えを書きつけておかなかった問題にはどう対処すればいいのだろうか。しかし、メルロ゠ポンティの哲学思想は、彼が遺したテクストが語ることの全部であり、全部でしかありえない。そのかぎりで、彼の著作はつねに開かれ読まれることを待ち望んでいる。

（3）　引用された『方法序説』の該当箇所でデカルトが述べているのは、いまのままの人間がそのまま「自然の主人でその所有者」だということではない。これはあくまでデカルトの考える人間の理想像である。ただしデカルトはこれは実現できない単なる理想ではないとする。それは自分が辛苦して探究した結果到達できた知識、つまり自然学（la pysique）にかかわる一般的知見によって実現できる人間の可能性なのだ。デカルトは、自分が獲得した自然学は、学校で教えられているスコラ哲学とは異なり、人生に非常に役立つ知識だという自負をそこに記している。デカルトの時代、哲学と自然科学との分離はまだ生じていなかった。彼は自然学の延長で人生の役に立つ実践哲学が成立すると断言している。この実践哲学はきわめて技術主義的な色彩をおびている。デカルトによれば、私たちは職人の技能が役立つことをはっきりと知っているが、自分の構想する実践哲学はこの技能を明示的知識の体系へ組み込むことができる。この哲学は一方では環境にかかわり、他方では環境に生きる生体として人間あるいは身体にかかわる。私たちを取り巻くあらゆる物体（水、空気、天体など）をそれぞれにふさわしい用途に役立たせることを推進することによって、人間は将来、「自然の主人でその所有者」になることができる。この理想を実現するためには、私たちの所有する自然としての身体（le corps）を完璧にすることが必要である。デカルトは実践哲学としての医学（la médecine）に「人間をおしなべてこれまでより賢くて能力の高いものにする手段」を見いだしている。もちろん現行の医学にそれほど効用があるとはいえないが、だが自分が構築した自然学の原理に基づいて医学知識を開発してゆくなら、将来の医学は人間を、身体の病気からも精神の病気からも、おそらく老衰からも、解放してくれるだろう――こうデカルトは高らかに述べる。こうしたデカルトの思想に科学技術が万能だという確信（これを「技術主義」（technicism）と呼んでおく）を読み取るのは間違いではない。そして、私たちはいま技術主義が瀰漫した社会に生きている。技術主義の可否について考察するのは別の機会にゆずって、ここではただ、デカルトが『方法序説』において、技術主義のほとんど遺漏のない宣言をしている事実を記憶するだけにとどめたい。そのうえで、私たちはいっそう広い思想史の視野のなかにデカルトの宣言につらなる言説の伝統を指摘しようとおもう。なお以下の記述は、その素材を拙論文「ユートピアの未来」（谷泰ほか『新しいコスモロジー』岩波講座・宗教と科学、第9巻、岩波書店、一九九三年、所収）に負っていることをお断りしたい。

この伝統を思想史のなかに探索する手がかりは、デカルトが理想とした「自然の主人でその所有者」が「完全無欠な人間」でもあるというメルロの指摘にある。デカルトは人間が知的完全性を具現することに比類ない人間の尊厳を見いだした。彼は人間の〈完全可能性〉（perfectibility）を確信したのである。〈完全可能性〉という用語にはやや聞きなれない印象があるが、その含意は明らかである。これはもちろん〈完全性〉（perfection）の観念から派生したものであって、「完全なものにされる可能性」を意味している。すなわち、人間は多くの欠陥と不完全さを抱えているが、しかし完全な存在になる可能性が授けられている、という思想のことである。この観念を縦糸として——洋の東西を問わず——人間がはぐくんできた思想史を通観することができる。そのひとつの現われがユートピア思想にほかならない。ユートピア（outopia から utopia ができた）は「どこにもない場所」（ou ない＋topos 場所）という意味のギリシャ語にもとづいてトマス・モア（Thomas More 一四七八～一五三五年、英国のルネッサンス期の思想家・法律家）が命名した理想郷である。そこはあらゆる人間の悪がのぞかれ、すべての人が幸福に暮らしている完全無欠な社会である。カンパネッラ（Tommaso Campanella 一五六八～一六三九年、イタリアの聖職者・哲学者）やベーコン（Francis Bacon 一五六一～一六二六年、英国の哲学者・法律家）もやはりユートピアの夢想を物語に表現している。ユートピアはすぐれて宗教的な意味合いをもつが、それは〈完全性〉という属性に由来する。神という存在だけがあらゆる意味で完全であり、その他の存在者はどこか不完全さという瑕（きず）を負わされている。しかし人間は、他の存在者とは違って、完全な存在者となる可能性、つまり完全可能性を人間性のうちに蔵しているはずだと考えられた。そのために、たいていの宗教は、人間（そして人間の集団が形成する社会）が完全になりうる可能性を断言すると同時に、どうすれば完全になれるか、その方法を教示する。この方法には、戒律、瞑想、苦行などさまざまな種類がある。ユートピア思想は歴史的に社会主義思想に繋がっている。後者の見地によれば、私有財産と階級の廃絶、つまり革命によって完全な社会が実現されるという。

モアの著作『ユートピア』が典型的に示しているように、ユートピアは理性の計画である点に注目したい。ユートピアの住民が我欲をおさえ他人と協調した生活を送れるのは社会が共産制というプログラムによって運営されているからである。このプログラムを実現するために、人間の能力のうちでとくに分析し計算し判断する能力、つまり理性が必要とされるのは明らかだ。ユートピアは理性主義の所産である。モアのユートピアでは理性に導かれた快楽だけが正しい快楽とされ、それだけが人間を幸福にする。ユートピア人ははなはだ学問を重んじ、また教育にきわめて熱心である。モアは、デカルトと同様、人間理性へのいわば明るい信頼を隠していない。

人間性について、理性をなによりも重視する思想、つまり理性主義は古典ギリシャ時代に確立している。それを表わすのが〈ホモ・サピエンス〉の人間観である。人間とは何者かという問いに対して、この人間観は、人間とは理性を宿した動物であると応じる。理想主義的なプラトン（Platōn　前四二七ころ〜前三四七年、古代ギリシャの哲学者）も経験主義的なアリストテレス（Aristotelēs　前三八四〜前三二二年、古代ギリシャの哲学者。プラトンの弟子）も、この点において違いはない。時代がくだり近代においてこのホモ・サピエンスの人間観を再興した第一人者がデカルトである。よく知られているように、『方法序説』の冒頭は「良識（bon sens）はこの世でいちばん公平に配分されているものである」という宣言で始まっている。良識とは〈正しい分別（sens）〉のことであり、デカルトはこれを「正しく判断し、真実を誤りから区別する能力」、つまり「理性」（raison）だと定義している。理性主義の根底には完全可能性の観念がひそかに横たわっている。じつはここに落とし穴がある、理性の貧困化という落とし穴が。ユートピア的理性はしばしば感覚や想像力と対立し、計算、制御という面でしか機能しない。――この点を本文のこのくだりで、メルロ＝ポンティはきびしく批判している。彼の身体性の現象学の構想を古典的な〈理性〉の更新を企図する考察としても解釈することができる。そのおおまかな戦略は、理性を知覚経験のなかで蘇生させ、感覚や想像力とむすびつけ豊かにすることにある。

（4）　Albert Edouard, Baron Michotte van den Berck（一八八一〜一九六五年）、ベルギーの実験心理学者。ヴントに学び、後年ルーヴァン大学で教えた。主として知覚の研究で知られ、実験の技法や用具の開発でも功績があった。*The perception of causality*, Methuen, 1963. Georges Thinès et al.（eds.）, *Michotte's experimental phenomenology of perception*, Lawrence Erlbaum Associates, 1990 などの著作がある。

(5) メルロ＝ポンティはこの講演から一〇年ほど後に「モースからクロード・レヴィ＝ストロースへ」と題された論文を執筆している（'De Mauss à Claude Lévi-Strauss,' dans *La Nouvelle Revue Française*, vol. 7, n°. 82, Republié dans *Signes*, Paris, Gallimard, 1960.『シーニュ 1』前掲書、所収）。これは、タイトルが示すように、モースからレヴィ＝ストロースへと展開していったフランス社会学の思想をメルロの見地から読み解いた論文であるが、本章の主題に直接ふれる内容になっている。その精髄（エッセンス）ともいいうる箇所を引用してみよう。「この複雑な人間性と自然や生命との関係は、単純なものでもないし、明瞭なものでもない。動物心理学と民族学は、動物性のうちに、なるほど〔進化論的な意味での〕人間性の起源ではないとしても、その下書きや部分的予型、あるいは先取りされた戯画のようなものを顕示してくれている。人間も社会も、はっきりと自然や生物学的なものの外部にあるわけではない」（同書、二〇〇頁）。

メルロは動物機械論を排し「動物は人間である」という擬人主義（anthropomorphisme）を打ち出すのだが（動物心理学との関連における擬人主義については、注釈（6）を参照）、そうする根拠をこの講演では動物の「内面性」に求めると同時に、動物は視点をもちうる存在者であり、それゆえに視覚（vue）——見る働きであり、視線であり、見られた光景でもある——の持ち主であると明言している。すなわち、動物性を構成する要因は内面性ならびに視点である。この点に加えて、動物が、未開人や子供などと同等の存在論的意義を有するという論点が重要である。動物（未開人……）は一面で人間性における自然のありかを指し示すし、また他の面では人間にとっての他者性の問題領域を浮き彫りにする。前者はおおむね生物学や心理学が、後者は（この引用に明らかなように）社会学や民族学（メルロは「社会人類学」という用語を遣うが、今日ではむしろ「文化人類学」が一般的）が考究する領域にほかならない。なお引用中の「予型」（préfiguration）は日常語として使用されることはないようであり、メルロがこの語になんらかの含意をこめているのではないかと想像される。ひとつ考えられるのは、タイポロジー（typology）の思想である。これはギリシャ語の typos（「型」の意味）に由来する用語であって、旧約聖書の人物や事象に新約聖書の人物や事象との共通性を認め、前者が後者を予め示していると考えるキリスト教の神学思想をいう。たとえば、「イサクの犠牲」（旧約に登場する族長のアブラハムの信仰を試みるため、神が彼の息子イサクを犠牲として捧げることを求め、アブラハムはその言葉に従おうとする。まさにイサクを殺そうとしたとき天使が止めに入るという出来事）が〈子殺し〉という点でキリストの受難（キリストは神の子である）の予型とされた。

動物が人間にとって他者であるのと同じ意味合いで子供も未開人も他者である。こうして私たちは自然と他者性を媒介する〈文化〉のカテゴリーを獲得することになる。なぜなら、内面性と視点を有する者だけが野生の〈自然〉のなかに〈文化〉を切り拓くことができるはずだからである。(culture の語源がラテン語の cultura、つまり「耕作地」であることはよく知られている。) この引用においてメルロは、レヴィ＝ストロースの業績を念頭にしつつ、文化相対主義に依拠した従来の人類学のひとつの前提、すなわち自然と文化の二項対立が誤りであることを指摘している。この引用の箇所より前の部分で彼は具体例をあげていっそう明確にこの論点を述べているので、その箇所を引用しておこう。「人類学は近親相姦禁忌の規則に従わない重要な一群の文化的事象をふたたび取りあげている。インドの族内婚、イランやエジプトやアラブ人の近親結婚あるいは傍系親族婚の慣習は、文化がしばしば自然と妥協することの証である」(同書、一九七頁以下)。

メルロ＝ポンティによる動物の存在論的考察がただ生物学的意味における動物性のみに及ぶのではなく、人間性 (humanité) にとっての他者性一般の問題に深く探りを入れたものである点を見過ごすべきではない。この点とのかかわりで、近年の文化人類学研究におけるある動向には注目せざるを得ない。産業化されていない社会の人々 (あるいは無文字社会の人々) の世界観や宗教表象の研究は文化人類学における大きな課題のひとつだが、最近、アマゾン川流域のアメリンディアン (アメリカ原住民) の生きている世界観としてのアニミズムに関する民族誌的研究ならびにその理論的解釈が大幅に進められつつある。その動向に先鞭をつけたのがカストロ (Eduardo V. de Castro 一九五一年〜、ブラジルの人類学者）の論文「宇宙論的ダイクシスとアメリンディアンの視点主義」（'Cosmological Deixis and Amerindian Perspectivism,' *The Journal of the Royal Anthropological Institute*, Vol. 4, No. 3, pp. 469-488, 1998）である。以下に議論の骨子を紹介しつつ、カストロのいう視点主義とメルロの存在論との親近性を確認することにしたい。

かつて英国の文化的進化論者タイラー（Sir Edward Burnett Tylor 一八三二〜一九一七年）はアニミズム（animism）がもっとも原始的な宗教のかたちであり、そこから他のあらゆる宗教の形態が進化してきたことを論じた。アニミズムとは、生物と無生物とを問わず、あらゆる事物が霊（anima）を宿しているという思想である。ところで、アメリンディアンは動物たちを人格だと見なしている。動物の姿はいわば変装であり、その衣装の下に人間性が隠されているという。彼らは同じ考えを神々、精霊、死者、植物、天体などにも及ぼしている。彼らの世界観は一見してアニミズムだと言えるが、カストロは〈アニミズム〉という観念の曖昧さを嫌い、その体系を分析して新たに〈視点主義〉（perspectivism）として再構成した。ここではアメリンディアンの視点主義とヨーロッパ近代の多文化主義とを比較することによって、前者の輪郭を明確にしたい。後者の世界観によれば、人間は意識ないし自我のゆえに他の存在者とくに動物とは異なる格別な存在者であるという。〈意識〉あるいは〈自我〉または〈主観〉などと呼ばれるこの特権的存在者が、古めかしい言い方だと、〈魂〉や〈霊〉などに対応するのは言うまでもない。〈主観〉（しばらくさまざまな用語をこの哲学用語で代表させる）は対象をまなざす視点であり、それゆえ外界の否定としての内面である。すなわち、視点である者、内面をそなえる者だけが人間である。他方、対象（客観）は視点からのまなざしに捉えられることによって初めて対象でありうる。つまり視点が客観をつくるのだ。ある社会を構成する人々がそれぞれの視点を協働して使用することによって、彼らは自分たちの共有する世界をつくりだす。共同の視点は人々の共有する言語（ラング）に端的に表現されている。人々の共同の視点が社会ごとに異なるなら、社会ごとに異なる世界がつくられるはずである。——こうした思想が大方の近代人が信奉している文化相対主義（cultural relativism）にほかならない。文化相対主義を支えるのは、普遍的かつ唯一の〈自然〉である。それぞれの社会がそれぞれの流儀でこの自然から第二の自然としての〈文化〉を創出する。こうして文化相対主義は、事実上、多文化主義（multiculturalism）となるだろう。個別社会の視点が同値であることはまずありえないからである。多文化主義の存在論はじつに単純な算術から成っている。あらゆる存在者（世界）マイナス自然という差、それがすなわち文化である。自然と文化の二項対立はこの算術と趣旨を同じくしている。

　アメリンディアンの視点主義によれば、視点が主観をつくるのであり、したがって動物は人間である。視点は（言語的あるいは前言語的な）指示表現、つまり身体のふるまいから生成する。そのかぎりで視点は意識の存在様態ではなくて、むしろ身体性の様態にほかならない。自然に帰属するあらゆる存在者は〈人間性〉(humanity)という基礎的条件を担っている。このような見方が擬人主義であるのは当然のことである。しかしこれは隠喩を基礎とする擬人主義ではない。トーテミズムは動物などの種の編成を社会の編成に対応させる表象体系として隠喩的であり、自然と社会は切断されている。しかし視点主義は明らかに換喩的体系であり、自然と社会(それはある面では人間であり、ある面では文化であるが)は連続体として把握されている。文化と自然の算術的関係はどうなるのだろうか。人間の身体性はつねに自然の懐にありつづけ、また動物の身体も同様だから、おのおの人間社会によって、またそれぞれの動物によって自然の発現が異なるだろう。たとえば、ミミズの自然、イヌの自然、人間の自然などがたがいに相違するのは想像に難くないし、その違いは動物行動学者によって具体的に明らかにされつつある。こうして、普遍的な人間性に対してさまざまな自然の光景が目撃されることになる。カストロは、このような考察をふまえて視点主義を多自然主義(multinaturalism)として規定している。カストロの議論のはこびに多少たどりにくい箇所があるのは否めないし、彼の企てる「存在論的転回」の詳細が明らかにされたわけでもない。しかし視点主義の構想については、その大筋は是認できるのではないだろうか。

以上に簡単に整理した視点主義がメルロ゠ポンティのいう「人間主義」にほとんどそのまま重なり合うことは見やすい道理である。というのも、両者の用語法(動物、人間、身体、文化、自然など）が酷似するからである。特筆すべきはカストロの考察が、逆にメルロの存在論の質がある種のアニミズムにあることを明らかにした点である。これは彼の後期の存在論（肉の存在論）を考察するためには貴重な知見である。もちろんアメリンディアンの世界観と同じように、メルロ＝ポンティのアニミズムがどのようなものかはにわかにはわからない。それは、彼のテクストを民俗哲学（フォークフィロソフィ）として読み解くことをつうじて明らかにされるはずである。

（6）ケーラー（Wolfgang Köhler　一八八七～一九六七年）はエストニア出身のゲシュタルト派の心理学者。ドイツで研究教育にたずさわったが、ナチスの擡頭に抗しきれず、一九三五年にアメリカに移住して大学に奉職し生涯を終えた。さてメルロがここで参照した文献『類人猿の知恵試験』（*Intelligenzprüfungen an Menschenaffen*, 1917）は多くの読者に迎えられたケーラーの主著のひとつであり、その後の霊長類の研究に多大の影響を与えた点でも記憶されるべき業績である。本書は、周到な実験計画のもとに、チンパンジーが問題解決のためにどんな行動をするかを観察した記録である。多種多様な課題がチンパンジーに用意されたが、ここではある課題を紹介するだけにする。ズルタンと呼ばれるチンパンジーは葦の茎を用いて手の届かぬ餌のバナナを引き寄せることができる。さてほぼ同じ長さの二本の葦の棒を用意する。一本はもう一本の端から差し込める細い棒である。柵の向こうにバナナを置くが、一本の棒では届かないように離してある。この場にズルタンを導く。彼は餌を認めなんとか取ろうとする。部屋の奥から箱を曳いてきて踏み台にしようとするが、このやり方はもちろん気休めにもならない。次に葦の棒を柵から差し出して餌を引き寄せようとするが、長さが不足しているので失敗する。一本を差し出しながらもう一本も手にもっているうち、思いついたように、差し出された棒の手前の端をもう一本の棒でさらに押しだすようにする。二本の棒が結合されたわけではないが、端と端を接触させた長い棒ができたのである。棒の先端をなんとか餌に届かせることができたが、手前に引き寄せることはもちろんできない。失敗を繰り返したズルタンは努力をすっかりやめてしまい、背後に置き残した箱の上で所在なさそうに蹲(うずくま)っていた。やがてズルタンは立ちあがり、ふたたび二本の葦の棒を取りあげ、どうすることもなく弄んでいた。そのうち突然細いほうの葦を太いほうの口に差し入れた。ズルタンは身を翻して柵へ飛んでゆき、この継いだ竿状の棒を使用してバナナを引き寄せたのである。

ケーラーはこれらの実験から、動物の問題解決に関する従来の心理学理論が間違いだという結論を引き出した。当時アメリカの心理学者ソーンダイク（Edward L. Thorndike 一八七四〜一九四九年）は、動物の行動に知性を読みこむのは誤りであり、試行錯誤（trial-and-error）によって学習をおこない問題を解決するに過ぎないと主張した。彼がおこなった実験に「猫の問題箱」がある。箱のかたちをした檻の内部に紐があり、それを引くと扉があくようになっている。なかに猫をいれ檻の外に餌をおく（刺激状況）。猫は餌が欲しくてとろうとするが失敗する（誤反応）。いくども失敗をくりかえすうち何かの拍子に紐を引くと扉があき、外にでて餌をとることができる（正反応）。〈餌をとる行動〉がひとつの試行（trial）であり、猫が試行を反復することによって次第に誤反応が減少し、正反応に達する時間が短くなるのが観察された（E. L. Thorndike, *Animal Intelligence*, Macmillan, 1911）。ソーンダイクはこれを「試行錯誤学習」と呼ぶ。試行錯誤学習は刺激状況（S）と反応（R）が結合すること（連合）であり、S－Rと図式化できるという。この考え方はその後の洗練された行動主義心理学に基礎を提供することになるのだが、メルロ＝ポンティはすでに『行動の構造』において、ソーンダイクをはじめ、パヴロフ、ワトソンらの機械論的心理学あるいは行動主義心理学を仔細に検討し、その妥当性を否定している。

ソーンダイクの見解に反して、ケーラーが動物実験で見いだしたのは、彼らが洞察（insight）あるいはカール・ビューラー（Karl Bühler 一八七九〜一九六三年、ドイツの心理学者・哲学者）のいう「あ、そうか体験」（Aha-Erlebnis）によって問題解決をしているということである。洞察によっていったん解答を見いだすと、動物は「いささかの躊躇もなく」それを実行にうつす。チンパンジーには試行錯誤を介さずに問題を解決する能力があると言わねばならない。ケーラーがおこなった「実験」はふつう心理学者がおこなうものとは類を異にしている。「被験体」の資格を押しつけられた動物たちは実験室という人工的環境に閉じ込められ、彼らにとってきわめて不自然な装置を操作したりそのなかを走りまわったりしなくてはならない。確かにケーラーのチンパンジーたちも、小屋や庭などで箱や棒や紐などを使用して課題に向き合わなくてはならない。それらは人間がつくった環境であり道具である。だからといって、ケーラーは彼らのふるまいを人為的な制約で縛るようなことはしていない。彼の実験を「野外観察」と称するのはやはり間違いだろう。とはいえ、動物たちの自発的行動をできるだけ尊重するという準則に拠る実験という意味で、ケーラーの実験は実験室の動物実験とは質的に相違している。彼の実験は動物の行動について多くのことを教えているが、チンパンジーと人間の類似点のひとつとして彼が指摘した点が興味深い。人間の行動にはさまざまな点で個体差が大きい。手仕事にすぐれた人もいれば、歌がうまい人もいる。スポーツが得意な者がいるし、勉強が好きな者もいる。チンパンジーの場合もこれによく似ている。(動物種としての)「チンパンジーの知性」を語るのが躊躇されるほど、個体としてのチンパンジーのあいだの能力差が大きいのだ。チンパンジーをたとえば黒蟻と比較すれば、チンパンジーについては個体の能力差を重視すべきことは明らかだろう。

(7) メルロはここで人間存在が抱え込んだ動物性を積極面と消極面のふたつに振りわけて論及しようとしている。積極面とは「動物の世界を形態化する力」であり、「動物における行動という属性」である。消極面とは、行動の「確実性の乏しさ」であり、「試行錯誤」という問題解決法であり、動物性の「欠陥や限界」である。動物性のこれら二つの側面は、もちろん単独で成立するわけではなく、表裏をなして全体としての動物性を特徴づけている。動物が行動をなしうる能力が同時に行動の失敗や挫折の要因なのは自明である。ここでメルロが「試行錯誤」を口にしているその真意を誤解してはならない。動物が試行錯誤の方法によって課題解決にあたるという行動主義心理学者の見解を是認するのではない。一般に、動物は試行錯誤というやり方で行動してはいない。しかしながら、人間の知性が完全でないように動物の知性も完全ではない。人間も動物も環境へ寸分の隙もないほど巧みに適応することは稀である。十全な適応の瞬間がないわけではないが、適応のバランスはすぐに失われるから、人間も動物も絶えず適応の調整を図らなくてはならない。——世界への動物の帰属のこうした様態を仮に「試行錯誤」と言うのである。

今回の講演の主題を「動物性」(animalité) としたメルロの意図は何であろうか。彼の哲学思想に骨格を与えた先人の業績としては誰よりもフッサールの現象学をあげなくてはならないだろう。メルロはルーヴァンに保管されたフッサールの遺稿をじかに繙読した最初の哲学者の一人だった。それから永い年月をへた最晩年にメルロがフッサールを再読して自らの哲学思想を新しい境地に進めようと努力している様子を『見えるものと見えないもの』に垣間見ることができる。しかしフッサールがデカルト学派であることは歴然としている。フッサール現象学から〈超越論的主観性〉の概念を捨象したなら、現象学の体系は崩落するだろう。だがメルロは前期の『知覚の現象学』の序文において、〈超越論的主観性は間主観性である〉という謎めいた命題をフッサールの原典からの引用として記している。フッサールの原典がそうした命題を含んでいないのは周知のことである。ではこの表現は何を言いたいのだろうか。あえてその真意を言いかえてみれば、デカルトからフッサールへ継承された主観性としての〈意識〉はけっして初次的・根源的な存在者ではなく（デカルト主義の否定）、間主観性つまり身体的広がり（後期の用語でいう〈間身体性〉(intercorporeité)）から派生した二次的存在であり（身体性の哲学）、それゆえ一人称を帯びせず匿名の知覚＝運動システムとして存立する（知覚主義）、という意味ではないだろうか。こうした見地から「動物は人間である」という命題までそう遠くはない。なぜなら、動物は人称を帯びないし（「わたしは……」と語る動物がいるだろうか）、その生活は知覚し行動することに尽きるからである。とはいえ、この逆、つまり「人間は動物である」は成り立たない。動物と人間はどこが同じでどこが違うのだろうか。この場でこの問いに単純な答えをだすわけにはゆかないが、『行動の構造』で提起された「行動の三つの形態」の議論が問題を考える参考になるのは確かだろう。メルロの結論をさきに述べるなら、動物と人間の知的能力と行動は、行動の複雑さの程度ではなく、行動の構造が内容に埋没しているか、逆に内容から現われ出ることで主題化しているかに応じて区別されるのである。

具体的にいえば、行動は〈癒合的形態〉（formes syncrétiques）、〈可換的形態〉（formes amovibles）、〈象徴的形態〉（formes symboliques）の水準に分化するのである。これらの形態に固有な動物種が対応するわけではない。しかし動物種ごとにもっとも得意とする行動の形態がたいていあって、このことが動物種を特徴づけている。それぞれの形態についてメルロは次のように解説している。

癒合的形態の水準においては、動物のふるまいが環境の特定的要素に結びつけられている。ふつうこの種の形態を動物の「本能的」行動と呼んでいる。次の可換的形態の水準で起こる行動とは、環境の構造要素としての〈信号〉（signal）と結びつくような行動である。この水準で動物がかかわる対象や環境が意味や構造として現出する。言いかえれば、内容に埋め込まれた行動が形式をまとって顕わになるのだ。メルロによれば、この可換的形態がかなり高度に発達した動物が注釈（5）で見たチンパンジーにほかならない。チンパンジーは天上から吊り下げられたバナナをとるために、周辺にあった箱に着目し、これを踏み台として使用することができる。チンパンジーは木箱が発信する機能的価値（道具としての有効性）を受信できたのである。（ついでながら、メルロの見解がギブソン（James Jerome Gibson　一九〇四〜七九年、米国の心理学者）の生態学的心理学と共振することは誰の目にも明らかである。）

このくだりでメルロは「動物がある種の世界を「形態化する」力の中心にいる」と述べ

ている。彼は『行動の構造』において、動物を機械と見なすあらゆる行動研究（条件反射学説、行動主義心理学など）は間違っているという議論を展開した。彼自身はゲシュタルト心理学に依拠した行動研究を受けいれているが、〈ゲシュタルト〉の概念の不手際を訂正する必要も強調している。ゲシュタルト理論から見ると、もっとも単純な反射さえ、一つの入力（刺激）に対して一つの出力（反応）を差し出す孤立した系（生理学者のいう「反射弓」（arc réflexe））の作用などではない。反射弓を包み込む器官や身体あるいは環境という全体的布置のなかで運動のありようが変わるかぎり、反射運動を要素的部分の総和でもって再構成することはできない。反射もゲシュタルト構造をそなえた全体的過程なのだ。たとえば、膝蓋腱反射として知られる反射は、膝蓋骨の下部に衝撃を与えると脚が動いてしまうというものだが、脚が他の脚のうえに組まれているなら伸展反応がおこり、その脚が力をぬいて伸ばされているなら屈曲運動がおこる。刺激が与えられたときの被験者がどんな行動をしているか、どんな姿勢でいるかによって反射のありようが変化する。このように反射がすでに形態化の実現であるが、よりいっそう高い水準の行動は形態化を顕著に実現する。一般に動物の行動は環境のうちに潜在する構造を形態（ゲシュタルト）として抽出するのである。たとえば歩行運動は動物の環境から〈歩くことができる平面〉を形態化し、腰かける運動はある形をした岩に〈腰かけて身体を支持するもの〉という機能値を付与する。メルロのこうした動物行動についての理論はユクスキュルの環世界論やギブソンの生態学的心理学とも基本的論点を共有している。

だがメルロはチンパンジーの能力を過大評価することを戒めている。チンパンジーにとって台としての箱と踏み台という道具としての箱とは、二つの対象であり、同一事物の二つの面ではない。動物は対象に対して任意の視点(perspective)をとることができない。対象は課題状況の実際的構成に依存する意味ないし機能値をおびている。チンパンジーはなるほど課題状況への洞察をおこない、対象にたいする視点の転換を遂行することができる。しかし、人間に比較して視点を転換する任意度がいちじるしく低いのだ。

動物はその行動が象徴的形態をとる段階にいたったときはじめて視点をかなり任意に転換できるようになる。命令で椅子に跳びあがり、次にそこから第二の椅子に跳びうつるように訓練されたイヌは、椅子のかわりに踏み台と肘掛椅子が準備されたとき、決して命令どおりの行動をしないだろう。イヌにとって椅子と踏み台が同じ〈跳びのるべきもの〉という機能値を示さないからである。同一の機能値がさまざまに表現されるという可能性、「視点の多様性」が動物の行動には欠けているのだ。〈象徴〉(symbole)とは同一の意味や機能値を多様なしかたで表現する表現体のことである(『行動の構造』、一六一〜一八四頁)。

動物を人間と見なせるのは、動物の行動の構造に脱質料化する構造が部分的に含まれているからである(例、チンパンジーの道具の使用)。この「脱質料化」は急ごしらえの用語であって、行動が内容へ癒合する度合いを低減する要因を意味している。そして人間が動物ではないのは、人間の行動が視点の多様性という要因を含むからである。この種の行動の最たるものは言語行動にほかならない。言語記号はメルロのここでいう〈象徴〉の典型であろう。イヌが椅子から椅子に跳びうつる命令にしたがい、その直後、踏み台から肘掛椅子に跳びつる命令にしたがわないのは、イヌにとって音声記号が出来事の信号(signal) あるいは前触れにすぎず、一般的意味を表わしつつ行動を媒介する言語音ではないからである。

私たちは以上のメルロの議論におおむね同意できるのではないだろうか。しかし霊長類研究はケーラー以降現在にいたるまで目覚ましい進展を見せてきた。いま私たちは、チンパンジーやゴリラ、ボノボなどの霊長類についてじつに多くの興味ある知見を獲得している。この場でそれらの知見について検討はできないが、一般的論点として確かだと思えるのは、霊長類はメルロが考えたよりずっと高度な知的行動をしている、あるいはすることが可能である、という点である。すなわち、メルロの否定にもかかわらず、霊長類は象徴的形態の水準における行動をおこなう能力の持ち主である。多数の研究例からただ二つをあげておく。スー・サヴェージ＝ランボウ (Sue Savage-Rumbaugh 一九四六年〜、米国の霊長類学者) はボノボの行動とくに記号行動を、絵文字とキーボードを結びつけた機器を使用して詳細に調べた。その結果、カンジとマリカという「二人」のボノボに人間と会話できるボノボ語を教えるのに成功したという報告を出している。ただし彼女の言語観に異議を唱える研究者も多い。また我が国の松沢哲郎（一九五〇年〜、京都大学霊長類研究所教授、霊長類学者）はチンパンジーなどの大型類人猿に人間を特徴づける高次の認知機能（言語や思考）があることを実証している。彼らの研究はたびたび「擬人主義」（anthropomorphism）という理由で批判されている。しかしながら、メルロの哲学思想からすれば、「動物は人間である」のだから、研究の擬人主義的特徴をことさら非難するのはあたらない。問題は誇大な擬人主義や間違った擬人主義にすぎない。擬人主義がこの講演でメルロが打ち出した「人間主義」の一面であることは、この回の講演の末尾の言葉が物語っている。

（8）フロイトの論文「ある五歳児の恐怖症分析」（一九〇九年）は最初に実施された小児分析として知られており、神経症的症状を示した小児がハンスと命名されたことから「ハンスの症例」と呼ばれる。この子の母親はフロイトの治療をうけたことがあり、父親はフロイトの授業に出たことがあった。こうした経緯から、父親は子供が症状を呈したときフロイトに助言と治療の指針を求め、自らがハンスの分析（分析はほんらい治療である）をおこなった。メルロが指摘する論点から離れない範囲で簡単にハンスの分析について紹介しよう。

父親のハンスについての観察メモは三歳頃から始まっている。この頃ハンスは「おちんちん」に関心を集中していた。ある時厩舎にゆき雌牛の乳しぼりを見て、「ほら、おちんちんからミルクが出てるよ」とハンスは言った。「イヌと馬はおちんちんを持っている、机と椅子にはないんだね」とも言う。彼の世界観では、おちんちんを所有するものが〈生物〉である。母親もそれを持つし、後に生まれる妹も持つはずである。この対象への強い関心は彼が自分のそれを触ることにも示されている。彼が三歳半の時、妹ハンナが誕生する。母親の出産はハンスにとって大きな出来事であった。同じ部屋で両親と寝ていたハンスのベッドが隣室へ運ばれてしまう。空間的疎隔は同時に母親から引き離された痛手としてハンスを見舞うことになる。これはコウノトリが赤ちゃんを運んでくるという神話への信憑を奪う出来事でもあった。ハンスは大きなお腹の母親が出産後にすらりとした体形になったのに気づき、赤ん坊はもとからお腹のなかにいてそれがウンコのように外へ押し出されるのだ、という理論をつくる。(だとすれば、赤ちゃんをどうやってお腹にいれるのだろう。この問いは父親との関係に影を投じる。) ただちに赤ん坊に対する嫉妬が始まった。赤ん坊を大人たちが褒めると、「でもまだ歯がないよ」と異議を言う。〈歯〉は発声器官であり、ハンスは赤ん坊が言葉をしゃべれないと言いたいのである。ある時扁桃腺炎で熱に浮かされ、「妹なんか、ぼく欲しくないよ」と譫言(うわごと)をいう。およそ半年後に、この嫉妬はおおはばに克服された。「この子が大きくなったら、おちんちんもきっと大きくなるよ」と兄らしい態度を示したのだ。しかし、それまでもそれ以後も、母親への愛着は強まりつづける。四歳九カ月のハンスは朝泣きながら上がってきて、父親に理由を問い詰められ、「寝ているとママがいなくなって、それでぼくには甘える（schmeicheln）ママがいないと思った」と述べる。この頃、夜ベッドに入るとめそめそ泣き出すことが多かった。

一月七日（一九〇八年）、子守に連れられ公園に出かけるけれど、街頭で泣きだしてしまう。「連れて帰って、ママに甘えたい」というのだ。こうして神経症的症状が明らかになる。翌日、家を出るが怖がって戻る。問い質すと、「馬がぼくを嚙みそうで怖かったの。」ハンスは外出ができなくなる。表通りにはしょっちゅう乗合馬車などが往来している。玄関までゆけても馬車が通るのを見ると不安の発作がおこる。ハンスは父親の問いに応じて馬についてさまざまな逸話を披露し、怖い馬の顔面の描写をする。その馬は眼鏡をかけ口髭をはやしているようなのだ。それらを通じて父親は馬が自分を象徴することを了解する。買い物のとき乗合馬車の馬が転倒したのを母子は目撃していた。そのとき馬が脚をばたつかせていた。それを想いだして「馬は死んだ」とハンスは事実に反することを言う。念を押されるとすぐに否定する。――このようにして父親はハンスの「分析」を続けた。無意識的なもの、抑圧されたものを言葉にだして意識化する方法が取られている。言語化は治療であると同時に診断でもある。ハンスの不安はエディプスの不安である。父親を殺したいと願望する自分は処罰されて当然だという不安。だが徐々にハンスは馬を怖がらなくなり、父親を（尊敬とは言えないが）信頼するようになる。

この論文ではメルロが触れていない動物も役割を演じている。キリンである。一月二七日から二八日にかけてのこと。ハンスが深夜両親のベッドに入ってきた。翌日、父親が息子にどうして昨夜ベッドにやってきたかを訊ねると、ハンスはこんな風にいう。「夜、大きなキリンとぐしゃぐしゃのキリンが部屋にいたの。ぐしゃぐしゃのをぼくがとったので、大きいほうがほえたの。それから大きいキリンがほえるのをやめたので、ぼくはぐしゃぐしゃのキリンの上にのっかったんだ。」ぐしゃぐしゃのキリンは一枚の紙のように丸めることができるのだという。（以前に父親がキリンを絵に描いてハンスに示し「観察記録」を取ったことがある。）父親は、ハンスの言動において、キリンという動物の生活に人間の夫婦関係が転移されていると解釈する。その夜ハンスはママへの、ママの愛撫への憧憬を抱き、そのために寝室に入ってきた。つまりハンスのキリン幻想は恐怖症のつづきなのである。大きいキリンは父親あるいはペニス、ぐしゃぐしゃのキリンは母親あるいはその性器を象徴する。「ぐしゃぐしゃの父親の解釈をフロイトは是認したうえで、さらに「ぐしゃぐしゃのキリンの上にのること」は母親の占有を表現するのだと補足の解釈を加えている。――

フロイトがハンスの症例のうちに見ているのはエディプス・コンプレックスである。子供が両親に対して抱く愛着ならびに憎悪の欲望は組織化された表象と記憶の総体、つまりコンプレックスをなすとフロイトは考えた。これには陽性と陰性のふたつの形があるが、ハンスの場合は陽性の形態、つまりギリシャ神話「エディプス王」と同じ形をしている。

子供は同性の親を競争者として殺害し異性の親に性的な欲望を抱くのである（陰性の形態ではこの逆で、同性の親への愛と異性の親への憎しみとなる）。幼児の三歳から五歳のあいだに頂点に至る男根期にエディプス・コンプレックスが体験される。やがてこれは勢いを失くし潜伏するが、思春期にまた復活する。精神分析はこのコンプレックスをあらゆる病理学的形態に多少ともかかわる重大な要因とみなしている。

メルロはこのくだりでエディプス・コンプレックスにはまったく触れようとしない。彼の関心は、動物が人間にとっていかに重要な意味をもつかをフロイトの記述が明示している点に集中している。もちろん限られた放送時間のなかで精神分析論を詳しく述べることはできない。それにしても、精神分析の業績のなかからハンスの症例分析をメルロが取りあげたことには、積極的・消極的両面の理由があったのではないか。積極的理由としては、メルロの論点にフロイト理論が裏書きを与えているからである。メルロはこのくだりで、動物世界が世界内属存在（l'être-au-monde）としての人間に内包されていること（人間存在における動物性）を主張している。ハンスの症例がメルロの了解する人間の存在構造にとって恰好の証拠を提供するとメルロは判断したのである。「人間存在における動物性」という問題意識については後にやや詳しく述べたい。

精神分析が神経症状に動物幻想が混在することを明らかにした点を評価したメルロのやり方は、ことがらの半面として、精神分析についてのメルロの批判も示唆している。一九四九・五〇年度（ラジオ講演の翌年である）、彼はソルボンヌで「大人から見た子供」と題する講義を実施した。これの要録（レジュメ）を見ると（『意識と言語の獲得』木田元・鯨岡峻訳、みすず書房、一九九三年、所収）、彼がエディプス・コンプレックスの概念について相当立ち入った検討を加えているのがわかる。この講義でメルロはまず二つのタイプの精神分析があることを明らかにする。第一に初期のフロイトが打ち出した厳格な意味での精神分析。これは人間の行為を人間に対して外的かつ非合理な力として作用する性的要素に還元する理論体系である。まず大人の行為の原因がその幼児期の前史にあり、次いで幼児期のこの前史が無意識の状態に押し込まれ、最後にこの幼児期の無意識が性的なものだと主張された。この理論は多くの人に汎性欲主義として批判の的になり、メルロもこれを『知覚の現象学』で明確に斥けている。しかし、メルロはその後のフロイトの思想と実践のうちに、「広義の精神分析」あるいは人間学としての精神分析を認める。バシュラール、サルトル、そしてラカンなどが影響を受けてそれぞれの方向へ展開を図ったのは、この広い意味での精神分析からである。話を進める前に、サルトルへの精神分析の影響についてこの場で確認しておきたい。彼は『存在と無』において、対自存在が即自の無化として不可避的に自由であること、自由な存在として状況に直面してつねに選択を迫られること、自由な決断によって将来の自己へと自らを投企（プロジェ）すること——このような存在論的ドラマを描いた。サルトルはこうした存在論を基礎として人間行為を解読するために独自な精神分析、すなわち実存的精神分析（psychanalyse existentielle）を本書で提示した。その後『ボードレール』（*Baudelaire*, 1946）や『聖ジュネ——反抗者と殉教』（*Saint Genet, comédien et martyr*, 1952）でそのいっそうの具体化を試みている。

広義の精神分析では、幼児期の前史は大人のなかに「勢いを失くし潜伏する」のではなく、現在の行動や態度のうちに絶えず再生されている、と捉えられるようになる。無意識の概念も改訂がなされる。コンプレックスは全面的に意識化され認識されるのではないが——夢見る人が象徴に充ちた夢をあとから語るように見ているのではなく、それを生きるように——認識にかかわる両価的状態（ambivalence）にある。（真に無意識なものをどうやって意識化できるのか。意識化できたら、それはもう無意識ではないのではないか。）最後に、性というもの（sexualité）が、性器とその働きから切り離されるわけではないが、それらをはるかに超えた感情経験となる。性とは主体と他者との一般的関係に結びつくものなのである。

メルロはこのように述べた後、精神分析に関する彼の最終的な考えを披瀝する。彼によれば、人間においては他者との関係性〔対人関係〕が性に優越している、〔他者との関係を基礎づけるのは身体性であるから〕これは身体性（corporeité）が性（sexualité）を凌ぐことを意味するのであり、性はただ身体性〔人間の行為や態度〕の重要な事例と見なすことができる、と（前掲書、一四一頁）。要するに、メルロは自らの身体性の現象学の領分へ精神分析を位置づけようと企図するのである。メルロ＝ポンティが最晩年にフロイトについて述べた証言がある。精神病理学者エスナール（Angelo Louis Marie Hesnard 一八八六～一九六九年、フランス精神分析協会の創設者）の著書に付せられた序文（「精神分析と現象学」、『言語と自然』、所収）がそれである。彼はフロイトのエディプス・コンプレックス理論やさまざまな概念（投射、痕跡、表象など）が読者の誤解を招いてきたのは、フロイト自身の理論構成や表現の拙さに責任がある点を指摘し、彼の真の才能が「事象と触れ合うやり方」、人間の「言葉や行為や夢」に対する、多彩な形をとる感受性にあると断じている。換言すれば、フロイトの人間探究を貫くものが現象学的還元（もちろんメルロ流に解釈されたそれ）の営みにごく近似するというのである。とするなら、フロイトの「感受性」への信頼がメルロをして「ハンスの症例」における動物の夢想に言及させたゆえんだったと思える。

（9） バシュラールは科学認識論を探究する途上で、人間の想像力やイマージュが客観的認識をつまずかせ妨害する事例に数多く出会った。バシュラールはフロイトやユングの精神分析に学びつつ、そうしたイマージュを排除する方法として「科学的認識の精神分析」を構想することになる。やがてバシュラールは、科学的認識を攪乱する想像力が、詩、神話、文学などの領域はもちろん日常生活においても不可欠な役割を果たしていると確信するに至る。このような研究の動向についてはすでに簡単に紹介した（第三章、注釈(10)）。『ロートレアモン論』はバシュラールが単著として発表した唯一の詩人論である。その内容にはいる前に、ロートレアモンの生涯を簡単に振り返ることにしよう。

ロートレアモン（Lautréamont 一八四六～七〇年）はロートレアモン伯爵（Le Comte de Lautréamont）とも称し、いずれも筆名である。本名をイジドール・リュシアン・デュカス（Isidore Lucien Ducasse）といい、ウルグアイのモンテビデオで、外交官の父フランソワと母ジャケットの間に生まれた。両親の出身地であるタルブ及びポーのリセに入学するため一三歳で初めてフランスの地を踏む。卒業後、作家を志しパリへおもむき、一八六八年に『マルドロールの歌・第一歌』（*Chants de Maldoror*）を匿名で出版した（筆者が参照した邦訳は、ロートレアモン伯爵『マルドロールの歌』前川嘉男訳、集英社文庫、一九九一年、である）。翌一八六九年に六歌からなる『マルドロールの歌』を「ロートレアモン伯爵」名義で出版しようとしたが、出版社に拒否された。その後も出版のために奔走するが、結局、実現しなかった。一八七〇年四月に本名イジドール・デュカス名義で詩集『ポエジー』（*Poésies*）を刊行し、つづいて六月に第二集を出版した直後、ホテルで謎の死を遂げた。享年二四歳であった。死因については諸説があるが、当時は普仏戦争のただなかであり、食糧不足と疫病のせいではないかと推測されている。要するに、イジドール・デュカスは、ただ二つの作品を残し、無名のまま、若くして人生を終えたのである。

二〇世紀にはいりアンドレ・ブルトンやフィリップ・スーポー（Philippe Soupault 一八九七〜一九九〇年、フランスの詩人・作家）によって作品が取りあげられ、シュルレアリスム文学に大きな影響を与えることになった。バシュラールのこの著述はおそらくまとまったロートレアモン論としては嚆矢と言えるのではないだろうか。激烈な言葉であふれかえったこのテクストにはいまに至るまで多様な解釈がなされている。テクストに接した読者が眩暈の感覚におそわれざるをえないほどの混乱とうごめきがここには詰め込まれている。衆目の一致するところでは、これは、想像的なものが「現実的」と呼ばれるものを凌駕している青年の精神世界のありよう——とくに青年の世俗への狂暴な反抗を具現した詩、なのである。

バシュラールはこのテクストにひたすら動物のイマージュの変幻を追い求めている。この詩論の第一章の標題が「攻撃と神経質の詩」であることでわかるように、彼はこの作品に青年の攻撃への欲望をみるのだ。しかし彼の議論の大半は理論的な水準で運ばれており、個別のイマージュを解釈することにそれほどページを割くことはしていない。バシュラールはこの詩論に比較の視点を持ちこんでいる。動物をモチーフに作品を書いた詩人や作家は、ラ・フォンテーヌ、ルコント・ド・リール（Leconte de Lisle 一八一八〜九四年、フランスの詩人）、カフカ（Franz Kafka 一八八三〜一九二四年、プラハ生まれの小説家）、ウェルズ（Herbert George Wells 一八六六〜一九四六年、英国の小説家）など、ほかにももちろん存在する。しかしロートレアモンの動物は他の作家の描写する動物とはまったく違っている。ラ・フォンテーヌの寓話のなかに登場する動物は動物性をまるで具現していない。動物の意識も動物の特徴も無視されており、動物の仮面の下にはじつは繊細な人間の心理学が隠されているのだ。ところが逆に、ロートレアモンのテクストでは、動物の形態よりむしろ動物的興奮や衝動、つまり直接的な攻撃の機能がとらえられている。彼の詩は興奮と筋肉衝動の詩にほかならない。動物の形が再現されるのではなく、行動の描写によって形態が創りだされるのである。たとえば、食物を嚙み砕こうとする衝動と即座に遂行される行動から、まずするどい歯や牙がむかれ、そのうしろに口がおおきく開くだろう(バシュラールの詩学については、及川馥『バシュラールの詩学』法政大学出版局、一九八九年、に懇切な解説がある)。メルロは動物性について積極的と消極的の二つの面について論及していたが、「マルドロールの歌」はどちらかといえば後者の面、つまり、「私たち人間の欠陥や限界」を表わすイマージュを描くものなのである。

ロートレアモンのテクストは変身の熱望でみちている。「とうとうやってきた、ぼくが豚になった日が。ぼくは木々の皮で自分の歯をためしてみた。鼻面をぼくはほれぼれとみつめていた。」変身は強力な行為、つまり攻撃を果たす手段である。変身への関心は、ロートレアモンが動物の形態に重点をおかず行動や衝動に集中することの当然の帰結である。「マルドロールの歌」では、イマージュの変身と形態の変化が前面にでている。カフカの

『変身』との違いがここにある。虫に変身したグレゴールは生と活動の極端な弛緩状態にある。グレゴールはすこしずつ身体をべとつかせ、壁に貼りつく。彼はそこでじっとしている。目を閉じてもう開きたいとも思わずに。これに反して、ロートレアモンの変身は加速され一瞬のためらいもない。そこには、行為の非連続性と決意の瞬間の爆発的な歓喜があふれかえる。

こうして、バシュラールは「マルドロールの歌」のなかにひどくエネルギッシュで速度と眩惑にみちたコンプレックスを探りあてる。それは動物的生命力のコンプレックスであり、これにバシュラールは「ロートレアモン・コンプレックス」と命名する。同時に彼がこのテクストに「攻撃の現象学」の記述を発見していることは、メルロの身体性の現象学との関連で注目に値する。なにもバシュラールがフッサール現象学を緻密に研究したうえでの発言だと言いたいのではない。(だがあの篤学のバシュラールがフッサールの業績に無知だったはずはない。ちなみに彼の娘シュザンヌ(Suzanne Bachelard　一九一九〜二〇〇七年)はフッサール現象学の研究者であり、後にソルボンヌの哲学教授となっている。)『行動の構造』の読者はバシュラールの次のような記述にメルロのゲシュタルト構造としての行動という概念への暗示を読むことができるのではないだろうか。ロートレアモンは「ある夏の暮れ、家鴨(あひる)の大きな水かきをつけ、イルカの背びれのようなものをつけた人間が泳いでいるのを見たときの、ぼくの驚き」について書いている。ここで主題化されているのは〈遊泳〉の行動である。バシュラールはこのくだりを次のように読み解いている。遊泳者はすでに姿を消して、遊泳それ自体がいちはやく行動している。機能が器官をつくりだすのだ。そこから水かきや背びれが現われる。遂には、多形的な動物性の襲来があって、その多様な遊泳の形式をおしつける、と。メルロにとって〈行動〉は実体の属性でも解剖学的身体の機能でもない。それは身体性の転調であり作動しつつあるゲシュタルトなのである。

バシュラールはロートレアモンのテクストから、「想像力の源には動物化の要求が示されている」という一般化をひきだす。想像力の第一の機能が動物のイマージュをつくることだというのである。換言すれば、ロートレアモン・コンプレックスは人間なら誰でもこころに抱えているものであって、ただ夭折した詩人だけのものではないという。この論点にメルロは同感するに違いない。しかし議論も終わりに近くなったとき、バシュラールはロートレアモン・コンプレックスを克服すべきものと評価する。ロートレアモンの兇暴で血気にもえた動物性の変身は、真に人間的な変身によって超えられなくてはならない。その克服は熱烈な生命のなかへの人間的なものの復帰である。

この結語にメルロが無条件に同意するかどうかは明らかではない。それはバシュラールの議論がすこしばかり曖昧だからである。人間における動物性は本文でメルロが指摘しているように、しばしば「私たち人間の欠陥や限界を思い出させる」要因である。この点は「ハンスの症例」における馬やキリンも同じであった。しかし動物性の消極的側面を絶対化して捉えてはいけないだろう。動物性がもともと野生状態の人間性であるかぎり、それはむしろ人間において人間性が生き生きと発現するための制約である。バシュラールの意図はじつはメルロのものとそれほど変わらないともいえる。バシュラールがロートレアモン主義から非ロートレアモン主義への移行を主張するとき、彼が考えているのは、ユークリッド幾何学が非ユークリッド幾何学によって相対化されたのと同じ事態にほかならない。それはどういうことだろうか。

古代から伝承されてきたユークリッド幾何学の体系は、証明不要な自明の真理としていくつかの公準を掲げている。そのうちの「平行線公準」は「一本の直線にはない点を通って、この直線と交わらない直線はただ一本だけある」ことを主張している。ところが一九世紀になり、これと矛盾する公準を採用しても体系として論理的整合性のある幾何学をつくりうることが明らかになった。たとえば、「与えられた直線上にない点を通って、その直線に平行な直線が少なくとも二本引ける」という公準を採用しても幾何学が成り立つ。この種の幾何学を非ユークリッド幾何学と総称する。たしかに二つのタイプの幾何学は互いに矛盾する。しかし非ユークリッド幾何学の公準をある仕方で限定することでユークリッド幾何学の公準が得られるのは明らかであり、この意味で非ユークリッド幾何学はユークリッド幾何学を含みつつそれを超えている——このようにバシュラールは考えた。したがって、非ロートレアモン主義は単なるロートレアモン主義の否定ではない。動物性とその変身を基礎として、その人間化を実現せよとバシュラールは主張するのである。

(10) クローデルの文章は、原注にあるように一九四八年一〇月に発行された「フィガロ」誌に「ポール・クローデルが動物に訊ねる」という題で掲載された。この題が彼の文章にある表現から由来するのは明らかである。では「「ヨブ記」からの啓示」とはどのようなものなのだろうか。実際にこの散文(前半で動物についての考察と意見が開陳され、後半に八編の散文詩がつづいている)を読むと、冒頭でやにわに「「ヨブ記」は私たちに「動物に訊ねなさい」と言っている」とあるにすぎない。それから彼は一行ごとに感嘆符をつける勢いで、熱烈な文章を繰りだしてゆく。動物が人間とわけ隔てない人間の仲間であり、キリスト教が言うように、人間が神の似姿なら動物も同様であって、動物を自動機械と見なしたデカルトは間違っていたのだ。クローデルの動物観は、人間中心主義に傾斜しがちなキリスト教思想(この点はここでメルロが明言している)と異質な印象があるが、この文章を読むかぎり、それが皮相なキリスト教理解からきたものにすぎないと思わせられてしまう。クローデルは要するに「動物は人間である」と主張しているのだが、その根拠は動物も人間も神の被造物(créature)だという思想にある。自然を含め、そして生きたものも物質も含めたあらゆるもの——クローデルはこれらを簡単に「世界」と呼んでいる——はその起源を世界の外部の力に完全に負うわけではない。世界は製造品(fabrica-

tion）ではない。つまり（サルトルの言葉に反して）職人が家具を製造し藝術家が作品を制作するようにして、神は世界を創造するのではない。世界は被造物であり、そこに神の摂理が働いている。クローデルが哲学論文ではなく詩的散文を書いている以上、ここに形式的な論理を性急に求めても無駄だろう。とはいえ、ここに哲学的批判にも耐えうるいくつかの論点が提示されているのも事実であって、メルロの関心を惹いたのもその点である。彼に啓示を与えた「ヨブ記」の動物観のあらましを見ておこう。

主人公のヨブが友人たちと議論をかわした後に、ついに神があらわれる。その場面で神自身がヨブに動物について語ってきかせる（三九章）。野牛、山羊、ロバ、駝鳥、馬、鷹などについて神の口からその特徴や生態が述べられるのだが、動物たちは神から知恵をさずかり人間の支配がやすやすと及ばない自立した生活を送っている。とりわけ馬の勝れた力と気質を神は称賛する。「馬は谷間で砂をけって喜び勇み、武器に怖じることなく進む。」古代イスラエル人は軍馬や狩猟のための馬を重宝したが、これは人間の飼育や調教のせいではなく、神が馬を勝れた動物としておつくりになったからである。動物はみな人知では及ばないものを持っている。このような動物の姿に、後世の「動物機械論」を予想させる点はなにもない。

クローデルは、古代の動物観が近代にいたって非科学的でばからしい伝説や寓話に変質したことに異議を唱える。しかし現代の動物学の書物をひもとけば、動物の驚嘆すべき生態を再確認できるだろう（彼はポール・ヴィニョン『実験生物学入門』Paul Vignon, *Introduction à la biologie expérimentale*, Lechevalier, 1930から多くの事例をひろっている。ちなみにポール・ヴィニョンはカトリック系の生物学者）。ネズミやイヌは個体のあいだにたいした違いのない類的な存在者ではなく、個性をもち固有名で呼ばれるべき動物なのである。クローデルは生徒だったときの思い出を語っている。ラマルクの思想を信奉する教師が、勝ち誇ったように、洞窟の生物は環境の要因のせいで目の必要がないので盲目だと言ったが、しかし最近、光の届かぬ深海で体の一部を照明灯に変化させた魚がいることがわかった。あらゆる被造物は無能力ではないし内面を欠くのでもない。物質でさえ生命を潜めている……。もちろんメルロは以上の見解すべてを是認するわけではない。カトリック思想家としてのクローデルが古代的動物観を打ち出そうとするかぎりで、メルロは、彼の言葉に哲学に対する真の問題提起を認めるのである。

第五章　外部から見た人間

ここまで、空間、世界に住む事物、そして生きものを知覚の目で見ようとしてきました。〔しかし一般に〕空間、事物、生きものが私たちの身近なものであったので、あまりにも長い間、それらは「自然の一部」と見なされてきました。けれども、〔私たちは〕このことは忘れて、素朴な経験に与えられたとおりにそれらを理解しようとしたのです。同じ試みを、いまや、人間そのものに対してやり直さなくてはなりません。なぜなら、たしかに三千年以前からこれまで人間については多くの事柄が言われてきましたが、これらはしばしば〔素朴な経験ではなく〕反省〔という認識のはたらき〕によって見いだされたからです。〔たとえば一七世紀に〕デカルトのような哲学者は、人間とは何かを知るために、彼の頭に浮かんだ観念――たとえば、精神や身体の観念――を批判的吟味にゆだねました。デカルトはそれらを純化したのです。つまり、それらの観念から一切の曖昧さや混乱を取り除きました。大多数の人間は精神ということばをきわめて微細な物質、あるいは——未開人の実例によれば——煙や息と解しています。デカルトは、精神がそのようなものではまったくないこと、全然違う本性のものであることを見事に示しました。なぜなら、煙や息はどんなに微妙であっても紛れもない事物ですが、他方、精神はけっして事物ではありません。精神は空間に住んでおらず、すべての事物ように一定の空間に拡がってはいないからです。むしろ精神はひとまとめにされ分割を許さないもの、何ものも寄せつけず自己に集中し、〔つまり思念にふけり〕ひたすら自己を認識する存在者以外の何ものでもないのです。このようにして、純粋な精神の観念と純粋な物質あるいは事物の観念が生まれたのでした。ところが明らかに、このまったく純粋な精神をわたしは見るわけにはゆかないし、いわばわたしの内面でのみそれに触れられるだけです。他の人間はわたしにとって純粋な精神ではありません。他人の眼差し、所作、発話——一言でいえば、他人の身体を通じてのみ彼らを知るのです。なるほど他者は、わたしにとって、彼の身体にはけっして還元されません。他者は、あらゆる種類の志向で賦活された身体、多くの行動や発言の主体です。彼の道徳的性格を描くためには、わたしが記憶するこれらの行動や発話が役立ちます。それでもわたしは、他者から彼のシルエット、声の調子やアクセントを引き離すことができないでしょう。経験やうわさから彼について得られたあらゆる情報を列挙することによって、わたしは彼について多くのことを知りえますが、しかしほんの一瞬彼を見るだけで、それよりはるかに多くのことが一挙にわかります。他者は私たちにとって身体にとりついた精神であり、私たちには、この身体の全面的な現象のうちに精神のあらゆる可能性が含まれているように思えます。身体はそれらの可能性の現前そのものなのです。従って、外部から人間を考察するとき、つまり他者を考察するとき、精神と身体の区別のように、これまで必要だと思えたいくつかの区別を再吟味しなくてはならないでしょう。

この区別がどういうものか、事例について検討してみましょう。わたしが誰かと向き合っており、何らかの理由でこの人がわたしにひどく腹を立てているとします。〔事実として〕相手は怒っています。〔この事実に関して〕わたしは彼が「乱暴なことば、身振り、大声などで、怒りを表わしている」と述べます。それでは彼の怒りはどこにあるのでしょう。人はわたしに言うかもしれません、怒りは相手の精神のなかにある、と。だがこの言い方はそれほど明らかではありません。というのも、わたしは敵対者の眼差しのなかに悪意や残酷さを読み取るのですが、こうした性状が、彼の所作、発話、身体とは別にあるという事態を想像できないからです。これらは、すべて世界の外で、たとえば怒っている人間の身体を超えた背後のどこか聖域で起こっているのではありません。怒りは紛れもなくここで、この部屋で、部屋のこの場所で炸裂しているのであり、相手とわたしとの間の空間に広がっているのです。涙はいつでも彼の目から流れ、冷笑はいつでも彼の口辺に浮かびますが、敵対者の怒りが、これと同じ意味で、彼の顔の上で生じているのでないのはわたしも認めます。それでもやはり怒りは彼に住みついているのであり、青ざめたり紅潮したりする頬、血走った目、荒い息の声——こうした身体表面に怒りが露呈しています……。もしここでしばらく怒りに対する外的観察者の視点を捨て、もしわたし自身が怒るとき怒りはわたしにとってどんなものかを思い出してみれば、そのとおりだと認めざるを得ません。わたし自身の怒りを熟考すれば、わたしの身体から切り離せるもの、いわば剝がせるものは何ひとつないのがわかります。ポールに対するわたしの怒りを想起すると、それがわたしの精神や思惟のなかにはないのがわかるのです。わたしの怒りは、全面的に、怒声を発しているわたしと、平然と坐って皮肉っぽくわたしの言うことを聞いている、憎むべきポールとの間にあるのです。わたしの怒りは、実際、ポールを破壊する企てにほかなりませんが、もしわたしが穏和で人に丁寧な態度をとりつづければ、もしわたしが礼儀正しい性格なら、怒りは言葉の働きかけにとどまります。それにしても、わたしの怒りが生じるのは共通の空間であり、ここで殴り合いの代わりに理屈を言いあうわけです。〔ところが心身二元論者の推論は以下のように展開します。〕怒りとは何かを検討し、それが他者の（否定的）評価を含むことに気づいたわたしは、次のように結論します――いずれにしても、怒りはある種の思考であり、わたしが怒っている状態とは、わたしが他者を憎むべきものとして思考することだ、と。そしてデカルトが示したように、他のあらゆる思考と同じく、この思考が物質の断片に宿ることはありえません。こうして、怒りは精神に属するものとされます。しかし、このような考察は無駄というものです。考察を動機づけている怒りの経験そのものに立ち返れば、たちまち、わたしは怒りがわたしの身体の外部にあるものではなく、また外部から身体を生気づけるものでもないこと、むしろ怒りは、説明不可能ながら、身体と一体であることを認めざるを得ません(1)。

あらゆる偉大な哲学者の場合に認められることですが、デカルトは一面的な主張をしていません。身体と精神を厳密に区別したのはデカルトでしたが、同時に魂は単に――船の水先案内人のように――身体を指導し命令する者ではなく、むしろ身体ときわめて固く結ばれているので、身体の痛みに苦しむほどだというのです。[1] たとえば歯が痛いと言うとき、人はこの結合を熟知しています。

ただ、魂と身体のこの合一は、デカルトによれば言葉にはけっしてできないのであって、生活の営みのうちで体験するほかないものです。デカルトにとり、私たちに課せられた事実上の制約がいかなるものであれ、実際に私たちが、彼のいわゆる精神と身体の「混淆」を生きているとしてさえ、これによっては、経験のうちで合一されているものを〔精神と身体とに〕絶対的に区別する権利、精神と身体の根本的分割を原理的に保持する権利は奪われないのです。要するに彼は、人間を定義するにはその直接的構造とは無関係にすればいい、反省〔という認識の働き〕によって明らかにされる人間の定義が正しい、とするのです。反省には奇妙に思えることですが、思考は身体器官と事実上結合しています。それなのに、〔デカルトが反省によって見いだした〕機械としての身体も思考の透明性も、この事実上の結合によっては危うくされないと、彼はさも言いたげです。デカルトが省察を開始したとき、彼はいろいろな条件に縛られていました。デカルト以来、彼の教えをもっとも忠実に守った人々は、私たちの反省——あるがままの人間についての反省——がそれらの条件からどうすれば自由になれるかを、たえず問うてきたと言うことができます[2]。

この情況を記述するとき、現代の心理学者は、生まれて間もない頃、私たちが自分自身についての意識のうちに生きていないことを強調します。そもそも私たちは事物の意識のうちにさえ生きていないのであり、他者の経験のうちに生きているのです。他者とのふれあいをした後でしか私たちは実存の感覚をけっしてもちませんし、私たちの〔他者に対する〕反省は、いつでも私たち自身への帰還なのであり、したがって、この反省がそもそも他者との交際に多くを負っています。すでに月齢数カ月の幼児が、他者の顔が表出する好意、怒り、恐れを容易に識別します。この時期にまだ幼児には自分の身体を調べてこれらの情動の身体的徴候を学ぶことは不可能です。それゆえ、他者の身体がさまざまな仕草を示すとき、それは幼児にとって初めから情動的意味で覆われているものに映っているのです。つまり、幼児は自分の精神が〔自分にとり〕親近なものだと学ぶのと同時に精神を可視的行動として経験することを学ぶわけです。大人といえば、彼らは自分の生活のうちに、彼らの文化や教育や書物や伝統が彼らに教えたとおりのものを見いだします。私たちの自分自身との接触はいつでも文化を通じてなされます。〔「文化」ということばが曖昧なら〕少なくとも、私たちが外部から受け入れた言語を通じて自己との接触がなされ、言語によって自己認識へ導かれるのです。結局のところ、身体も道具も歴史ももたない対自や精神は、環境が醸しだす観念が直接私たちに闖入するのをはばむ審級としては役立つかもしれませんが、(3)精神が有効な自由の主体として実現され、生活世界に参与するには言語を使用しなくてはなりません。(4)

このことからは、私たちが〔この講演を〕開始したとき抱いていた人間や人類〔という類的存在者〕のイメージとはきわめて異なるイメージが導かれます。人類は個人の総和ではありません。〔もっと詳しくいえば〕人類は思考する主体の共同体ではないし、人類は思考という同じ本質を他者と分有しているからといって、互いに理解しあうことがあらかじめ保証されているわけでもありません。まして人類が、多くの個人がそこへ融解し吸収される宿命にある〔個々人を超えた〕唯一の〈存在〉でないのは無論のことです。人類は原理的に不安定なものです。各人は彼が心のなかで真だと知っているものしか信じません。そして同時に、各人は他者――この種の意見が好ましいと思わせるよう〔各人を〕導く他者――との一定の関係にすでに取り込まれたものしか考えないし決意しません。各人はただ一人ですが、しかし誰にしても、彼の利益――ここではこの問題は取りあげません――のためでなく、彼の仕合わせのためにも、他者なしではいられないのです。複数の人と生活を共にするとき、この生活が重荷から私たちを救出し、自分の意見をもつのを免除してくれることはありません。しかも、他者との最初のかかわりではないような「内的」生活もありません。身体ならびに個人的かつ集合的歴史を有するせいで、私たちが投げ込まれているこうした曖昧な情況に絶対的休息は見つかりません。お互いの衝突を解消し、誤解されたことばを説明し、私たちに隠されたものを明らかにし、他者を知覚するために、私たちはたえず努めなくてはならないのです。理性や精神の互いの合意は私たちの背後にはありません。それらは私たちが進む前方で引き継がれるかもしれないものです。しかもそれらを決定的に達成することは不可能であり、かといって放棄することもできません。(5)

人間という種は、まだ果たされていないし果たされることもない使命、完璧でなくとも是非成就すべきだと必ずしも言えない使命にコミットしていますが、人間にとって〔自分の置かれた〕こうした情況が同時に不安の動機であり勇気の動機でもあるのは理解できます。この二つの動機は実は一つのものです。不安であるとは警戒することですから、そこには人間が現になしていることとなすべく呈示された目標を知る意志、判断する意志がともないます。〔人間にとって〕善い宿命(fatatité)がないというなら、まして悪い宿命などありません。[6]勇気は自己と他者を信頼することのうえに成り立ちます。そのためには、〔人々がおかれた〕物理的・社会的情況のあらゆる相違にもかかわらず、彼らの行為そのものや彼らの関係そのものが同じ火花を発するようにさせましょう。この火花が、私たちに彼らの情況を知らしめ、彼らを評価や批判することを必要とさせ、私たちに共通の運命を負わせるのです。ただ、近代人のこの人間主義（フマニスム）はそれに先立つ数世紀のドグマとしての強さを失ってしまいました。私たちはもはや純粋な精神的共同体を誇れないでしょう。社会における私たちの互いの関係が実際にどういうものかをご覧になればいい。たいていの場合、それは主人と奴隷の関係です。[7]私たちは善意を言い訳にできないことを知っていますし、〔プロレタリア、資本家、フランス人、ドイツ人などとしての〕各人の善意が、他者から見れば、しばしば恐ろしい姿になるのを知っています。よそ者の視線のなかには何かしら健全なものがあり、私たちはこれを人類〔という類的存在者〕に振り向けています。ヴォルテールはかつて地球とは別の惑星に住む想像上の巨人が人間の慣習に直面したときの様子を『ミクロメガス』という物語に書きました。人間の慣習は私たちより高い知性の彼らにとって嘲笑すべきものとしか思えなかったというのです。現代は——それが苦く辛辣な評価だからという理由で——高所から自らを評価するのに遠慮がちです。現代は低い位置から自らを評価する時代なのです。カフカは奇妙な虫に変身し、自分の家族をこの虫の視線で見る人間を想像しました。[2] また彼は、人間の世界を調べる一匹の犬がその世界と衝突するという想像を作品に描いています。[3] カフカが描いたのは、押しつけられた慣習の殻に社会が閉じ込められる様子ですが、現代ではモーリス・ブランショが法の自明性のうちに囚われた都市を描いています。各人が自明な法にのめり込むあまり、彼らは、自分の他者との違いも他者の自分との違いもわかりません。[4] 人間を外部から見るのは、人間を批判することであり、精神の健全さです。しかしこう言うのは、ヴォルテールのように、すべてが馬鹿げていると示唆するためではありません。むしろカフカのように、人間生活がつねに脅かされていることを示唆し、ユーモアによって希少で貴重な機会を準備するためなのです。この機会によって人間が自分を知り発見することになるのです。[(8)]

原注

1 Descartes, *Discours de la méthode* (1637), 5e partie, in *Œuvres*, éd. A. T., *op. cit.*,

vol. VI, p. 59, l. 10–12; in *Œuvres et lettres*, *op. cit.*, p. 166.「わたしは、水先案内人が船に乗っているように、魂が人体に宿っているだけではじゅうぶんではないことを示しておきました。おそらく手足を動かすためにならこれでじゅうぶんかもしれませんが、この運動の力にくわえて、私たちと同じような感情や欲求をもつためには（……）魂が人体と固く結ばれ一体となる必要があるのです。」*Meditationes de prima phiolosophia*（1re éd. 1641), Méditation sixième, in *Œuvres*, éd. A. T., vol. VII, p. 81, l. 2–3; *Méditations métaphysiques* (1647), in *Œuvres*, éd. A. T., vol. IX, p. 64; in *Œuvres et lettres*, *op. cit.*, p. 326.「自然はこの痛み、飢え、渇き、などの感覚によって、わたしがわたしの身体に単に水先案内人が船に乗るような具合に宿っているのではないことを教えるのみならず、それ以上に、わたしがわたしの身体ときわめて緊密に結ばれており、身体と混淆し溶け合っていること、わたしが身体と一体であることを教える。」

2　Franz Kafka, *La Métamorphose*, trad. fr. A. Vialatta, Paris, Gallimard, 1938.（「変身」浅井健二郎訳、『カフカ・セレクションIII』、ちくま文庫、二〇〇八年、所収。）

3　Franz Kafka, *Recherches d'un chien*, in *La Muraille de Chine*, trad. fr. J. Carrive et A. Vialatte, Villeneuve-lès-Avignon, Seghers, 1944, rééd. Paris, Gallimard, 1950.（「いかにわたしの生活は変化したことか」浅井健二郎訳、『カフカ・セレクションIII』所収。）

4　Maurice Blanchot, *Le Très-Haut*, Paris, Gallimard, 1948.（モーリス・ブランショ『至

高者』天沢退二郎訳、筑摩書房、一九七〇年。)

注釈

(1) 現代の現象学ならびに実存哲学における人間の捉え方の特徴といえば、他のことはさておき、自分があることについての意識に焦点を求めた点であろう。たとえば唯物論の人間観に比較すれば、この特徴はいっそう明らかになる。唯物論は人間を精巧な機械あるいはオートマトンと見なしている。もしこの機械が〈意識〉をそなえていたとしても、それは機械が発揮するひとつの機能であるにすぎず、人間存在にとっての還元しえない構造要因ではない。近代において、意識(正確にいうと自己意識)を基軸とする人間観を打ち出したのは、この章で名指しされたデカルトであった。デカルトによれば、個人は精神(esprit)と身体(corps)の二種類の実体からなっている。精神は考えるはたらき(思惟pensée)を本質としているが、身体は物質として延長(étendue)を本質とする。身体は外界のなかのひとつの事物として他の多くの事物とかかわりあうという意味で、精神にとってやはりひとつの外部であり外面である。ところが――デカルトも理論的説明が困難であるのを認めたが――外面としての身体には精神が宿っている。人間に身体的要因に由来しない内面を可能にするのは精神にほかならない。――これがいわゆるデカルト的二元論の構図である。

メルロはこの講演冒頭で、私たちの日常的なコミュニケーションがこの二元論的形而上学を覆す反例だという指摘をおこない、あらたな存在論の呈示によって二元論の乗り越えを明言している。デカルト的二元論の批判とその克服という問題設定に、彼が哲学的なコミュニケーション理論で応じている点にまず留意しなくてはならない。そしてこの対処の構えが、表現、言語、情動、認知などの主題について新たな展望と知見をもたらす点にも留意が必要である。二元論を攻略するためにメルロが敷設した方法は、じつはメルロの〈身体性の現象学〉の基本的性格を物語っている。彼は人間を〈世界内属存在〉(être-au-monde)として捉える。これを言いかえると、人間存在とは、知覚－行動系としての身体でもって世界に住みつつ、世界とつねに相互行為を交わしている生き物なのである。世界と人間存在はいわば同じ生地からできており、互いに対話する間柄なのだ。こうして〈身体性の現象学〉は基本的にコミュニケーション存在論(communicative ontology)にほかならない。環境と主体の行為的交渉もコミュニケーションであり、もちろん狭義の言語もコミュニケーションである。そしてこの論点をつきつめるなら、「言語」概念の更新が要請されることにもなる。

デカルト的二元論にとどまるかぎり、他者の表情を知るという卑近な経験が了解できなくなる。このくだりでメルロはその説明を直接おこなってはいない。だが外面と内面を引き裂いた二元論が表情の理解を不可能にするのはほとんど自明である。人型ロボットの顔面装置に人間的表情をたくみに模擬させることができたとして、そもそもこの機械に内面はない。それゆえ「機械が悲しんでいる」という仮想自体が不可解でしかない（だからロボット展示会の観客は驚いたり喜んだりする）。デカルトのように外面と内面を絶対的に分断したら、後になってそれらの間に繋がりや交錯を見いだす道はないのではなかろうか。分断問題へのメルロの応じ方は、二元論を括弧にいれて分断を無効にすることであった。そのうえで、彼は知覚と行動の主体を「本来的身体」（corps propre）と名づける。しかも、個別の主体のあり方を構成する要因として、他の主体との共同性を構想し、これに存在論的な優先権を付与する。すなわちこれがメルロのいう〈間身体性〉（intercorporeité）の概念である。この概念の真意は、個々の身体を外部から繋ぎあわせる紐や鎖のたぐいではなく、最初から全面にひろがる潜在的身体性であり、個別の身体性は間身体性が現勢的水準で分化したものと解されている。「現勢的」（actuel）は日常語としては熟していないが、「現実の」という意味である。名詞化すれば「現勢態」（actualité）となり、「現実性」を意味する。もともとアリストテレスの dynamis（潜勢態）に対する energeia（現勢態あるいは現実態）に由来する用語であり、ものを生みだす能力が発揮され発現した状態をいう。

あらゆる表現（表情、言語、絵画、ダンス、など）の伝達はこのような存在論を基礎として遂行されている。メルロは自分の怒りについて、「それがわたしの精神や思惟のなかにはない」のがわかるという。なぜなら、デカルトの信じた「精神」や「思惟」が存在しないからである。メルロにとってその怒りは身体性の様態として身体全体に露呈していると同時に、メルロに敵対する相手の身体にまで及んでいる。すこし後でメルロは月齢数カ月の幼児が養育者の表情を的確に識別する心理学上の事実に言及している。これは「共振」(resonance)あるいは「引き込み」(entrainment)という身体性の反応として知られている。たとえば、産院のベッドに寝かされた赤ん坊が何かのきっかけで火のついたように泣き出すと、同じ部屋のもう一人の赤ん坊も――振動する音叉を別の音叉にちかづけると、それもまた振動し始めるように――泣き始めることがある。〈引き込み〉とは「生体リズムの同調化」のことである(小林登ほか「周生期の母子間コミュニケーションにおけるエントレインメントとその母子相互作用としての意義」、『周産期医学』第一三巻第一二号、一九八三年、参照)。心理学では身体運動の〈共鳴〉(もしくは〈共鳴動作〉)に関する観察が積み重ねられてきた。次もその一例である。「生後四ヶ月の赤ん坊の前で観察者が掌をゆっくり開いたり閉じたりした。赤ん坊はじっと手の動きに見入り、その動きにあわせて(自分の手を見ることなしに)指を開いたり閉めたりした」(村田孝次『言語発達の心理学』培風館、一九七七年、八〇〜八二頁)。〈共鳴〉は模倣行動の一種であるが、もちろんそれは意図に出た(volitional)行動ではない。以上の知見は他者認識に関する投射説ないし類比説を斥けるに十分である。これらの説によると、他者の心理を知るとは、他者の身体的徴候に知的解釈を施さなくてはならないが、そうした心的操作をおこなうための諸条件が充たされるとは考えにくい。まず自分が一定の情動にあるときに一定の身体的徴候がともなうことを内観によって逐一確かめ、情動と徴候を対応させる理論をつくる必要がある。ついで他者を観察して、個々の身体的徴候をタイプとして認知して網羅的なリストをつくらねばならない。最後に、事例が与えられたとき、対応理論を使用しつつ、いま他者が示している徴候に対応する心的状態を類比的に割り出さなくてはならない。――日常生活で私たちはこんな面倒で完結する保証のない解釈をおこなっているのだろうか。

ここでメルロは他者認識の問題を表情、つまり情動ないし感情の表出の問題から説きはじめている。これは表現あるいはコミュニケーション理論にとってきわめて重要な意義をもつに違いない。この論点については、これを主題とする筆者の論文の参看を願うことにして（「記号過程の表情原理」、『恣意性の神話』勁草書房、一九九九年、一七一～一八五頁）、ここでは、第四章、注釈（1）で述べたメルロの表現論の要点をもう一度確認しながら、言語存在論について補足することにしたい。彼は『知覚の現象学』において身体性の哲学にもとづく言語存在論を提示したが、その主張は、旧来の言語探究（言語学、言語哲学、記号論など）に対して、その基礎的見解の根本的見直しを迫るものであった。メルロの存在論的テーゼを「言語とは身体の表情あるしぐさである」という命題に要約することができることはすでに述べた。では「身体の表情あるしぐさ」を現代の言語学探究からどのように捉え返せるだろうか（この部分は、菅野盾樹・近藤和敬「言語音の機能的生成――あるいは、言葉が裂開するとき」、『大阪大学大学院人間科学研究科紀要』第三三巻、二〇〇七年三月、三九〜七八頁、に拠ることをお断りしたい）。

伝統的言語学は、たいてい、三つの言語学的部門——言語学、パラ言語学、運動学——を立ててきた。（ちなみに、最後の〈運動学〉はおおよそ〈ノンバーバル・コミュニケーション研究〉と呼ばれる分野に相当する。）そしてこれらの部門は別箇に研究され、得られた知見が統合されることはなかった。いま私たちに必要なのは全体としての〈言語〉を新たに捉えなおす作業である。ロイ・ハリス（Roy Harris 一九三一年〜、英国の言語学者）は、従来の言語探究が踏まえる〈分離主義〉（segregationism）が誤りであるという論証を通じて新たに言語への〈統合主義的アプローチ〉を要請しているが（Roy Harris, *Introduction to Integrational Linguistics*, Pergamon, 1998 を参照）、メルロの言語存在論はこの要請に応えるための眼目を提供する。いまや〈表情ある身体のしぐさ〉としての言語は、三つの層をそなえた統合的構造——言語 - パラ言語 - 身体運動の統合的構造——として現われるだろう。〈表情ある身体のしぐさ〉とは要するに言語音（speech sound）のことであり、分節音とプロソディーおよび身体運動が統合された表現体にほかならない（言語の三層構造については、F. Poyatos, *Paralanguage*, John Benjamins Publishing Company, 1993 を参照）。従来、〈分節音〉は言語学の一部門としての音韻論（phonology）が扱ってきた。ちなみに〈プロソディー〉については、従来の理解よりひろくこのカテゴリーを設定しなくてはならない。従来は——韻文のリズムを調べる韻律法はしばらく措くとして——発声のリズム、強勢（ストレス）、抑揚（イントネーション）、高低（ピッチ）、音調（トーン）など、分節音以外で言語学的に有意な音声要素をこのカテゴリーに含めていた（結果として韻律法はここに含まれる）。すなわち、これは音声学（phonetics）の領分なのである。これに加えて、いわゆるパラ言語学的要素もすべてここに含まれることになる。そうした要素を少数挙げれば、音声の質、発話に介入する沈黙（これはもはや音声ではないが、しかし雄弁に意味をあらわす！）、ノイズ（言語音を攪乱すると同時にその材料となるもの）、音声としての笑い、泣き、溜息などがある。

最後に、逆説じみたことだが、〈身体運動〉を言語音の構造要因に数えなくてはならない。そもそも言語音が身体運動の所産にほかならないかぎり、身体のうごきが——明示的にあるいは黙示的に——言語音の構成に内的に寄与しているはずである。この点が見やすい言語現象は言語音の表情性である。言語音は必ず表情をおびている。たとえば、言語音としての笑いはそれだけで完結するわけではない。笑うときの顔の表情（たとえば、〈顔をくしゃくしゃにする〉）や姿勢（たとえば、〈お腹をよじって笑う〉）が発声された言語音の背後に展開されていることを見落としてはならない。ここに分離を持ち込むのはあくまでも言語探究の便宜の問題にすぎないのであって、この〈分離〉を言語の存在構造そのものに持ち込むなら言語は死滅する。

言語と前言語的な表現（知覚物、表情、行動など）ならびに非言語的表現（絵画、ダンスなど）との連続性と交錯がこのようにして回復される。たとえば、絵画の多彩な表現はふつうアナログと見なされ、ディジタルな言語表現とはまったく異質なものと考えられてきた。しかしメルロの言語存在論はこの断定に歯止めをかけ、その再考を迫るはずだろう。とりわけメルロが言語の表情性にその意味機能の淵源を求めた点を重視しなくてはならない。表情は主観－客観の二項対立の図式ではすくいとれない存在論的性格をそなえている。かつて生物学者ユクスキュルは、生物種がその種に固有な、表情にとむ環世界（Umwelt）に住んでいるという観察を述べた。たとえば、茂みの樹の枝にいるダニは、下を獲物の動物が通るのをひたすら待ちもうける。たまたま動物が通りかかると、ダニは動物の皮膚から発散される酪酸のにおいをキャッチし、足を枝からはなして動物のうえに落下する。ユクスキュルは、ダニが機械装置などではなく歴とした主体（Subjekt）だと考えた（動物性については、前章、とりわけ、注釈（1）ならびに（5）を参照）。血を吸われるその動物は外界を構成する対象（Objekt）であるよりむしろ環境の部分であり、そのうえ、酪酸はこの動物の部分であるから、この全体と部分の関係に推移律をあてはめれば、酪酸は環境の部分となり、それゆえ（どんなに低水準であるにせよ、なにがしかの）表情を帯びるのでなくてはならない。〈表情〉を伝統的形而上学のカテゴリーである属性や特性に含めることはできない。なぜなら、表情性によって、それらの伝統的カテゴリーの妥当性が一個の問題に転化するからである。表情は多くの契機を統一した表現として出現している。あのダニにとって、環世界は意味にみちた世界である。獲物の発散する酪酸という信号をこのちいさな生物が受信した瞬間には、きわめて原始的ながら、すでに表情のあらゆる契機がみとめられる。その刹那、ダニの存在様態は転調して「対象認知・感情興発・行動誘発」のみぶりをやってみせる（廣松渉『表情』弘文堂、一九八九年）。一般に、表情は純粋な内的感官にはとどまらない。それは対象の認知を含みつつおのずと行動へと身をひるがえす。主体によって生きられたこの時間性を、無理は承知であえて言葉にしてみるなら、「そら獲物だ、しめしめ、いざ取りつけ！」という具合に分節化しうるだろう（拙論文「記号過程の表情原理」前掲書、一七四頁）。メルロは、こうして、前言語的な認識価値としての〈意味〉を言語的に分節化された〈意味〉にまでつなげる道筋を敷設したのである。

そうだとすれば、どのようにして、表情としての表現が前言語的水準から言語的水準へと展開してゆくのだろうか。前期の仕事を成し遂げて以降、彼がこの〈言語の生成の問い〉にたびたび挑んだことが遺された講義録などによって知られている（第四章、注釈（1）を参照）。遺憾ながら、メルロ゠ポンティがこの生成を主題として記述することは叶わなかったようである。

メルロ゠ポンティの言語存在論は、在来の言語探究に対してパラダイム転換をうながす論点をいくつも含んでいる。言語を分断せずにその全体を全体として解明すべきだという統合的視点についてはすでに述べた。ここで指摘したいのは、表現一般をつねにコミュニケーションの相のもとに捉える、という基本的視座である。そもそも知覚のはたらきは、メルロによれば、世界内属存在としての私たちと環境とのコミュニケーションあるいは対話にほかならない。実際、この規定は隠喩に違いないが、しかしメルロの擬人主義的存在論から見れば「必然的隠喩」というべきである。それゆえ、知覚物が視野に立ち現れるという事態（つまり知覚の実現）がすでに表現であり、だからこそ意味をになうのである。この基本的視座を「認知はコミュニケーションとして実現される」という命題に要約することができる。メルロのコミュニケーション観は、ソシュール主義の観念論的コミュニケーション観とも、情報理論における機械論的コミュニケーション観とも趣を断然異にする。「あらゆる知覚はコミュニケーションあるいは一体化（コミュニオン）である。つまり、私たちが未知の志向を反復し完成すること、逆に言うなら、私たちの知覚能力の外部での実現、私たちの身体が事物と一対（つい）になることだ」（『知覚の現象学』、三七〇頁）。読者はこの引用にアニミズムとカトリック神学の想念を聴きとることができよう。ちなみに「一体化」の原語は communion であり、神学用語としては「交わり」、「聖餐」など多様な訳語がある。これはギリシャ語 *κοινωνία* のラテン化としての communio を語源とする語であり、大別すると二つの語義をもつ。第一は「交わり」という訳語のように、キリストの救済を信じる信徒の交わりあるいは信徒集団を表わし、第二には、聖餐の儀礼においてキリストの聖なる血肉である葡萄酒とパンを信徒が分かちあうことを表わす。こうした含意をもつ一体化（コミュニオン）が「コミュニケーション」と語源を等しくする点に留意すべきである。（メルロのカトリックとのかかわりについては、第三章、注釈（2）を、アニミズムについては、第四章、注釈（5）を参照のこと。）

「認知はコミュニケーションとして実現される」というメルロの見地を認知のコミュニケーション理論（communicative theory of cognition）と命名しよう。この理論は、現代における言語行為論（speech act theory）やとりわけ記号論の学科としての語用論（pragmatics）に対する基礎理論の資格を有している。認知のコミュニケーション理論が実質的には身体性の現象学である点を見るなら、語用論における諸問題をこの理論に拠って再考する可能性がここに与えられたことになるだろう。とくにいま標準的な語用論としてひろく受け入れられている関連性理論（relevance theory）も例外ではありえない。

（2）　メルロはここで哲学的分析あるいは〈反省〉（réflexion）によって獲られる知識と、反省するまでもなく了解している知識あるいは〈非反省的なもの〉（l'irréfléchi）との関係について原理的な問いを立てている。ここでいう〈反省〉はデカルトの実践を模範とするもので、おおよそ〈方法にのっとり対象について熟思すること〉をいう。

実際に『知覚の現象学』全体の内容をこの問いにそくして再構成することも可能である。

すなわち、『知覚の現象学』の著者は、まず反省と非反省的なものを区別し、それぞれの本態と認識価値を明らかにしている。次いで彼は、非反省的なものに反省を加えつつ、その知見を現象学的に記述している。言うまでもないが、『知覚の現象学』の主要な内容はこの種の現象学的記述からなる。だが彼の探究はこれで終わるのではない。非反省的なものを反省によって開示するだけでは、本来の主題を解明したとは言いがたいからである。『知覚の現象学』の最大の主題は、じつは〈反省〉を存在論的に闡明することである。それというのも、身体性の現象学が人間存在の構造分析であり、デカルトからフッサールへと継承された人間観によれば、人間とは反省をなしうる存在だからである。こうして彼は、反省についての反省を開始するだろう。とはいえ、こうした要約は単なる図式的なものである。遂行される反省が、非反省的なものから反省へと段階を踏んで進むわけではない。その都度の反省はいちはやく反省への反省を巻き込み、同時に、非反省的なものを反省にもたらそうとして、つねに二重化するからである。

このくだりでメルロはデカルトの心身問題への対処について鋭角的な批判を述べている。それが『知覚の現象学』の構成を基礎としてなされている点に注意しよう。デカルトは『省察』において、いわゆる方法的懐疑をあらゆる知識に適用することによって、絶対に疑いえない真理を見いだす決意を述べる。ふつうの生活の場面では、不確かなものであれ蓋然的な真理であれ、むやみに排斥することはしない。しかし新規に確実な学問を構築するためには、少しでも疑う余地のある意見は断乎として偽と見なし、これを否定すべきなのである。構築された知識の体系に知らぬ間に誤謬が混ざっていたら、体系は崩れてしまうだろうから。この誇張された懐疑の果てにデカルトは、このように「疑っているわたし」が存在することはいかにしても否定できない、と結論する。なぜなら、そうしたわたしを否定するなら否定するほど、当の否定するわたしの存在がますます確かなものとして浮かびあがるからだ。次にデカルトの反省は、この確実に存在するわたしとはいかなるものか、という問いに向けられる。そして彼はわたしが〈精神〉という名の実体であり、その本質が〈思惟〉にあることを見いだす。さらにデカルトの反省は外界を形成する事物に向かう。彼は事物に帰属する種々の特性（色、味、匂いなど）が実在しないこと、実在するのは〈物体〉という実体であり、その本質が〈延長〉にあると断定する。――こうしてデカルトの二元論的存在論が形成されたのである。

デカルトの思索を導いた〈反省〉（そこには懐疑も含まれる）は真理として証される以前の様態にある〈非反省的なもの〉に向けられている。一般に、反省は、非反省的なものへの反省、という構造をそなえるからだ。ところが、デカルトは非反省的なもののうち直接に生きられた要素（「直接的構造」）を、恣意的にも、真理の圏内から排除する。デカルトにとって思惟のはたらきには身体的要因が微塵も関与しないからである。（これにひきかえ、感覚や想像力には身体的要因が作用する。）デカルトが事実上の心身結合を権利上の心身分離と統合できなかったのは、〈反省への反省〉が徹底を欠いたせいである。結果として心身二元論を導いたデカルトの〈反省〉の権能が損なわれ、ひいては心身二元論が信憑性を失う羽目となった。

反省と非反省的なものの関係の問題をメルロ゠ポンティはフッサール現象学から引き継いだ。現象学の企図は、言葉にならない経験の意味を現象学的還元によって記述にもたらすことにある。ここには、非反省的なものがただ反省という迂路をつうじてのみ闡明されるという構図がある。しかしデカルトの主知主義の場合とは異なり、現象学においては、非反省的なものへの反省は、自らが身を養う非反省的なものを捨象しないし、そうすべきではない。非反省的なものへの反省が十全に実現するための条件は、非反省的なものが反省を可能とする土壌でありつづけること、言いかえるなら、反省による非反省的なものの明示をつうじて反省がこの土壌に再帰すること、である。メルロはデカルト主義の反省から現象学的反省を区別するために、これを〈根底的反省〉(réflexion radical)と呼ぶ。しかし、この企図には一見して矛盾が孕まれるように思える。企図の底に横たわる困難は一通りではない。端的な「矛盾」は〈超越論的意識〉という現象学の基礎概念につきまとっている。反省の主体が超越論的意識だとすると、反省は原理的に自律的いとなみであるはずだ。言い換えれば、反省を他の要因が誘発したりそのスイッチを押したりすることがあってはならない。とすると、反省をなしうる意識は(サルトルの場合そうであるように)自己原因（causa sui）であり、意識についてはどのような受動性も否定されねばならない。他方、意識は非意識的なものから生い立つのであり、つねに後者の徴を蒙古斑のようにおびつづける。意識が真に対象を了解したいと思えば、反省をあらかじめ非反省的なもののなかに置き入れる詐術は許されない。非反省的なものには意識の構成力が及ばぬゆるぎない事実性があり、この事実性に与るからこそ、反省は自らを反省として創出しうるのである（『知覚の現象学』、七四頁）。

後期においてメルロは〈根底的反省〉の孕む困難とふたたび直面することになる。彼が当初から見据えてきた問題――知覚的真理から言語的真理への昇華をどのように跡づけるか――は、じつは根底的反省の困難と直結している。反省の目的は、その言語的分節化の能力を駆使して沈黙裡にある非反省的なものを言語的記述に引き出すことにある。つまり反省の役割は、沈黙の意味がおのずと語るように仕向けることである。しかし沈黙の意味を言語音が表立たせるとき、沈黙が破られることによってその意味が歪曲されはしないか。そして言語はつまるところ沈黙に包まれているのではないか。なぜなら、言語も沈黙から立ち現われた表現にすぎないからだ（『見えるものと見えないもの』、二三〇頁、二五四～二五五頁）。遺稿として刊行された『見えるものと見えないもの』において、メルロは反省によってただちに知覚経験に沈潜する必要を説いているが、それは知覚的真理を反省的なものに昇格させるためではない。反省が解明するものは、経験の普遍的輪郭といったものにすぎない。反省（メルロは現象学の説く形相的還元を念頭にしている）は世界の内側からの光景を明らかにできないし、知覚物の具体性を取り逃がしてしまう。むしろ私たちは――とメルロは言う――反省のこの挫折を介して〈超反省〉（surréflexion）の働きを呼び起こさなくてはならない（同書、六九頁）。こうしてメルロは、反省哲学としての現象学を乗り越えるべく、あらたな思索の道を懸命にたどることになる。

（3）「審級」（instance）は精神分析の用語。フロイトは人間の精神を局所論的モデルやあるいはそれに力動的要素を加えたモデルで説明したが、その場合、精神は（部分としての）下部構造をそなえたものと見なされ、種々の下部構造のおのおのは「審級」と称された。局所論（Topik）は、精神をいくつかの空間的場所からなる装置と捉える。無意識、前意識、意識の三つの審級を区分する第一局所論と、エス、自我、超自我の三つの審級を区分する第二局所論がある。フロイトの学説は非常に入り組んでおり、その解釈もひととおりではないが、メルロの講演とのかかわりでは、第一局所論における「検閲」（Zensur）の働きや、第二局所論における超自我という審級を考えれば十分であろう。検閲は文字通り意識の内容をチェックし隠蔽する精神の働きである。たとえば、私たちはしばしば辻褄のあわない奇怪な夢を見るが、これは夢の内容に検閲がかかっていて不都合な要素が削られ内容が歪曲された結果だと解釈される。他方で、超自我とは、両親によって幼児に課された要求や禁止が内面化され、精神の構造に組み込まれたものである。その後、幼児の超自我に社会規範や道徳が加わることで、それはさらに強固なものとなる。こうして、超自我は主体にとって模範となり批判者の役割を果たしている。いずれにしても、メルロが指摘するように、対自あるいは精神の構造要因として〈審級〉を想定するなら、人間が環境要因に左右されることだけは回避できることになろう。

（4） この段落におけるメルロの主張を的確に捉えるには、この一連の講演でメルロがたえず――明示的にせよ黙示的にせよ――問い質している、デカルト哲学における他者の処遇とメルロの存在論における他者の地位とを、比較対照させなくてはならない。それと同時に、サルトルの対他存在の分析とも照らし合わせが必要である。まずサルトルの存在論に目を向けよう。このくだりに出現する「対自」（le pour-soi）という用語はもともとへーゲル哲学に由来し、サルトルの『存在と無』（*L'Être et le néant*）で確立された概念である。ちなみに、「対自」（le pour-soi）は「対自存在」（être-pour-soi）と同義の用語である。サルトルの存在論については第三章、注釈（5）でひととおり述べた。ここでの問題は、サルトルが存在論を組み立てたその順序にある。すなわち、サルトルはまず〈対自存在〉の概念を規定し、その後に〈対他存在〉の概念を仕上げている。この順序は存在論構築の手順として変えることができない。ところがメルロの場合、「対自」ないし「対自存在」

の用語を積極的意味で使用することはまずありえない。それはたいてい彼の批判的視線にさらされている。このくだりで彼が述べているように、メルロの存在論においては、自己と他者とは対をなし誕生をともにするからである。メルロによれば、他者認識（connaissance d'autrui）というときの（実は認識されるものは他者でなくてもかまわないが）、認識する（connaître）とは、共に（con）生まれる（naître）ことにほかならない。一般に対象を認識することは、対象と共振することによって対象をその場に呼び起こすことだからである。このように、サルトルの構築の手順がメルロの存在論と撞着をきたすのは明らかである。

サルトルは意識の基本的構造を現象学から学び、〈存在者について問い立てをして、それについてある種の内容を付与すること〉と捉えた。意識はつねに何かについての意識であるが（意識の志向性）、この何かと意識とのあいだには絶対的な亀裂がある（意識の超越性）。サルトルの見地が独特なのは、意識がどんな種類の存在者でもないかぎり、意識が存在の無（正しくは無化の働き）だとした点である。こうして、意識的存在である人間をサルトルは「対自」と呼んだのである。

他方、意識の対象になる存在者は、意識なしでも存立の可能性をもつという意味で「即自」（en-soi）あるいは「即自存在」（être-en-soi）と称される。さて、対自の存在構造からその形而上学的あり方としての〈自由〉が導かれる。なぜなら、対自の無化の働きはただちに自由としての人間のあり方にほかならないからだ。「人間存在は、自己自身の無である。存在するとは、対自にとって、対自がそれであるところの即自を無化することである。してみると、自由は、かかる無化作用より以外の何ものでもありえないだろう。対自がその本質およびその存在から逃れ出るのは、自由によってである。（……）」要するに、人間はそのあり方からして端的に自由なのである。これに対して、即自はただあるとしか形容できない惰性的なものにすぎず、自由とは何の関係もない。

彼によれば、自由な対自は状況のうちでつねに抵抗に出会うが、それをたえず乗り越えるからこそ自由でありうる。「抵抗する世界に参画するものとしてしか、自由な対自は存在できない。このアンガージュマン（engagement）をよそにしては、自由の観念は意味をうしなう。」

アンガージュマンは対自が自律的に自己に課す制約であって、即自的なものから単に他律的に押しつけられるものではない。人間は将来に向けて自己を何ものかに拘束する（s'engager）からこそ自由なのである。サルトルのこの考え方は、社会的・政治的問題に人々がコミットするという意味で「アンガージュマン」の思想と呼ばれ、フランス本国だけではなく我が国にも大きな影響を及ぼした（前述、第三章、注釈（5）、一七〇頁以下参照）。

講演のこのくだりでメルロが自由について指摘する論点はサルトルへの批判となってい

る。すなわち、自由が実効性をもつためには、おのおのの実存が生活世界へ身体性という存在様態で帰属する（「生活世界に参与する」）のが条件だという論点である。サルトルは一方で自由な対自、他方で自由を規制する即自という二項対立を設定する。そのうえで対自が自由の発露として即自的なものを乗り越えることを強調する。しかし彼の議論には他者との身体性を基盤とする相互行為（言葉やふるまいなど）への言及がまるでない。サルトルの二項対立の明晰さは、メルロから見れば、実存が世界に帰属することの曖昧さを犠牲にして初めて獲得しうるものに過ぎない。

メルロはハイデガー哲学における〈世界内存在〉としての人間の概念を『知覚の現象学』で l'être-au-mond（世界内属存在）と呼んでこれを継承した。すなわち、おのおのの実存はその事実性としてすでに世界に帰属するという様態でしか存在し得ない。いわば世界の到来と人間の世界への到来は同時に成立するのである。またハイデガーは、日常的なあり方ですでに自己と存在について漠たる了解をもって暮らしている人間を〈現存在〉（Dasein）と規定した。だが現存在は、世界内にあるというその構造のために、周囲の世界（哲学的意味での〈環境〉）への配慮や他の現存在への顧慮にとりまぎれている。ここでメルロは、現存在が周囲の世界で出会う存在者の主要なカテゴリーを二つ挙げている。一つは道具であり、もう一つは言語である。この「道具」はハイデガーが「手元にあり用いられる存在」（Zuhandensein）と呼んだものに相当する。メルロが言語を道具と並べて提示しているのは、言語がコミュニケーションの道具であるという理由によるよりも、現存在の共同性が道具や言語に端的に示されているからだろう。

例をあげよう。野原に道があってその奥に家屋がある。そのドアを開けて部屋に入ると、テーブルがあり食器がその上に並べてある……。〈道〉、〈家屋〉、〈ドア〉、〈テーブル〉、〈食器〉などは――人間生活のための手段という意味で――すべて広義の〈道具〉であり、それぞれが単独に存立するのではなく、他の道具と関連する全体のなかでそれぞれの位置を占めている。しかもこの道具的連関は全体としてわたしが制作したものではなく、他者がつくったものである（もちろんわたしが制作した道具がこの連関に追加される場合もあるが）。とすると、現存在は単独の自我なのではなく、この道具的連関を介していつでもすでに他の現存在とともにある存在であり、他の現存在とこの世界を共有する存在にほかならない。ハイデガーは、こうして、現存在がすでに共同性を体現する〈共同存在〉（Mitsein）（da に強調点を置くなら、〈共同現存在〉（Mitdasein））であることを明らかにする。従って、他者とは、世界をわたしと分かちもつもう一人の現存在としてわたしが世界において出会う存在である。メルロのここでの議論がおおむねハイデガー哲学の〈共同存在〉の思想を引き継ぐものであることは明らかだろう。〈道具〉のカテゴリーに加えて、彼が〈言語〉のそれに言及している理由も明らかだ。言語は単なる道具ではないが、共同現存在において見いだされる事情において道具の場合と類似するからである。

次にデカルト哲学における他者問題を見ることにしよう。デカルトは人間が身体と霊魂の二つの要因からできていると断じた。いわゆる心身二元論である。そして身体について機械論を提唱した。人間はたとえば機械式時計を製作することができるが、同じように身体はつくられた自動機械にすぎない。彼の心身二元論はあの有名なコギト（cogito）に基礎をもつ。絶対に疑えない存在があるとすれば、それは唯一つ、すべてを疑いつつある懐疑の働き（コギト）そのものである。ところでコギトを現代風にいえば自己意識と同じである。試しに自己意識を疑ってみよう。疑えば疑うほど自己意識が活発化して自己の存在を大声で主張する結果となるだけだ。さて問題は他者の存在である。他者とはわたしと同じ資格で存在するコギトでなくてはならない。この意味で他者とは「別のわたし」（alter ego）である。しかしながら、デカルト的二元論を前提すると、他者の存在を確証することが不可能になってしまう。この事情をデカルト自身が『省察』において記している。彼はいま窓から通りを眺めおろしている。彼には帽子が目にはいる。ところが、階下の街をゆく〈帽子〉の下にデカルトはもう〈人物〉を認めなかった。なぜなら、講演のこのくだりでメルロが言及している〈他者の知覚〉は、原理的に、心身二元論の枠組みのうちに成立する余地がないから。帽子の下につづいているいかにも人間らしく見えるもの（hommes feints）は、もしかすれば自動機械（オートマトン）かもしれない。〈帽子〉の感覚与件はまるで積み木のブロックのように、他の部分と任意に組み合わせ全体を形づくるための材料、しかしいつでもまたばらせる素材にすぎなくなった。デカルトの体系において、部分は外面化され、知覚の換喩的機能はさしとめられたのである（デカルトの推論について、「省察II」（『省察』所雄章ほか訳、白水社、一九九三年、所収）、四六頁、を参照。またデカルトの蹉跌の解釈について、拙論「人間はいかにして〈外部〉と交感しうるか」、『いのちの遠近法』新曜社、一九九五年、二七二〜二七四頁、参照）。

（5）　ここで「人類」と訳した原語は humanité であるから「人間性」とも訳せるが、しかし文脈から「人類」が適切だと判断される。次の段落の冒頭に「人間という種」という用語が見えるのも有力な判断材料であろう。メルロは「人類」がただ名称にすぎずその名に値する類的存在者は存在しないとする唯名論（nominalism）には与していない。しかし他方で、合理主義者が楽観的に想定するような人類もメルロの受け入れるところではないようである。思想史を顧みると、デカルト以降の啓蒙主義を通じて「人類」という観念がきわめて大きな意味をもつようになったが（おそらく今もなおその影響は残っている）、〈人類〉とともに強調されるのが〈理性〉であった。人類が理性によって将来において完全な存在となるという夢想をメルロが信じたとは考えにくい。

このくだりにおけるメルロの〈人類〉へのアプローチの重点は、他者関係のうちで人類を考えることにあり、そのうえで人類とならぶある種の普遍的存在者としての〈歴史〉の存在性格の曖昧さや不安定さに言及している。メルロ＝ポンティの哲学思想について一般的に指摘できることは、類的存在者（generic entity）あるいは普遍（universal）については両義的見地を堅持するという特色である。言いかえれば、彼は普遍が実在しないとする唯名論を受け入れるものではないが、だからといって、伝統的な実在論（realism）に与するわけでもない。つまるところ、メルロは伝統的な普遍論争に対して中立的態度をとっているように思える。しかし、これは彼がいかなる意味でも〈普遍〉を認めないことを意味するものではない。むしろ彼は〈本質〉、〈概念〉などの類的存在者を世界に住まわせることを事実上容認している。

彼のこの哲学的見地を矛盾と決めつけるのは早計であろう。というのも、メルロの哲学思想の主要なモチーフのひとつとして、伝統的形而上学のカテゴリー（実体、属性、実在性、可能性、生成、など）を更新しようとする企図を指摘できるからである。言いかえるなら、メルロは、存在論を構想する際にメタ存在論的な戦略にしたがっている。しばしば指摘されるように、二〇世紀の哲学思想は言語論的転回を遂げたのであり、メルロの哲学も例外ではなかったと言わなくてはならない。哲学者が問うものは、もはやイデアや本質ではない。観念や表象でもない。そもそもそれらを含めてあらゆるものが問題とされ形をなす表現領域、つまり言語である。しかも言語は単に探究のもっとも重要な主題というだけにはとどまらない。それはまた、魚や鳥にとって水や空がかれらの住む場所であるように、探究そのものが生理的に成り立つためのエレメントなのである。メルロが〈知覚〉をあらゆる経験のプロトタイプとみなしたこと、知覚がすでに沈黙の言語にほかならないとしたこと、さらに、本来的な言語やその他の表現すべてがもろもろの存在者と世界をつくりあげているとみなしたこと——これらの点に徴するなら、メルロが、生涯にわたり徹底的にそして幾度となく言語論的転回を遂行した哲学者であることが知られるだろう。

(6) この語は形容詞 fatal に由来する名詞。死をもたらす、致命的な、破局的な、逃れられない、などの否定的意味をもつ。そもそも宿命について、善い宿命はありえない。メルロが「悪い宿命などない」というのは、この語義を踏まえたレトリックである。

(7) 人間の存在構造のひとつの要因としての〈対他存在〉について、注釈(3)でメルロの考えにふれた。この箇所で彼はこの要因を主人と奴隷の関係として具体的に捉えている。人間は砂粒のように孤立した存在ではなく他の人間つまり他者との多様な関係のうちではじめて存立できる存在である。そのかぎり個々の人間にははじめから共同性が組み込まれており、共同体のうちで生活せざるをえない。(ついでながら、言語学的にいって〈われわれ〉という人称の基礎は人間のこの存在構造に横たわっている。)〈人類〉なる類的存在者はこの存在構造の歴史的な転調と見なすことができるだろう。しかし——とメルルロはいう――現代では共同体が弱体化しており、人類の理想も力をなかば喪失した。現実社会に見いだされる他者関係は、支配する者と支配される者とのそれでしかない。〈主人と奴隷の関係〉という想念を、おそらくメルロは、サルトルとともに、アレクサンドル・コジェーヴ（Alexandre Kojève　一九〇二～六八年、ロシア出身の哲学者）がパリの高等研究院で実施したヘーゲル哲学講義から学んだのだろう。ヘーゲルの著作『精神現象学』は〈意識〉としての人間がさまざまな段階を経て〈精神〉にまで高まってゆく困難な道筋を雄渾に描いている。ヘーゲルによれば、共同性のうちで生きる自己意識は、生命として自己の保存に努めるが、それを実現したいという〈欲望〉は対象に向かってそれを我がものにしようとする。だが、欲望の対象が自分の思い通りになるなら、自己意識はかえって充足されない。むしろ対象が、それ自体、自己意識として主体に拮抗する場合にだけ、主体としての自己意識は充足することができる。こうした事態をヘーゲルは「自己意識は承認されたものとしてのみ存在する」と言い表す。他者による承認すなわち承認による自己の充足――この事態が対称性をもつ点に留意しなくてはならない。すなわち、意識が他者の承認を求める一方的な働きかけによっては承認は成り立たない。「互いに承認しあっているものとして互いに承認しあっている」ことが必要なのである。

しかし他者から承認されることは自己意識の死を意味する。なぜなら、自己が他者の承認を得たとき、自己は他者によって我がものとされてしまうから。（ちなみに、サルトルが

『存在と無』で記述した〈対他存在〉の分析はほとんどヘーゲルの記述によっている。第三章、注釈（5）参照。）こうして、自己意識のあいだに「生命と死を賭した闘い」が始まるが、これを生き延びるやり方に二通りがある。つまり、「自分のみでの存在」を持ちこたえた自立的意識として生きるか、それとも他者の意識に屈服して生きるか——これら二つの生き方であり、前者が「主人」（Herr）とされ、後者は「主人にとってあることを本質としている非自立的意識」、すなわち「奴隷」（Knecht）である。主人は「自分だけで対自的に存在する意識」であるから事物の「存在を支配する威力」をもつが、奴隷は事物に束縛された意識である。したがって主人は奴隷をとおして間接的に事物にかかわることになる。ヘーゲルは古代奴隷制を念頭にして「主人」、「奴隷」という用語を選んだのだろう。意識の関係が〈労働〉という人間活動（プラクティス）に媒介されるとするヘーゲルの議論はそれほど不自然ではない。すなわち、主人は奴隷の労働によって事物を享受できるし、奴隷は労働をつうじて生産に邁進する。この主人・奴隷の関係において、主人は奴隷に承認され自立的意識となるのにひきかえ、奴隷は主人が自分に向けた自立性の否定を甘受する。ここに相互承認が成り立っていないのは明らかである。

メルロのこのくだりがヘーゲル哲学の相当程度の影響のもとに執筆されたことは、主人・奴隷の関係への言及以外に、〈共同体〉、〈運命〉、〈精神〉、〈理性〉などの用語法から明らかである。メルロは、主人・奴隷関係を資本主義社会の現実に直結して議論している。

この議論が暗黙裡にマルクス主義を想定しているのは言うまでもない。

（8）『ミクロメガス』（*Micromégas*, 1752. 邦訳、川口顕弘訳、国書刊行会、一九八八年）は、しばしば現代のサイエンスフィクションの先駆けをなす作品として取りあげられてきた。ヴォルテールのこの物語がスウィフトの『ガリヴァー旅行記』（一七二六年）を典拠にしているのは確かだとされるが、両方の作品に共通するのは、人類に対する辛辣な風刺である。物語の主題はメルロがまとめているとおりだが、すこし詳しく紹介してみよう。

シリウス星の惑星に住む才気ある若者が土星に旅をする。彼の名はミクロメガス。彼の背丈は人間のおよそ二万四千倍もあり、彼の才智は、天才といわれる人間が足元にも及ばぬほどである。土星に到着したミクロメガスは、土星人があまりに小さく（とはいえ、人間の尺度で二千メートルほどの身長）、たいした知性もないので軽侮の気持ちをもつものの、土星アカデミー幹事の身分をもつ人物とは親交を結ぶまでになる。二人は相談のうえ太陽系の惑星を巡る旅に出発し、まず土星の環をさぐり、それから木星に到着して一年をすごした後、ふたたび旅立つ。二人は火星をかすめるようにして先へと進み、ついに地球に到達する。時に一七三七年七月五日、所はバルト海の北岸である。彼らは地球があまりに狭く小さいのを知る。「地中海」は彼らにとって小さな沼であり、「大洋」はもぐら塚を取り巻く池にすぎない。はじめ地球は無人の土地のように思われた。だが首飾りのダイヤ粒を眼鏡にして覗くと、なにやら海上を動くものがある。実はそれは北極圏の学術調査を行っていた哲学者たちが乗る大型船であった。よくよく調べると、この船に極微小物（アトム）がいるのがわかって彼らは歓喜したが、さらに極微小物がじつは知性をそなえた人間だとわかって二人は驚愕する。こうして、ミクロメガスたちと人間との対話が始まる。

学者の一人で率直な男が白状するには、地球の住民のほとんどは阿呆や碌でなしだという。彼の言では、地球の豊富な資源と人間の精神が地球の住人を不幸にしている。いまの瞬間にも、一〇万人の我が種族がターバンを巻いた別の一〇万人を殺したり殺されたりしている。人類の歴史は国家の支配者がたがいに領土を取り合う戦争の歴史だが、彼ら支配者は争いの土地を実際に踏んだこともないし、国民は支配者をまぢかに見たこともない始末だ。——この告白にミクロメガスたちは人間に哀れを催すのだった。哲学者たちが知性の持ち主だと知ったミクロメガスは彼らと哲学問答をするが、結局、彼らは虚偽を真理と強弁する傲慢な人種であることが暴露される。そこで彼は哲学者たちに、自分が書いた哲学書を進呈しようと申し出る。シリウス星人らが出発した後、パリのアカデミーに保管されたこの書物を学者が開いてみると、どの頁も白紙であったという。

この物語の筋書きから、『ミクロメガス』の人間諷刺がメルロの指摘する「高所からの評価」であることが了解できるだろう。ヴォルテールは人間の完全可能性と理性の理想から人間を批判している。それらを具現するのがシリウス星人だが、作者の目論見が成功しているかどうか意見が分かれるところだろう。他方、カフカの人間批判が「低い位置」からなされているとはメルロの言だが、なるほど、ザムザの変身した虫と犬は、シリウス星人と比較して、いわば「低い」視点から人間界を見ている。なにしろシリウス星人は容易に想像できないほど巨大な体軀とすこぶる高い知性の持ち主だからだ。『ミクロメガス』のようなタイプの作品はふつう〈アレゴリー〉に分類されている。これは、物語が文字どおりに表意する内容にことよせて他の想念や内容を強く示唆する機能を担った作品のことで、「寓意小説」あるいは簡単に「寓意」とも訳されている。他の三つの物語もやはりアレゴリーと見なされる作品であるが、カフカとブランショではかなり表現のスタイルに違いがある。（つけ加えるなら、ヴォルテールとカフカでも作品のスタイルが相当に異なる。）批評家が、ブランショに影響を与えた作家として、しばしばカフカに言及することは記憶されていいことだろう。

メルロの提起している論点を確認するために、『変身』について多少述べておこう。このよく知られた物語において、主人公グレーゴル・ザムザは、ある朝、自分が「薄気味悪い虫」（まるで巨大なゴキブリのように読める）に変身しているのに気づく。彼は地方に営業を展開するセールスマンだったが、たちまち職を失う羽目となり、彼が家計を支えていた家族（両親と妹）の生活は一変する。同時に家族たちがグレーゴルを見る目や彼に対する態度もがらりと変わってしまう。傷を負ったグレーゴルは、とうとう、家族の手で部屋に閉じ込められ、やがて餓死する……。カフカが物語にどんな寓意を籠めたのかは必ずしも一義的ではないだろう。メルロが指摘するように、この物語の眼目は、虫の目という「低い位置」から、人間生活や人間の共同性を「評価」することにある。読者は各自の読み方によって作品の寓意を解釈することができるし、それがこの作品の楽しみ方でもあるだろう。

第六章　藝術と知覚的世界

いままでの講演で、認識と社会生活の沈殿物が私たちの目から隠している知覚的世界をよみがえらせようとしてきました。そのとき、私たちはたびたび絵画に頼ることになりました。というのは、絵画によって、私たちは生きられた世界に否応なしに直面させられるからです。セザンヌ、ファン・グリス[1]、ブラック[2]、ピカソの作品において、私たちはさまざまなやり方で対象——レモン、マンドリン、ブドウの房、タバコの箱——に出会います。それらは、私たちの眼差しに「熟知した」対象という資格で抵抗なく受け入れられるのではありません。むしろ反対に、眼差しを制止し、それに問いかけ、対象の秘かな実質、つまりそれらの物質性の様態そのものを、奇妙なやり方で眼差しに伝え、そのようにして、いわば私たちの目の前に「血を流す」のです。このように、絵画は事物そのもののヴィジョンに私たちを回帰させました。絵画のやり方とは逆に、知覚の哲学は、いわば役割の分担によって、世界を見ることを学び直そうとします。知覚の哲学は、絵画に対して、また総じて藝術に対して、それらの真の場所、真の尊厳を返還するでしょうし、私たちが藝術を純粋な状態で受け入れるよう仕向けるでありましょう。

知覚の世界を考察して、実際、私たちは何を学んだのでしょうか。この世界において、事物からそれが現象する様態を切り離すことができないことがわかりました。なるほどテーブルについての辞書の定義――三本あるいは四本の支持物で支えられた水平の板であって、その上で食事したりものを書いたりするもの――をそのまま受け入るなら、まるでテーブルの本質に肉薄したような感じがするかもしれません。テーブルに伴い得るその他のあらゆる付帯性――脚の形、刳り形〔つまり家具の装飾で、部材を刳って曲面にした部分です〕のスタイルなど――には興味がないというわけです。だがこれは知覚することではなく、定義することです。これに反して、テーブルを知覚するとき、わたしはテーブルがテーブルとしての機能を遂行する様態に無関心ではいられません。おのおののテーブルによって異なる天板を支える方式、〔天板に置かれた事物の〕重量に抗う、脚から天板に及ぶテーブル全体の独特な動きは、おのおののテーブルを独自なものにしています。木目、脚の形、木の色や年代、年代を示す落書きやかすり傷――こうした些細な特徴が重要でないとはかぎらないし、わたしにとってのテーブルの「意味」は、現前するテーブルの様相に具現するあらゆる「些細な特徴」から創発するのです。ところで、もし知覚から教えを授かれば、わたしが藝術作品を理解できる状態にあるのがわかります。なぜなら、藝術作品はそれもやはり〔知覚物と同じように〕肉体的全体性であって、その意味が恣意的なものではありませんし、いわばすべての記号の些細な特徴に結びつき、そこに係留されているからです。これらの些細な特徴によって作品の意味が観る者に顕現します。こうして、藝術作品は知覚物と同じように見られ、あるいは聴取されることになります。(3) どんな定義もどんな分析も——結果としてどれほど精緻でありえても、また〔作品を鑑賞する〕経験についてどれほど綿密な調査をしても——作品についてわたしが行う直接的な知覚経験に取って代われません。

これはただちに明らかではありません。なぜなら、よく言われることですが、大抵の場合、絵画は対象を表象するからです。たとえば、しばしば肖像画は画家がその名を私たちに告げる人物を表象しています。結局のところ、絵画は、駅構内の標識、つまり出口やプラットフォームに乗客を案内する機能しかもたない矢印の標識に比較できるのではないでしょうか。あるいは、被写体そのものではないがその本質を保持している精密な写真に比較できるのではないでしょうか。もしこうした見解が正しいなら、絵画の目的はだまし絵を描くことになるでしょう。(4) また絵画の意味はすっかりその絵の外部に、絵が表意する事物のなかに、主題のうちにあることになるでしょう。ところで、あらゆる価値ある絵画はこうした考えに反対してつくられるのであり、画家たちは少なくとも百年来この考えと明らかな自覚をもって戦っているのです。ジョアシャン・ガスケによれば、セザンヌは、画家は自然の断片を摑みとり、「これを完璧に絵に描くのだ」と述べました。[1] 三〇年前にブラックはもっと明確に、画家は「逸話的事実を再構成しようと追い求めるのではない」のであって「絵画的事実を構成しようと努めるのだ」と書きました。[2] したがって絵画は世界の模倣ではなく、それ自体が世界なのです。何が言いたいのかというと、〔具象的な〕絵を見るという経験をするとき、〔私たちが(5)〕自然界の事物へ送り返されることはないということ、肖像画を美学的に経験するとき、肖像画がモデル（肖像画を注文した人物はしばしばその絵が自分に似ることを欲しますが、これは彼らの虚栄心が絵画への愛好に勝っているからです）に「似る」ことは重要ではない、ということです。これが真実なのに、どうして画家たちは――実際しばしばそうしたとはいえ――いつでも、実在しない詩的対象を題材に作品を制作しないのか、その理由をここで調べるには時間がかかりすぎるでしょう。ここではただ、彼らが実在する対象について作品を制作するときでさえ、彼らの目的は対象そのものを呼び出すことではなく、〔絵画の外部に依存しない、絵画だけで〕充足した情景を画布上に作品化するのだと述べるにとどめましょう。絵の主題と画家の手法とのあいだにしばしば区別が設けられますが、これは正当な区別ではありません。というのは、美学的経験にとって、主題のすべては手法のうちにあるからです。たとえば、ブドウの実、パイプ、あるいはタバコの箱を画家がキャンバス上に構成する手法のうちに、ブドウの実、パイプ、タバコの箱の主題が宿っているのです。藝術においては形式だけが大切であって、作品が語るものは重要ではないと言いたいのでしょうか。まったく違います。言いたいのは、形式と内容、つまり画家が語っているものとそれを語る手法とは、別個に存在できないという点なのです。私たちは〔ここでこの論点のために議論を展開することはせず〕まぎれもない次の事実を確認するにとどめておきましょう。わたしは見たことのない対象や道具をそれらの機能にしたがい詳細に記述することによって――少なくとも一般的特徴において――思い描くことができますが、反対に、最良の分析でさえ、わたしが一度も実物を見たことがない絵画が贋作かもしれないという疑いをわたしに差し挟ませることはできません。〔なぜなら、当の絵画をどんな意味でも思い描けないからです。〕したがって、絵を観ているとき、絵の主題に〔記号系である絵が指示する〕指示項〔指示されるもの〕を増加させるのが重要なのではありません。たとえば、もしその絵が歴史状況を描いており、この歴史状況が原因で絵が描かれたとして、鑑賞の問題とは、この歴史状況にさらなる指示項を付け加えることではありません。重要なのは、事物そのものの知覚におけるように、キャンバス上に〔画家が〕定着させたあらゆる絵の具の痕跡が形づくる〔全体としての〈絵〉の〕すべての部分に具わる沈黙裡の情報にしたがって、絵を知覚することなのです。この知覚の過程は、すべての絵の部分が、言説や推論の働きなしに、緻密に組織されるまで続きます。この組織体には、鑑賞者がそれを説明する状態にはないとしても、何も恣意的なものはありません(6)。

映画はいまはまだ、冒頭から終りまで藝術であるような作品を、それほど多く提供しておりません。人気俳優に対する熱狂や、ショットの変化がもたらすセンセーショナルな効果、あるいは筋の急転、美しいシーンの挿入もしくは気の利いた対話の挿入のそれぞれが、みな映画にとっての惑わしだったのです。映画がこうした惑わしに捉えられ身動きできなくなり、映画にもっとも固有な表現手段を捨てることで成功を収める恐れがあります。従来、十全な意味で〈映画〉と呼びうる作品を一回も観られないようにしている事情があったのですが、にもかかわらず、映画の資格に値する作品とは何かを一瞥することは可能でありましょう。すなわち、あらゆる藝術作品のように、映画作品もやはり知覚される何かであるでしょう。なぜなら、要するに、映画の美を構成しうるものは、物語そのものではないし——物語は散文でもきわめて巧みに語れるでしょう——まして映画が示唆する観念でもなく、監督を同定するのに役立つ〔映像制作上の〕独特な癖、固定観念、手法でもありません。〔映像上に確認できる〕その監督に独特な特徴が重要でないのは、ある作家が気にいっている語彙が作品にとって決定的重要性をもたないのと同じようなものです。重要なのは、映像で表現されたシーンのどれを選択するか、そして選択されたシーンのどの画面（ショット）を選択するか、またこれらの要素のおのおのにどれだけの時間的長さを割りふり、どんな順序で表現するか、画面（ショット）にどんな音や科白をあてはめるか——これらのすべてが、全体としての映画的リズムを構成するのです。映画が私たちの経験のうちで〔読書や絵画鑑賞などの〕他の経験より長時間を占めることになるなら、映画の一種の論理学、あるいは、映画の文法や文体学さえ練り上げることができるでしょう。それらは従来つくられた多くの作品の経験に基づいて、〔映画の〕おのおのの要素に対して、それが典型的全体の構造を損なわないために、然るべき価値を付与してくれる知識です。しかし、藝術の素材についてのあらゆる規則と同様、これらの知識は、成功した作品がすでにそなえる構造を明らかにし、まともな企画を後押しするのに役立つだけです。こうして、将来の映画制作者はいまの制作者と同じようにしなくてはならないでしょう。彼らはいつでも道案内なしに、制作に必要な全知識を新たに発見しなくてはなりません。将来の観客が、傑作における時間的展開の統一性と必然性を体験するとき、現在の観客同様、彼らはそれらについて明晰な観念をもたないでしょう。現在の作品と同じく、将来の映画作品は、観客の精神のうちに興行収入高〔の記憶〕ではなく、放射されるイメージ、リズムを残すことになるでしょう。現在と同じように、将来の映画経験は知覚であるでしょう(7)。

音楽は私たちにきわめて平易な実例を提供するでしょう。ですから音楽についてくだくだしく申そうとは思いません。音楽については、藝術が藝術以外のものに差し向けられるという想像は不可能です。雷雨や悲しみまで描写する標題音楽は例外です(8)。音楽では、私たちが、言葉を語らない藝術に直面しているのは否定すべくもありません。だからといって、音楽が音の感覚の集積だというのでは全然ないのです。音を通じて楽句が現れるのがわかります。そして楽句のつながりのなかから楽曲全体が出現します。そしてプルーストが言ったように、〔音楽を聴く経験のなかから〕ドビュッシー地方やバッハ王国からなる可能的音楽の全領域を含んだひとつの世界が現われるのがわかります。[9]ただ聴くほかにすべきことは何もありません。私たち自身、私たちの記憶、私たちの感情に帰る必要はありませんし、この作品をつくった人間に言及する必要もないのです。これはちょうど、私たちが知覚と夢を混ぜ合わせることなく、事物そのものを知覚する経験と同じことです。[10]

最後に〔音楽の〕文学とのアナロジーの要素について語ることができます。もっともこれについてはこれまで、文学は言葉を使用するが音楽はそうではないという理由でしばしば異論が唱えられてきたわけですが。言葉は自然の事物を表意するためにつくられたものです。すでにかなり以前に、マラルメは言語の詩的用法を日常談話から区別しました。[3]おしゃべりな人が事物の名を口にするのは、ただ「何が話柄であるか」を言うために手短に事物を指すためでしかありません。これとは反対に、詩人は――マラルメによれば――事物のふつうの名称を別の名称と取り換えます。ふつうの名称は事物を「周知のもの」として指示しますが、この種の名称を、事物の本質的構造を記述し、私たちをこの構造にはいり込ませるような名称で代替するのです。世界について詩的に語るということは、もし発話（パロール）を日常的発言という意味に解するなら、ほとんど発言せず黙っていることです。実際、マラルメが沢山の詩篇を書かなかったのはよく知られています。しかし、彼が遺した数少ない詩篇には、ただ言語のみに支えられた詩という、この上なく明瞭な自覚があります。詩はマラルメにとって〔既成の〕世界自体に直接関与せず、散文的真理や理性にも関与しない発話、したがって、〔既得の〕観念に完全には翻訳できない発話の創造でした(11)。マラルメや後のヴァレリー[4]は、彼らの詩を散文によって注釈することをまるで認めようとも、認めまいともしませんでした。それというのは、後にアンリ・ブレモン[5]とヴァレリー[6]が述べたように、詩とは、第一義的には、観念の表意作用あるいは意味機能ではないからです(12)。知覚される事物において地と図を切り離せないのと同様、詩においては、〔詩句に〕現われたものと眼差しにそれが現わされる方法とを切り離すことはできません。今日、モーリス・ブランショのような作家はマラルメが詩について述べたことを小説や文学一般に対して敷衍すべきではないかを自問しています。[7] 成功した小説は観念や主張の総和として存在するのではなくて、可感的事物、そして運動状態の事物という様態で存在するのです。小説をその時間的展開において知覚すること、そのリズムに身をそわせること、そして、観念の集合ではなく観念の紋章とそのモノグラム[13]を記憶にゆだねることが重要なのです。

もしこれらの指摘が正しくて、藝術作品が知覚されることが示されたなら、知覚の哲学は、人がそれへの反論としてぶつけるかもしれない誤解からただちに解放されます。知覚的世界とは、単に自然の事物の集合ではありません。それはまた、絵画、音楽、書物など、ドイツ人が「文化的世界」と呼ぶあらゆるものからも成っています[14]。知覚的世界の深みに分け入るとき、私たちの地平は狭まるどころか——私たちの相手にするものが小石や水などに限られるどころか——、私たちは、これら自然の事物に自律性と独自な豊かさを認め、それらを藝術、発話、そして文化の〔働きが生み出した〕作品として見つめる手段を再発見することになります。

原注

1 Joachim Gasquet, *Cézanne*, Paris, Bernheim-Jeune, 1926; rééd. Grenoble, Cynara, 1988. たとえば、pp. 71, 130-131 を参照。〔ガスケ『セザンヌ』與謝野文子訳、岩波文庫、

二〇〇九年、一一七頁には、ガスケの記述として次のような文言が見える。「(……)地球が徐々に原始の混沌の状態に戻って、消え失せる有様、天文学者ラプラスは、それを詩にしてくれたが、絵画でははじめてセザンヌがこれを移しかえて定着させる。(……)」画家は世界が生まれるその瞬間に立ち会ってそれを絵にすると言われている。この意味で画家は世界開闢の目撃証人だと言えるだろう。ある意味で世界創造に加担する画家の使命についてセザンヌ自身が雄弁に語っている。すこし引用してみよう。「(……)われわれの芸術は、自然が持続しているということの戦慄を人に与えるべきなのだが、それは自然のあらゆる変化の要素や外見を駆使してなのだ。(……)自然の下には何があるのでしょうね。何もないかも知れない。もしかしてすべてがあるかも知れない。すべてです。おわかりになりますか。それで私は、自然の迷える手を合わせてやるのです……あっちから、こっちから、方々から、その色調、その色彩、そのニュアンスを私はつかんで、それを定着させて、それを互いに近づけます。……それは線を作ってゆきます、物(オブジェ)や岩や木になってゆくのです。(……)」」(同書、二一四〜二一五頁)

2 Georges Braque, *Cahier*, 1917–1947, Paris, Maeght-éditeur, 1948, p. 22(éd. augm. 1994, p. 30).「画家は逸話を再構成しようと努めるのではなく、絵画的事実を構成しようとするのだ。」

3 Stéphane Mallarmé, *passim*(彼の詩に関する著作を参照). たとえば、*Réponses à*

des enquêtes (enquête de Jules Huret, 1891), in *Œuvres complètes*, Paris, Gallimard, coll. «La Pléiade», 1945.

4　Paul Valéry, *passim*（文学研究、序文、理論的著述、講義）. たとえば、«Questions de poésie»（1935）, «Au sujet du Cimetière marin»（1933）および «Commentaires de Charmes»（1927）, *Variété III*, Paris, Gallimard, 1936, «L'homme et la coquille»（1937）や «Leçon inaugurale du cours de poétique du Collège de France»（1937）, *Variété V*, Paris, Gallimard, 1944.

5　Henri Bremond, *La Poésie pure*（lecture à la séance publique de cinq Académies, le 24 octobre 1925）, Paris, Grasset, 1926.

6　Paul Valéry, *passim*, たとえば、«Avan-propos»（1920）, *Variété*, Paris, Gallimard, 1924.「わたしはしばしばステファン・マラルメに言った……」（1931）, *Variété III*, Paris, Gallimard, 1936. «Dernière visite à Mallarmé»（1923）, *Variété II*, Paris, Gallimard, 1930. «Propos sur la poésie»（1927）, «Poésie et pensée abstraite»（1939）, *Variété V*, Paris, Gallimard, 1944.　また次を参照。Frederic Lefèvre, *Entretiens avec Paul Valéry*, préface Henri Bremond, Paris, Le Liver, 1926.

7　Maurice Blanchot, *Faux pas*, Paris, Gallimard, 1943. とくに «Comment la littérature est-elle possible ?» および «La poésie de Mallarmé est-elle obscure ?»（1re éd. Paris, José Corti, 1942)

注釈

(1) Juan Gris 一八八七〜一九二七年。スペインに生まれ、パリで活躍したキュビスムの画家。

(2) Georges Braque 一八八二〜一九六三年。フランスの画家。パブロ・ピカソと共にキュビスムの創始者のひとり。

(3) 「聴取される」の原語はs'entendre。この語は「理解される」の語義ももつ。この文脈では作品の意味の了解(これも知覚のはたらきである)が問題であるから、後者の語義も二重に効かせている。

(4) だまし絵(trompe-l'œil)。「目だまし」とも訳される。遠近法や質感の再現、明暗の技法などを使用して、画布のうえに対象が実際に存在するかのように描かれた絵画、あるいはその効果をいう。ルネッサンス期マニエリスムからバロック期において壁画や静物画などに作例が多い。たとえば、ネーデルラント出身のヘイスブレヒツ(Cornelis Norber-

tus Gysbrechts 一六三〇～八三年）は一七世紀のだまし絵を代表する画家として多くの作品を描いている。近年、視覚のトリックを駆使した絵画を「だまし絵」や「トリックアート」ということがあるが（たとえば、アルチンボルド〈Giuseppe Arcimboldo 一五二七～九三年、イタリアの画家〉の作品）、メルロが言及しているのはこの種の絵画ではない。

（5）「美学的に経験するとき」（dans l'expérience *esthétique*）という言い方は、同一の知覚経験がさまざまな色彩をもちうることを述べている。ここで「色彩」という用語で言いたいことは、経験のもつ実際行動としての価値のことである。任意の行動がとりうる価値あるいは行動値（practice value）をどのように規定するかは別途考察しなくてはならないが、ここではただ〈行動値〉という概念が常識に属するという点だけを指摘しておこう。たとえば、ある店から商品を持ちだす行動が外形的に同じ身体運動であるとしても、ある場合にそれは〈購買〉であり、別の場合には〈窃盗〉である。それでは、私たちが物理的意味合いで同一である対象を視覚のうちで把足する場合、私たち全員がひとしく同一の知覚物を見ている、と言えるだろうか。メルロによれば、端的に言って、知覚物は実存の存在構造の転調として与えられる。したがって、存在構造のさまざまな要因が個人によって変異するかぎり、知覚物、つまり可視的対象もやはり変化せざるを得ない。この意味では、全員が同一の対象を見ているとは言えないのだ。

存在構造の要因には、大別して、一次的な身体性に由来するものと、二次的な身体性、つまり社会的慣習・伝統・文化に由来するものとがある。身体性について、それを一次性と二次性に類別するという発想はメルロ＝ポンティのものである。メルロがいう〈習慣〉概念は二次的身体性のカテゴリーであるし、知覚経験の〈沈殿〉とそれを通じての〈文化〉の形成もまた二次的身体性の問題にほかならない。たとえば床にこぼれた砂粒は一般人にとってただの〈砂粒〉だが、鑑識担当の捜査官の目には一定の情報を担う〈証拠〉である。同じように、セザンヌの絵画《サント・ヴィクトワール》は小さめの布切れに油性の絵の具が付着した物体としては、多数の人にとって同一の対象にすぎない。しかし、ヨーロッパ絵画にまったく無知な、セザンヌと同時代のアフリカ奥地の原住民とフランス人鑑賞者にとって、その「絵画」が同一の知覚物を提供するとは言えない。いや、美術にたけたフランス人夫妻にとっても、セザンヌの絵が同一の作品として知覚されるとはかぎらない。たしかに夫は純粋な「美学的経験」としてその絵を鑑賞している。だが美術商の妻は「美学的経験」ではなく、真贋の鑑定、相場の計算などの行動を遂行しているにすぎない。

（6） 絵画の知覚に関するメルロの洞察を了解するためには、記号機能の理論を一般的見地から明確にする必要がある。そのためには、『知覚の現象学』においてメルロが確立した言語存在論をあるべき記号機能理論と統合しなければならない。メルロはこの講演の後段で詩の表現についても同様な洞察を披露している。そこで、詩的言語の問題を考察する予定の注釈（12）において、絵画の知覚の問題をあらためてとりあげ、記号機能の理論について多少とも考えたい。

（7） メルロ＝ポンティは一九四五年三月一三日、パリの高等映画研究所で映画を主題とする講演をおこない、その内容が「映画と新しい心理学」として『現代』誌（*Temps Modernes*, 3e anneé n°. 26, 1947）に発表された。この論文は後に『意味と無意味』（邦訳、滝浦静雄ほか訳、みすず書房、一九八三年、七一～八七頁）に収められている。このくだりの映画論はいわばその続編に相当する。最初の論文でメルロは、標題が示すように、ゲシュタルト心理学の知覚理論をかなり丁寧に紹介することから議論を始めている。講演のあらすじを以下のようにまとめることができるだろう。まず彼は、ゲシュタルト心理学の知見（知覚の恒常性、感覚と知覚の相違、ゲシュタルトとしての知覚など）をひととおり解説したうえで、この種の心理学を存在論としてつくり直す必要をいう。ついでメルロは、映画が（彼自身がいう意味での）知覚の対象であり、とりわけ時間的ゲシュタルトをなす点を主張する。さらに、ゲシュタルトとしての映画がメロディー的統一をそなえる点に着目しつつ、将来、映画の韻律法が解明されるという予想ないし期待を述べる。しかし、メルロが映画のゲシュタルト構造がきわめて複雑である点を強調しているのは注目に値する。ラジオ講演のこのくだりで同じ論点が反復されているのがわかるだろう。さらにメルロは、音楽や科白など映画における音響的要素に言及し、映像と音響が統合された表現、つまりマルチメディア的表現として作品を捉えなくてはならないとする。しめくくりとして、メルロは、「映画はつまるところ何を意味するのか」と問いを立てる。詩や小説をテーマや物語のあらすじに要約しても詩や小説が表現するものを知ったとは言えないのと同様、映画をある主題やあらすじに要約することは不可能である。映画の目的は、他の藝術表現と同じように、〈観念〉を意味することではない。強いて言うなら「映画は映画を意味する」のだ。言いかえるなら、映画の目的は、既成の観念を暗示することではなく、映画でなくては絶対に表わせない観念の誕生に観客が立ち会う機会を提供することなのである。(メルロが詩や小説など他のジャンルの表現についても同様の議論をおこなっている点に注目しなくてはならない。詩については、本章の注釈(11)、(12)を参照。)こうして、メルロはこれまでの議論から結論を導く。すなわち、映画は思惟されるのではなく、知覚される、と。知覚物はいつでもすでに表情をおびている。だからこそ映画では人物の表情が際立つのであり、感情がそのまま行動として発現するのである。

(8) 標題音楽 musique à programme。観念やイメージを聴き手に喚起させることを意図して、自然現象や光景、気分やムードなどを描写した器楽曲のことをいう。対義語としての「絶対音楽」は純粋に音そのものの構築に重きをおく音楽をいう。

（9）マルセル・プルースト（Valentin-Louis-Georges-Eugène-Marcel Proust 一八七一～一九二二年）は、フランスの作家・エッセイスト・批評家。名の知られた美食家でもあった。代表作『失われた時を求めて』（*À la Recherche du Temps Perdu*）は二〇世紀文学のもっとも重要な作品の一つとされる。メルロは当初プルーストを好まなかったが、後年その重要性に気づくことになったという。プルーストは大の音楽愛好家であった。『失われた時を求めて』に架空の作曲家ヴァントゥイユを登場させ、「ソナタ」と「七重奏曲」の創作の軌跡を描いている。また実在の音楽家としては、ベートーヴェン、シューマンを高く評価し、同時代のフォーレとは文通をしていた間柄であり、ドビュッシー、ワーグナーも好んでいた。ワーグナーについては、『失われた時を求めて』で盛んにその名が引用されている。またベートーヴェンについては後期のソナタや弦楽四重奏曲を好み、真夜中に自室に楽団を呼んで演奏させたという逸話が残っている。このくだりに登場するドビュッシー（Claude Achille Debussy 一八六二～一九一八年、フランスの作曲家）とバッハ（Johann Sebastian Bach 一六八五～一七五〇年、ドイツの作曲家）の作品群を、プルーストは、あらゆる音楽作品がつくりだす「音楽的世界」の部分である「地方」や「王国」になぞらえたのである。

(10) これまでも触れたように、初期のサルトルは想像力の問題の解明に努力を傾けた。その目的は、意識の存在構造を明らかにすることにあった(*L'Imagination*, PUF, 1936.「想像力」平井啓之訳、『哲学論文集』人文書院、一九五七年、*L'Imaginaire*, Gallimard, 1940.『想像力の問題』平井啓之訳、人文書院、一九七六年)。サルトルは、意識の様態としての想像力がイメージを自由に創出する可能性に着目し、この論点が『存在と無』における〈対自存在〉の自由の教説として展開されることになる。このくだりでメルロが指摘している論点は、現実的な知覚と仮構の知覚つまり想像との区別の問題である。サルトルは意識の様態としての想像力と知覚を現象学的に分析して、両者を両立しえないものとして峻別した。彼はアランの本から、ギリシャ神殿を想像するという例を引いている。なるほど私は神殿のイメージをまざまざと視る。はじめ、私の心の眼はその柱身に向けられる。次に基壇に、その次に破風に、次に……と、私はまるで観察でもするように、神殿のそこかしこを心の眼で追う。しかしこれが本物の観察ではないことは明らかだ。現実のパンテオンの柱は数えることができる。ところが想像裡の神殿の柱は一本一本と指折り数えることは決してできない。イマージュの柱の数は、一挙に始めから一〇本と決まっているか、そうでなければ、新規まき直しに、一挙に始めから一四本であるか、いずれにせよ、その柱を数えるのは到底不可能なのである。これはとりもなおさず、私が神殿＝イメージを見てはいないことを意味している。

メルロはこの問題にどのように対処しただろうか。彼の想像力論については第三章、注釈（10）でサルトルの議論と対照してその眼目を述べた。多少重複するがその要点をここでも述べておきたい。メルロによれば、サルトルは〈知覚〉を正しく概念化するのに失敗している。そのためにサルトルは知覚（現実性の意識）と想像（仮構性の意識）を絶対に両立しない意識様態と誤解する仕儀に陥ったのである。メルロの見地から言えば、知覚と想像はしばしば蚕食しあい混在することがある。ただこのくだりでメルロが明言するように、だからといって、知覚と想像の区別が無に帰するわけではない。両者に区別はあるが、それはタイプの違い（類的差異）というより、現実性意識の統合水準の違いであり、いわば意識の韻律の違いなのである。

（11）　マラルメ（Stéphane Mallarmé　一八四二～九八年）はフランス象徴派の詩人。大方の批評家によれば、彼の詩はこのうえなく難解だが、しかし古今における詩の最高峰であるという。彼の詩作が「詩とはなにか」という問いに身をもって応えようとしたのは事実であろう。メルロがここに記しているように、マラルメは言語の詩的使用と日常的使用を峻別した。だがこの考え方がなにか格別なことを主張しているとは到底思えない。東西を問わず、古くは詩とは必ず韻文であった。韻文と散文が相違するのは自明である。ちなみに、「散文詩」のジャンルが試みられたのは一九世紀後半に至ってからであり（たとえば、ボードレール）、しかも「散文詩」とは何かという問いに明解な説はないようである。それではマラルメの真意はどこにあったのか。この問いは文学史における「純粋詩」（poésie pure）――メルロはこの語を口にしていないが――にかかわっており、これについては次の注釈で取りあげたい。その前にメルロのマラルメ解釈について見過ごせない論点を指摘しておこう。マラルメは詩の表意機能一般を否定したのではない。いやしくも詩は言語表現であり、言語の正常な表意機能を欠いた「詩」が表現として成り立つはずはない。その種の「詩」が表現としてナンセンスに化してしまうのは必定である。実際に、言語の異例な使用によって「ナンセンス詩」をつくる試みがなされてきた。たとえば、エドワード・リア（Edward Lear　一八一二～八八年、英国の画家）の作品はよく知られている。この種の作品が本当に「詩」の資格に値するかどうかの考察は詩論家にゆだねたい。私たちとしては、「ナンセンス詩」のほとんどの作例が間違いなく〈言語遊戯〉であること、そして〈言葉で遊ぶこと〉は言語の真面目な表意機能を前提することを指摘するにとどめておきたい。

メルロがマラルメの創作活動をどのようなものとして解釈したかを考察するうえで参考になるのは、彼のセザンヌ論である。第二章において、メルロはセザンヌの絵画の意義を存在論的視点から的確に説明している。セザンヌ論の要点を再確認しておこう〈その全容と詳細については、第二章ならびに注釈（4）、（7）を再読していただきたい〉。セザンヌ以前の画家たちは遠近法という慣習的まなざしで世界を眺めていた。彼らは世界の外部の固定した擬似的視点から世界を構築していたのだ。これに反して、セザンヌは遠近法の放棄をつうじて世界内部に立ち入り、知覚物がまなざしのもとで誕生する光景を目撃しようとした。世界内部の画家でありつづけることは、画家が身体によって知覚野に住み、自在に動く視点を生き、時間・空間的情況と内的に結ばれていることを意味する。

セザンヌが表現の古典的技法に背いたように、マラルメもしばしば、文法を逸脱した表現をおこない意味論的に両立しがたい語彙を選択するなど、〈言語的慣習〉の背馳者であった。なぜマラルメはあえて慣習を遵守しなかったのか。それはまさに言語表現が新規な表意機能を始める瞬間に立ち会うためだった。彼の詩に表意機能がないと誤解する読者は既成の言語的慣習を墨守しているにすぎない。詩のことばが意味する観念は、どんなに捉え難いとはいえ、無ではありえない。マラルメの詩が知的観念よりことばの響きやリズムを重視しているとする指摘は正確である。というのも、詩的言語——いや言語一般——が身体性に働きの基礎をもつからである。詩人とはことばで世界の誕生に立ち会おうと熱望する人種である。彼は、平凡な単語のひとつひとつを見たことのない新鮮な意味で輝くように細工する。そのかぎりで詩人は世界制作者であるとさえ言えよう。しかしまだ問題は残っている。詩的言語が表意機能をもつなら、それがとりわけ詩的表意であるのはいかにして可能なのだろうか。そもそも詩とは何だろうか。

（12）このくだりには、マラルメならびに「純粋詩」とのかかわりで二人の文学者が登場している。まず、ブレモン（Henri Bremond　一八六五〜一九三三年）はフランスの聖職者にして批評家。はじめイエズス会士として宗教誌『エチュード』の編集に携わるが、後に教団を離れて在俗司祭となる。主著『フランスにおける宗教感情の文学的歴史』（*Histoire littéraire du sentiment religieux en France*, 11 vols, 1916–36）は未完に終わった。注でメルロが触れているように、詩論『純粋詩』などを書いてヴァレリーらと論争をしたことで知られる（この項はほぼ『集英社　世界文学大事典3』一九九七年、八七二頁の記述による）。

またヴァレリー（Paul Valéry　一八七一〜一九四五年、フランスの作家・詩人・批評家）についてメルロはたびたび言及している。彼はここでヴァレリーの見地を詩論あるいは表現論の文脈から肯定的にとりあげているが、概して言えば、メルロの目にはヴァレリーが主知主義者として映っていたようである（『世界の散文』、三九頁以下、参照）。

さて「純粋詩」は詩論の用語として定着しており、専門の辞書によると、「物語、雄弁、思想など、詩以外のあらゆる要素から隔てられた詩」をいう。この説明は一見して無意味であろう。これを理解するためには〈詩〉なるものの明確な定義をすでにもっていなくてはならない。この失敗は、どうやら、〈詩〉を規定するために、表現領域全体のなかで詩の領分を区画するという方略に起因すると思える。詩とはいかなる意味でも地理的概念ではありえない。むしろそれは行動的概念ではないだろうか。言語が人間行動の有力な形態であることは二〇世紀の言語思想が教えている。〈詩〉については、〈詩がある〉というより〈詩をなす〉というのが正しいのではなかろうか——こうした問題意識に立つとき、マラルメ、ヴァレリー、ブレモンたちの言説がよりよく理解できるように思える。

文学史から見ると「純粋詩」の観念はエドガー・アラン・ポー（Edgar Allan Poe 一八〇九〜四九年、米国の小説家・詩人）が『詩の原理』（*The Poetic Principle*, 1848）において教訓・真実などと関係しない美を追求する詩を提唱したことが魁（さきがけ）となり、彼の作品がボードレールやマラルメに影響を与えることを通じて「純粋詩」の観念が醸成されてゆく。マラルメはある詩論で伝達の手段としての言語とは異なる詩的言語の必要を主張し、語と語の結合が生みだす音楽的効果から事物の純粋な観念が出現してこなくてはならない、と説いた。さらにヴァレリーがリュシアン・ファーブル『女神を識る』（Lucien Fabre, *Connaissance de la déesse*, 1924）に序文を寄せ、「純粋詩」（poésie pure）という用語を遣って類似の考えを述べた。ヴァレリーは主知主義の見地にたち観念の表現としての詩を説いたが、これに対してブレモンは、一九二五年の講演「純粋詩」において、語の暗示性や音楽性を強調し、詩に対して知的内容を否定した（以上の記述は、ほぼ『集英社　世界文学大事典5』

一九九七年、三八一～三八二頁、による)。

　身近にある専門事典はいくつかの歴史的事項について教えてくれるだけで、肝心の「純粋詩」とは何かについて明確なことを教えてはくれない。私たちは、〈詩〉が行動的概念だという視点を念頭にしながら、あらためてメルロが〈詩〉(la poésie)の行動としての本態をどのように把握していたかを考察してみたい。まず詩が行動であるという言い方に補足説明がいるだろうか。メルロはこのくだりで、詩がある種の発話(パロール)だと明言している。この用語はソシュール言語学に由来するもので、話す主体(話し手、sujet parlant)が遂行する個別的な言語行動つまり発話(parole)のことをいう。ヴァレリーも詩を「精神の作品」と呼び、それが「実現作用においてしか存在しない」と述べている。紙の上に記された一篇の詩はただの物象である。それが詩として蘇生するには、音声の繋がりをつくりだし、時間のうちで展開し、それに人の耳を傾けさせ、感情を呼び覚ます必要がある(『詩学序説』河盛好蔵訳、『世界の名著 66』中央公論社、一九八〇年、所収、四八〇～四八一頁)。(ちなみに、発話に対比されるのは、発話の可能性の一般的制約としての〈言語〉(langue)、つまり慣習ないし規則の体系として記述できる記号システムである。)詩のことばが既成の観念を表意しない点をメルロはマラルメとともに強調する。逆に言えば、日常談話におけることばは人々が共有する既得の観念を表わす。この種の表意機能は外延指示の働き(denotation)であって、これを基礎とする言語理論はソシュールが批判するところとなった（『一般言語学講義』小林英夫訳、岩波書店、一九七二年）。ソシュール言語学については、すでに私たちは、第二章、注釈（5）でそのあらましを述べた。詩的言語の問題から言語一般の記号機能へ展望を拓くには、ソシュール言語学における〈言語記号の二重構造〉という概念が重要である。ソシュールによれば、言語記号は記号表現（signifiant）と記号内容（signifié）が表裏一帯をなすひとつの構造体である。具体的にいうなら、前者が聴取された限りでの言語音すなわち聴覚映像（image acoustique）であり、後者は記号が担う内容としての概念（concept）である。メルロの『知覚の現象学』における言語存在論がソシュールから独立に構想されたことは疑いえない。しかしそれ以降に、メルロは積極的にソシュール言語学と彼自身の思索との摺りあわせを試みている。ここで強調したいのは、メルロの言語存在論が言語記号の二重構造というソシュール的概念を要請する、という論点である。

　ソシュールは外延指示に基づく擬似記号学――彼が「言語の名称目録説」と呼ぶもの――を批判したが、彼がそうする論拠は、この種の記号学が実在論を前提する点にあった。代わりにソシュールはカテゴリー化（categorization）の機能に記号学的基礎を求めた。彼によれば、人間の認知に先立つ名状しえない混沌（カオス）に対して、人間の言語（ランゲ）がこれを分節化することでようやく世界（コスモス）が成立する。話す主体は、既成の実在的世界をその外部から観察するのでもなく、そのようにして外界に多くの対象を発見し、それぞれを命名するのでもない。話す主体は、初めから世界の内部に住みつつ、生活の営みによって世界の分節化を次第に緻密にしてゆく。——こうした言語観は、明らかに、メルロが独立に打ち立てた言語存在論と相当部分重なり合う。メルロの言語存在論については、第四章、注釈（1）で論及したが、その骨子をここで再確認しておく。メルロの言語観を「言語とは表情ある身体のしぐさである」というテーゼに要約できるだろう。このテーゼから、ただちに「ことばが意味をもつ」という命題が引きだされる。表情の意味はこの表情のうちに読み取られるのであって、表情の背後やどこか理念的空間に表情の意味あるいは表情の指示項（referent）を捜すのは無駄なやり方であろう。言語要素の意味機能は基本的に表情性なのである。言語以前の水準で表情性として生成した〈意味〉は、身体性が言語の水準に転換されたときも、表情性の様相をおびている。認知は感情として始まり、いつまでも感情価をおびつづける。感情的痕跡が微塵もない純粋な認知という観念は極限概念としてしか成り立たないだろう。（ただし数学や論理の形式的概念については別途あらたな考察が必要となる。）

たいていの記号思想は、記号についてその内容と形態を区別してきた。たとえば、「ジャムを取って下さい！」（Please, pass the jam!）という発語は、ある内容（話し手がジャムを手渡して欲しいと望んでいる事実）を語ると同時に、この発語自体が〈要請〉という「文性質」（sentence-quality）をもつことを、ほかでもなく発語の形態そのものにおいて示すのだ（この観察は、Gardiner, *The Theory of Speech and Language*, Oxford University Press,

1963による。ここに、記号機能に関する〈語り〉(saying)と〈示し〉(showing)の二分法が与えられているのに注意しよう)。既述のように、ソシュール記号学は〈記号〉をまさにこの二つの要因の統合体と見なしている。しかしながら、名称目録説を批判したソシュール記号学でさえ、これらの要因を抽象的に分離してしまっている。その証拠に、ソシュール記号学は〔言語記号に関して〕記号内容と記号表現とのあいだに自然の絆はないとする(恣意性の原理)。これに反して、メルロの言語存在論では、表情の意味について確かめたように、言語記号の内容と形態は不二にして一つである(しかもある意味で、両者を別個のものとして語ることも可能である)。吊りあがった眉、頰の紅潮、大声……このような身体の形態がそのまま感情表出の内容――この場合は〈怒り〉――を尽くしている。注釈(7)で言及したメルロの講演「映画と新しい心理学」から、メルロが自身の言語観を端的に語ったことばを引用しておく。「人間の身体と「魂」が彼の世界内属存在の二つの面にすぎないのと同様、語とそれが指示する思考〔身体のふるまいとしての語はそのまま思考のふるまいである〕はたがいに外的な二つの項と見なすべきではないのであって、身体が行動〔身体運動 behavior ではなく、人間の存在様態としての行動 comportement〕の受肉であるように、語〔身体のふるまいとしての語〕はその意味を身につけているのだ」(『意味と無意味』前掲書、七八頁、〔 〕は引用者)。とはいえ、言語以前の水準で現出した表情的意味が本来の言語の水準に昇華するプロセスは、メルロ自身にとって(確信はされていたが)

明晰に語りえない謎でありつづけた。上述のように、知覚からロゴスへの転身をどのように解明すべきか、という問いが、後期の思索へメルロを駆りたてたのである。

メルロの言語存在論を読み解き、問題にひとつの方向を切り拓くために、〈示しの記号論〉の構想を呈示したい。前述のように、表現に関しては形態と内容を区別できるが、この認識をさらに前進させることは記号論あるいは言語論にとって決定的に重要である。確かにこの区別は多くの人が指摘するところだったが、問題は区別されたもの同士の関係にある。いま私たちの念頭にあるのは、グッドマン（Nelson Goodman）の指示理論（theory of reference）にほかならない（詳しくは、拙著『恣意性の神話』勁草書房、一九九九年、第Ⅱ部、「〈示し〉の記号論」、参照）。記号論に対するグッドマンの顕著な功績は、外延指示（denotation）とは異なる指示の様式を理論化したことである。後者の非外延的な指示には、少なくとも〈例示〉（examplificaiton）と〈表出〉（expression）の二つを数えることができる。まず例示の記号機能をおこなう事例として、グッドマンもあげている「生地見本」を考えてみよう。この小さな布切れは、服の柄（たとえば、ヘリンボーン）、色（たとえば、濃紺）、肌触り……への志向性がともなう点で紛れもない記号である。しかし注目すべきは、この機能が単なる外延指示とは画然と異なる点である。見本は柄や色や感触をじかに示す。他方、外延指示をおこなう記号の場合、記号はその外部の対象に（なんらかの根拠で）結びつくにすぎない。なるほど「濃紺」という色名はその服地の色を指示するが、色名自体が濃紺なのではない。例示の機能としての特色を〈カテゴリーを媒介として自己指示をおこなう〉という点に求めることができる。この生地見本（これこれの小さな布切れ）は、〈濃紺〉というカテゴリー（色彩のタイプ）のひとつの事例となっている（事例化）。ところが、この生地見本は記号として〈濃紺〉というカテゴリーを指示する（指示）。カテゴリーから布切れに向かう志向性は、ただちに主客転倒して後者へ舞い戻り、円環が閉じて初めて例示の機能がまっとうされる。

次に表出の記号機能であるが、これは例示のそれと基本的には同じである。表出とはある種の例示である。たとえば、ある絵画には悲しみが、戦争に対する憤りが、生活の倦怠が、表出されている。その絵は、悲しみ、憤りなどのいわば見本と見なすこともできる。だが、生地見本が文字通りに服の色を例示するのに、絵が文字通りに悲しみを例示するはずもない。それというのも、物質（油性絵具、キャンバス、木枠など）としての絵が悲しむ道理はないからである。グッドマンはこの問題を、表出が「比喩的な例示」であるとする見地で切り抜ける。要するに、〈表出〉とは、事例化と指示の双方の機能について比喩的となった例示である。

グッドマンの指示理論にともなう諸問題をどのように解決するかはともかく、その構想の基本に致命的欠陥があるとは思えない。むしろこの理論がメルロの言語存在論に多くの示唆をもたらす側面を重視すべきだろう。形態と内容が不二にして一つである記号は、グッドマンの指示理論においては、非外延的指示をおこなう記号に相当する。〈語り〉と〈示し〉の区別との関連で、当該の記号を〈示し記号〉と総称しよう。さて、メルロが記号機能の根源と見なした表情が〈示し記号〉に相当するのは明らかだろう。表情について、それが、顔を含めた身体の運動形態がそのまま内容を示す記号であるのが確認できる。このようにして、〈示し記号〉の考え方を前言語的記号（たとえば、表情）や非言語的記号（絵画、ダンスなど）から言語的記号へ敷衍する道が拓かれる。この道によって言語の生成を訊ねることは決して無意味な企てではない。以上の観察をふまえて、詩的言語の問題を再考する必要がある。この問題についてさしあたり指摘できる論点として、示し記号の表情性がある。詩的言語が何らかの意味で抒情を企図した表現であるのは否定できない。この企図にとって、示し記号の果たす役割が重要であることは容易に想像できる。しかもメルロの見地からは、言語は総じて示し記号のシステムだと解しうるのである。

(13) 姓名のイニシアルを組み合わせ図案化したものをいう。ヨーロッパにおける紋章emblemは抽象的な観念（たとえば正義、あるいは勇気や寛大といった美徳）や特定の人物（王、聖人など）や集団（国家、教団など）を表意する、具象的ないし抽象的な図像のこと。逆にいうと、紋章によってこれらのものを同一指定することができる。他方で、同じ訳語「紋章」が狭い意味で使用されることがある。すなわち、戦士が個人の識別のために盾や兜などに標識の文様を描いたことに始まる「紋章」(coat of arms)である。後年、貴族や教団、あるいは都市などがこの意味での紋章をもつようになった。これもまた個人や集団の同一指定のための記号表現である点では前者と同じ機能をもっている。このかぎりでcoat of armsはemblemの一部をなす特殊な形態と見なせるだろう。

(14) 二〇世紀初めのドイツ哲学とくに新カント派は、伝統的な哲学思想に危機感をおぼえ、これに対抗する思想を展開した。当時、自然科学を知識のモデルと見なして、自然以外の存在領域(精神、文化)についてもこの自然科学の見地(機械論、唯物論、因果的決定論など)を押し広げ適用するさまざまな試みがおこなわれていた。たとえば社会ダーウィニズムや史的唯物論(マルクス主義)などである。その結果、精神や文化の固有な意義は否定されたり軽んじられたりした。こうした傾きに対抗して、新カント派の哲学者は、概していって、規範や価値が自然科学的理論へは解消できないことを強調し、科学的「説明」とは違った知的理解のあり方を指摘した。たとえばリッケルト(Heinrich Rickert 一八六三〜一九三六年、ドイツの哲学者)は自然科学に対して文化科学(Kulturwissenschaft)の必要性を提唱した。彼によれば、現象から一般的な法則を導くことを目的とする自然科学に対して、文化科学は、現象の一回性や独自性を記述するのを目的とするという(個性的・記述的方法)。ここでメルロが「文化的世界」に言及している事情として、ドイツにおけるこのような思想動向が念頭にあったように思われる。

第七章　古典世界と現代世界

これまでの講演で、十分ではなかったかもしれませんが、現代思想の展開について述べてきました。この最後の講演では、その評価をしてみたいと思います。知覚的世界への回帰という動向が、〔現代の〕画家、作家、いく人かの哲学者、現代物理学の創始者のもとに確認されたのですが、〔この動向をかつての〕古典的な科学、藝術、哲学が抱いていた野心に比較した場合、〔それを現代思想が〕没落する徴候と見なせるのでしょうか。一方で、自然について完璧な知識が得られると信じて疑わず、人間についての知識からあらゆる不可解さを取り除けると自信たっぷりな思想に対して、人々が保証を与えています。他方で、〔古典世界における〕合理的宇宙は、それを知りそこで行為を遂行しようとする企てに、原理的に開かれたものでした。しかし現代においては、さまざまな保留や制約を課された難解な知識と藝術、裂け目や隙間を排除しない世界の表象、自らを懐疑する行動、どっちみち全員の賛同は期待していない行動が、そうした宇宙になり変わっています。

現代世界（はっきり申して、この種の表現には曖昧さがあるという点についてお詫びしておきます）は、藝術、知識あるいは行動のどれをとりあげても、それらに関する古典的な教条も確信もないことを、実際、認めなくてはなりません。現代思想は未完成であり両義的であるという二重の性格をおびています。この性格は――もしそうしたければ――〔現代思想の〕没落や退廃を云々する理由になります。現代の私たちは、科学のあらゆる業績を、暫定的なもの、〔真理そのものではなく〕真理に近似したものと見なしていますが、〔かつての古典世界にいた〕デカルトは、物体の衝突を支配する法則を神の属性から確実に演繹できる、と信じていました。[1] 〔古典時代の画家の作品を収蔵している〕美術館には完璧で何も付け加える余地のない作品が充ちあふれていますが、現代の画家は、しばしば下書きとしか思えない作品を観衆にゆだねています。そのうえ作品の意味が一義的ではないので、これらの作品そのものが果てしない注釈の題材になっています。ランボーが同時代人にあてただ一冊の著書を刊行した後、彼はずっと沈黙したままでした。[2] この沈黙についてじつに多くの著述がなされましたが、これとは逆に、ラシーヌが『フェードル』刊行後に沈黙したことはあまり問題とならなかったようです。(3)今日の藝術家は自分の周囲に謎と電撃のようなショックを数多くふりまいているように見えます。プルーストがそうですが、現代の藝術家がかつての古典主義者と同じように多くの点で明晰である場合でさえ、どっちみち、彼が私たちにむけて記述する世界は完成していません。それに一義的でもありません。『アンドロマック』(4)において、エルミオーネがピュリスを――彼女が彼を殺すためにオレステを送り込む瞬間でさえ――愛しているのがわかります。しかし、観客の誰一人として思い違いする者はありません。この愛と憎しみの両義性のせいで、愛する者が、他人に愛される者をゆだねるくらいなら、彼を失うほうがましだと思わせるのです。だがこの両義性は根本的なものではありません。というのも、もしピュリスがアンドロマックから心をエルミオーネのほうに移したら、エルミオーネは優しい気持ちになり窮地を逃れるからです。反対に、プルーストの作品において、語り手(5)が真にアルベルチーヌを愛しているかどうか、誰に言えるでしょうか。[2] この語り手は、アルベルチーヌにそばにいて欲しいと思うのですが、それは、彼女が彼から遠ざかりそうになるときだけです。この事実を語り手は知っているので、自分は彼女を愛していないと結論します。しかし彼女がいなくなり、彼女の死を知り、二愛しているのだ、語り手は、自分が彼女を必要としているのだ、愛しているのだ、と考えます。[3]だが読者はひきつづき疑問を抱きます。もしアルベルチーヌが彼のもとに帰ってきたら――彼がしばしば夢で見たように――語り手はそれでも彼女を愛するだろうか、と。愛とは執着だというべきなのでしょうか。それとも愛はけっして存在しない、ただ嫉妬の感情と〔自分が〕邪魔者にされているという感情しかない、というべきでしょうか。これらの疑問は〔プルーストの作品の〕緻密な解釈から生れるのではなく、プルースト自身が問うているのです。プルーストにとって、この種の疑問は一般に愛と呼ばれるものの要素をなしています。それゆえ、いわば現代人の心臓は間歇的にしか脈打たないのであり、自分を知るのに成功していないのです。現代の世界において、未完成なのはただ作品だけではありません。作品が表現しているような世界もまた、作品同様、結論を欠いています。そのうえ、作品にひとつの結論があるかどうかもわからないのです。単なる自然ではなく人間が問題になるやいなや、事象の複雑性を解明する知識が未完成だという事情は、〔事象から取り除けない〕原理的な未完成によって倍加されます。たとえば、ある哲学者が、一〇年前になりますが、厳密に客観的な歴史的知識など考えられないことを明らかにしました。[6]というのは、過去を解釈し展望することは、歴史家が彼の見地からなした道徳的・政治的選択に依拠するからであり、おまけにこの選択が、過去の解釈と展望に条件づけられているからです。人間の実存はこの円環に閉じ込められているので、赤裸々な真理に到達するために自分を捨象することなど不可能ですし、人間には、十全な客観性ではなく、単に客観化を前に進めることしか許されないのです。

生活と行動の領域を考察するため知識の領域から離れてみますと、現代の人間がたぶんさらに驚くべき両義性に取り組んでいるのがわかります。私たちの政治的語彙のどの単語にしても、同じ一つの語が、もっとも相違したもろもろの現実あるいは対立の極まったもろもろの現実を指すのに使用されてきました。自由、社会主義、民主主義、復興、再生、組合の自由——これらの語のおのおのが、いま存在するいずれかの大政党によって少なくも一度は主張されたことがあります。こんなことになったのは、政党のリーダーたちの策略のせいではありません。策略はことがらそのものにあるのです。ある意味でアメリカに社会主義に対する共感などないのはほんとうです。またもし社会主義が所有関係の根底的変革のことなら、あるいはそうした変革を含むなら、アメリカの庇護のもとで社会主義をつくりだす機会などありはしないし、逆に言えば、〔フランスの社会主義運動が〕一定の条件下でソヴィエト側から支援を受けることがありうるというのもほんとうです。しかしながら、ソ連邦の経済的・社会的制度が——その露骨な社会的格差や強制労働なども含めて——社会主義制度と一貫して解されてきたものとは合致しないし、おのずと社会主義制度に合致するということもない、このこともやはり真実なのです。そして最後に、フランスの国境の外からの支持を求めない社会主義は不可能であり、したがって社会主義から人間的意味が剝奪されるだろうことも真実なのです。私たちは、実際に、ヘーゲルのいう外交的情況にいるのです。言いかえれば、語が（少なくとも）二つのことを語ろうとする情況、ものごとが単一の語で名づけられるのを拒むような情況です。[7]

けれどももし〔現代における藝術作品ならびに人間の生活そのものの〕両義性と未完成が、単に知識人の著作だけではなく、私たちの集合生活の結構のうちに書きこまれているなら、一八一五年体制についてその復興を語るような意味で、[8] 理性の復興によってそれに対処することを望むのは滑稽なことでしょう。私たちは現代に見られるさまざまな両義性を分析することができますし、そうしなくてはなりません。またこれらの両義性を貫いてゆく道筋、私たちが素直な気持ちで進むことのできる道筋をつけるべく努力できますし、そうしなくてはなりません。父祖たちの合理主義をためらいもなく再び取り上げるには、私たちはそれについて多くのことを知りすぎています。たとえば私たちは、言葉で叫ばれるだけの自由主義体制を信じてはいけないことを知っています。この体制が平等と友愛をモットーにしていても、これを行為によって実現するのを許さないことも知っていますし、崇高なイデオロギーがしばしば〔無作為のための〕アリバイであることも知っています。かつまた、平等を実現するためには、生産手段の所有権を国家に移譲するだけでは十分ではないことも知っています。したがって、社会主義の検討も自由主義の検討も、留保や制限なしではありえないのです。事物の動向と人間の意識がこれら二つの両義的体制を乗り越えることを可能にしないかぎり、私たちはこうした不安定なバランスを取り続けるでしょう。理性がどのみち方向性を明らかにするはずだという口実で、二つから一つを選んで一刀両断に問題を解決するやり方は、効果的で活動的な理性[9]について人があまり関心をもたないことを示しています。こうしたやり方は、むしろ理性の幻影——実は理性は自らの混乱を強硬な態度のうちに隠しているのです——を重んじることです。ジュリアン・バンダがそうですが、理性を好むこと——いつでも時代の現実のほうをよく知るのにむしろ永遠を渇望すること、事物そのものが両義的であるのにもっとも明晰な概念を望むこと——こうした態度は、ロマンティスムのもっとも陰険な形式であり、理性を行使することより、理性を口にすることを好むやり方なのです。〔理性のこうした偽りの〕復興はけっしてそれを再建することではなく、隠蔽することにほかなりません。

それだけではないのです。古典世界についてしばしば私たちに与えられるイメージが、伝説に過ぎないのではないかと自問する理由が私たちにはあります。私たちがいまこの世界で経験している未完成と両義性を古典世界は知らなかったのでしょうか。古典世界はそれらの属性が実在することを、公に認めないだけだったのでしょうか。そして結局、私たちの文化の不確実さは、文化の衰亡の事実を示すどころか、いつでも真実であり続けたものについてのいっそう鋭敏でいっそう正直な意識、〔言いかえれば、〕衰亡ではなく獲得物ではなかったのでしょうか。古典的作品は完成した作品であると人が語るとき、私たちは、レオナルド・ダヴィンチや多くの藝術家たちが作品を未完のまま放置したこと、バルザックが作品の円熟とは何かという例の問題に白黒はつけられないと考え、仕事はたゆまず続けることができるかもしれないが、作品に何か輝きをもたらすためなら、やむを得ず中断されるものだと認めたことを想起しなくてはなりません。また、セザンヌは自分の絵画全体を彼が探求しているものの近似値だと見なしましたが、それにもかかわらず、私たちが〔彼の画業に〕達成や完成の感情を一度ならず覚えることを想起しなくてはなりません。これはおそらく回顧的錯覚のせいです――なぜなら、作品が私たちからあまりに遠くまた違いすぎるので、作品を理解しその後についてゆくことができないからですし、またある種の絵画に――それらを制作した画家たちはそれを習作や失敗作としか見ていないにもかかわらず――凌駕しがたい完成度を見いだすからです。(10) いましがた私たちは、現代の政治情況の両義性について述べました。それは、もし過去のあらゆる政治情況がいまそのまま生じたら、現在の情況に比較できるような矛盾や不可解さがかつてなかったかのような言い方でした。フランス革命やレーニンの死に終わる「古典的」時期におけるロシア革命さえも例になるでしょう。これが真実なら、「現代的」意識は、現代の真理ではなく、あらゆる時代の真理を見いだすことになるでしょう。もっともこの普遍的真理は、現代においていっそう可視的になり、いっそう重大さを増したわけですが。そしてこのいっそう偉大な洞察、いっそう徹底した異議の経験は、人類の堕落を表わす事実ではありません。現在の人類は、実際、彼らがながらくそうしてきたように、列島や岬ではもはや生活していないのです。私たちは世界のいたるところで自分自身と対決しており、文化や学問などによって互いに話をしているのです。直接経験できる範囲では質の喪失は明らかです。しかし、狭隘な人間性の質を古典的なもので修復はできません。重要なのは、古典的なものがその時代につくりあげたものを、私たちが私たちの経験を通じて、現代においてどのようにしてつくるかにあります。たとえば、セザンヌの問題がそうでした。彼自身の言葉によれば、「印象主義を美術館の藝術のように堅固なものにする」ことが問題だったのです。[4]

原注

1 Descartes, *Les Principes de la philosophie* (1647), Partie II, art. 36-42, in *Œuvres* éd. A. T., *op.cit.*, vol. IX, p. 83-87; in *Œuvres et letteres*, *op.cit.*, pp. 632-637.（「哲学原理」三輪正・本多英太郎訳、『デカルト著作集3』白水社、一九九三年、一〇二～一〇七頁。）

2 Marcel Proust, *À la recherche du temps perdu*, t. 6: *La Prisonnière*, Paris, Gallimard, 1923.（プルースト『失われた時を求めて』鈴木道彦訳、第9巻、第10巻、「囚われの女I、II」、集英社、一九九九年。）

3 Marcel Proust, *À la recherche du temps perdu*, t. 7: *Albertine disparue*, Paris,

Gallimard, 1925.（プルースト『失われた時を求めて』前掲書、第11巻、「逃げ去る女」。）

4 Joachim Gasquet, *Cézanne, op.cit.*, p. 148. 正確な引用は「印象主義を美術館の藝術のように堅固な、長続きするものにすること」である（ガスケ『セザンヌ』與謝野文子訳、岩波文庫、二〇〇九年、三四三頁）。

注釈

（1）『哲学原理』において、デカルトは三つの自然法則を主張している。第一は、「あらゆるものは、できるかぎりつねに同じ状態を保とうとする」、第二は、「すべての運動はそれ自身としては直線運動である」、そして第三は、「物体は他のもっと力の強い物体に衝突する場合には、なんらその運動を失わないが、反対に、もっと力の弱い物体に衝突する場合には、これに運動が移される分だけそれを失う」というものである。メルロが指摘するように、デカルトはこれらの法則が神の属性から論理的に導出されると考えた。デカルトの自然学が科学史においてどのような意義をもつかについては科学史家の議論にゆだねるとして、ここではただ、デカルトに関するメルロの評言を理解するために若干のコメントを記すことにする。まず、デカルトの体系における〈運動〉概念が彼以降に展開された力学、とりわけニュートン力学における〈運動〉とは同音異義の内容をもつ点に注意しなくてはならない。「運動とは、物質の一部分または一物体が、それに直接接触しかつ静止しているとみられる物体の隣接部分から離れて他の物体の隣接部分へ移動することである」(『哲学原理』第二部、二五節)。デカルトの力学体系において、あらゆる個別的運動が〈衝突〉を原因として生じるのは〈運動〉のこの規定による。それゆえ、「物体の衝突を支配する法則を神の属性から演繹できる」というデカルトの見解は、論理的にいって、自然界のあらゆる運動が神の属性に含意される、という主張にひとしい。この主張の論証はあらまし次のように進行する。まずデカルトは「運動の原因」として、普遍的な第一原因たる神、個別的な物体が運動させるようにする特殊な原因――この二つを区別しなくてはならないと説く。神は物質とその状態としての運動と静止を創造し、いまなおそれらの存在を維持しつづける唯一の原因である。ここからただちに、神は物質全体のなかにつねに同量の運動を保持していることが帰結する。これは神の不変性の世界への反映と見なしうる。この神の不変性から、自然の第一法則が導出されるだろう。物質のある部分が四角なら、形を変える何かが外部から来ないかぎり、その部分は永久に四角でありつづけるはずだ。次に、神が物質のうちに運動を保ちつづける働きが不変であり単純であることから、第二法則が同様に導かれる。運動している物体は個々の瞬間において運動することを神によって決定されているにすぎないから、物体は直線にそった方向に運動するしかない。ところで、デカルト研究家によれば、第三法則はホイヘンス以来その誤りが指摘されている。〈もっと力の強い〉、〈もっと力の弱い〉などの規定は明晰判明な観念ではない。それぞれは〈固い〉と〈柔らかい〉と言いかえうる感覚的観念にすぎない。実際、デカルトのテクストには、第三法則を神の属性から論理的に導く議論は見当たらない。それというのも、第三法則は、運動の特殊な原因として「普遍的な第一原因」とは資格を異にするからである。しかしながら、物質と運動・静止の一切が神なる原因によって創造され、それ以降も維持されるのであるから、どっちみち第三法則も神の属性に帰することになるのだろう。

(2) ランボー (Jean Nicolas Arthur Rimbaud 一八五四〜九一年、フランスの詩人) はフランス北東部アルデンヌ県に軍人の父と地主の娘の母の二男として生まれた。一八七〇年、彼は家出して普仏戦争下のパリにおもむくが、逮捕され家に帰された。翌年、ふたたびパリに出て、そこでヴェルレーヌ (Paul=Marie Verlaine 一八四四〜九六年、フランス象徴派の詩人) と出会い、二人でブリュッセル、ロンドンなどを渡り歩いた。一八七三年、ヴェルレーヌとのあいだで悶着が起こる。ヴェルレーヌが拳銃をランボーに発射し、ランボーは負傷して入院し、ヴェルレーヌは逮捕され、二人は別離を余儀なくされた。この年にランボーは刊行された最初にして最後の詩集『地獄の季節』を書く。このときランボーは一八歳であった。この後、彼はいっさいの詩作から遠ざかる。英語を習得するためにロンドンに滞在した後、ジャワとバタヴィアに二年を過ごし、さらにアレキサンドリアや遠くアラビア半島南端の古都アデンに入り、そこでフランスの商会の店員になる。一八八六年、自立して武器商人となったランボーはエチオピアの王侯に武器を売り込みに出かけるが、損失をこうむってしまう。だが、彼はこれにめげることなくエチオピアに足場をつくり、ハラール（エチオピア東部の都市）で商人としてまずまずの地位を築いた。一八九一年、骨肉腫が悪化しマルセイユに帰り手術を受けるが、恢復することなく死去した。――以上のスケッチから、メルロのいう「ランボーの沈黙」が『地獄の季節』刊行後から死去までの一八年の年月にわたるのがわかる。文字どおりの「早熟の天才」がどのような動機と思いで詩作をきっぱりと捨てたのか、しかもヨーロッパから出てアジアそして最終的にアフリカの地におもむきそこで生きたのか、などの疑問をめぐって多くの評論が書かれてきた。メルロがここで指摘しているのは、ランボーの生涯の意味を訊ねる形で、文学と実生活、藝術と実業、ヨーロッパと非ヨーロッパ世界、革命（パリ・コミューン）と日常生活、などの関係と対立について議論が重ねられてきた事実についてである。

（3）　ジャン・バティスト・ラシーヌ（Jean Baptiste Racine　一六三九～九九年）は一七世紀フランスの劇作家。フランス古典主義を代表する悲劇作家とされる。ラシーヌの作品『フェードル』（*Phèdre*）は全体で五幕からなる悲劇であって、一六七七年一月一日、オテル・ド・ブルーゴーニュ座で初演された。ラシーヌにとっての最後の世俗的悲劇として知られている。彼はこの作品執筆後の一二年間、劇作には手を染めず、信仰と王に仕える生活を過ごした。メルロのいう「ラシーヌの沈黙」とはこのことである。

（4）『アンドロマック』（*Andromaque*）（『フェードル　アンドロマック』渡辺守章訳、岩波文庫、一九九三年、所収）はジャン・ラシーヌ作の悲劇。一六六七年に執筆され、同じ年の一一月一七日、オテル・ド・ブルーゴーニュ座で初演されたこの悲劇は、古代ギリシャ・ローマの古典に題材して、トロイア戦争にまつわる愛のドラマを描いている。この戦争でトロイアの武将で夫のエクトールをギリシャ方のアキレウスに殺された妻アンドロマックは、敵のアキレウスの息子ピリュスの女奴隷にされてしまう。ピリュスはスパルタ王の娘エルミオーネと結婚すると思われていた。だがそのピリュスがアンドロマックに恋慕し、自分に靡かないのなら、エクトールの息子（アンドロマックの息子でもある）を殺すと脅す。この劇の構造は、一方通行の愛の悲劇的連鎖である。ピリュスの愛を拒むアンドロマック。ピリュスを愛するエルミオーネはピリュスに拒まれ、アガメヌノーンの息子オレストが愛を寄せている。ピュリスの宮廷にこのオレストが到着したときから、登場人物たちは破滅の淵につきすすんでゆく。

（5）一人称の「私」として登場する名前のない主人公。プルースト自身を思わせる人物で、少年期の回想や社交界の描写などにプルーストの経験が生かされている。

(6)「ある哲学者」が誰かを確定することはできない。しかし「一〇年前に……」を「およそ一〇年前に……」ととり「厳密に客観的な知識などない」という思想に着眼するなら、この哲学者がフッサールだろうという確度の高い臆測がうかびあがってくる。フッサールは最後の著作『ヨーロッパ諸学の危機と超越論的現象学』を一九三六年に刊行した。ここでフッサールは、実際に、科学的認識の要件をなす「実証性」の批判をおしすすめている。この著作において、彼はあらゆる認識の源泉が生活世界にある、という想定から議論を展開する。すべての基礎である生活世界と客観的認識の世界との断絶をもたらしたのは科学であるが、じつは科学的認識は生活世界から生まれ、そこで身を養っているのである。ガリレオとデカルト以来、科学は数学のイデア性と超越論的主観性をともに制約する歴史性を見逃してきた。そのかぎりで、知識の総体をコギト(歴史を超えた意識的主体)に基づけるデカルト主義は誤りである。そうではなく、歴史を生きる理性の見地に立つべきだ、とフッサールは主張するのである。

(7)「外交的情況」(situation diplomatique)という用語をヘーゲルがどこで遣っているかを正確につきとめることは今のところ不可能である。ただし、『歴史哲学』のある箇所に ein diplomatische Verhältnis という語が見える。「ヨーロッパの国家系と国家間の関係」

と題された一節には、宗教改革後にヨーロッパ諸国家間における複雑なかけひき、つまり「外交関係」が生まれることになった、と記されている。メルロ゠ポンティは、このくだりでまさに一九四八年当時の国際関係に焦点を絞って歴史的考察をおこなっている。そのかぎりで、この用語がヘーゲルのテクストのこの箇所と関連するという印象は否めない（ヘーゲル『歴史哲学』下巻、武市健人訳、岩波書店、一九五四年、二九一頁、参照）。（この用語について加藤尚武氏に照会したところ、加藤氏を介して、松田純氏（静岡大学）から示唆をいただいた。両氏にお礼を申し上げたい。）

（8）　一八一五年のワーテルローの戦いでナポレオン軍が敗北し、彼はセント・ヘレナ島に流された。イギリス・フランス・ロシア・プロイセン・オーストリアなどの参加でウィーン会議が開かれた。この会議でフランス外相タレーランはフランス革命以前の状態の復興を主張し、大国の勢力均衡を図った。神聖同盟、四国同盟らの列強を中心にしたウィーン体制が確立し、自由主義や国民主義運動が圧迫されるようになった。しかし他方、ヨーロッパの協調という指導理念による外交の展開によって、歴史的にみても比較的長期の安定がヨーロッパにもたらされた。だが産業革命による市民生活の発展や大国間の利害の衝突などにより、最終的には、クリミア戦争を回避することができず、ウィーン体制は崩壊することになる。メルロがウィーン体制にここで言及した意図はあきらかだろう。この体制が国際社会の安定に長期間寄与したことは事実である。だがこれによってはこの体制を正当化し得ないことを言外に含意しながら、彼は、古典的な理性の復興が同じ意味で単なるアナクロニズムに過ぎない点を衝くのである。

(9) 「効果的で活動的な理性」(raison opérante et active) とは、静謐のうちにものごとの本質を摑むことが理性の働きだ、という古典的考えに対する異議を含めて呈示された理性のイメージである。

(10) メルロは、この最終講演において、現代世界に生きる人間が遂行する実際行動や藝術あるいは知的探究などあらゆる種類の生のいとなみに、覆いようもない両義性や未完成がともなうという事実に読者の注意を喚起している。だがすぐに彼は反問する。この情況はただ現代人に特有のものなのか、むしろ古典世界においても、人々は未完成と両義性に同じように直面していたのではないか、と。この疑念が正鵠を射たものであることを、メルロは、ルネッサンス期を代表する「万能の天才」レオナルド・ダヴィンチを引き合いにだして裏づけている。彼は夥しい素描を遺したが、現代美術のある種の常識からすれば、素描は絵画を完成するためのもので、それ自体は完成を問われぬ下絵にすぎない。そのうえ、ダヴィンチは半ダースほどの彩色された絵画を描いたが、そのすべてがすべて完成しているとはとても言いがたい。

レオナルドの作品がどれも完成にほど遠い事実をどのように解すべきか。この問いをすでにポール・ヴァレリーは『レオナルド・ダヴィンチの方法序説』(*Introduction à la méthode de Léonard de Vinci*, 1895)で投げかけていた。メルロが暗にこの著作を念頭にしつつ、レオナルドに言及したのはまず疑うことができない。レオナルド論において、ヴァレリーは何度となくレオナルドの作品の「意味深長な無秩序」を語っている。彼によれば、秩序の問題はあらかじめ秩序の理念が設定された後でこそ生じる。だからこそ、レオナルドの作品は「意味深長な」無秩序を呈するのだ。言いかえるなら、レオナルドが事実を見すえる目にとっては、既成の秩序の基準がかえって不備をかかえこんでいるのである。

それゆえメルロの論点を取りちがえてはならない。彼が言いたいのは、藝術作品に象徴される人間的営為の産物が、つねに未完成ないし両義的であるということでは、ない。むしろメルロの真の狙いは、作品の「完成」という観念をメルロの構想する身体性の存在論によって脱構築することである。作品ひいては人間の生のいとなみの産物一般をどのような意味で〈完成／未完成〉という対立するカテゴリーの一方に割りふることができるのだろうか。そうした評価の絶対的基準を私たちはもっているのだろうか。しかしながら、完成に関する絶対的・客観的基準が不在であることは、藝術家が作品の完成を目指し懸命の努力を傾けることとなんら矛盾するわけではない。このくだりでメルロがふれている小説家バルザックは、作品の完成を求めて作家は苦闘するが、必ずしも彼の労苦が報われるとは限らない、という透徹した認識をもっていた。言いかえれば、作家はときとして完成を断念することを余儀なくされるが、それは作品の未完成に甘んじるためではなく、作品が未完成でありながら完成に匹敵する輝きを放つためなのである。——このような藝術家の姿をバルザックは『知られざる傑作』(*Le Chef-d'œuvre inconnu*, 1831) で印象深く描いている。バルザックがこの短編小説を書いた動機については、いろいろ臆測がなされているが、啓蒙思想家ディドロの絵画批評を読み、また愛好する画家ドラクロアとの面談に刺激されたことなどが重視されている。いずれにせよ、形而上学的意味で有限なる人間が無限の美や真理をひたすら追究し、ついに挫折せざるをえない悲劇的熱狂者は、バルザックが好んで描いた人物像である。

『知られざる傑作』は次のような物語である。無名の画家ニコラ・プーサン (Nicolas Poussin 一五九四～一六六五年、バロック時代の画家) が、ある日、著名な画家ポルビュス (Frans Pourbus 一五六九～一六二二年) のアトリエを訪ねる。そこへやってきた老画伯フレンホーファー (架空の画家) が、ポルビュスが制作しつつあった大作《エジプトのマリア》について論評を始めた。その絵はフレンホーファーも評価しているが、彼から見ればまだまだ不完全だという。実際、フレンホーファーがその絵にすこし筆を入れると、その絵は生気を取り戻したかのように輝きだした。フレンホーファー自身、じつは十年越しでこのうえない傑作となるはずの《美しき諍い女》と題する作品と取り組んでいた。彼の卓越した技量にもかかわらず、その絵にはまだ不足するものがあった。問題はその絵に完璧さをつけ加えてくれる理想のモデルが見つからないことだった。まだ誰も見たことのない傑作はある絶世の美女の肖像画であった。絵画の秘密を突きとめたい欲望にかられたプーサンはフレンホーファーに、その絵を見せてもらう代償に彼の美しい恋人ジレットをモデルにさしだすと言い、老画伯もそれを承知する。ジレットの美しさは、フレンホーファーにその絵の完成を確信させたのである。しかしいざプーサンとポルビュスにその絵が示されたとき、彼らがキャンバスに見たのは、絵の具が塗りたくられた色彩の混乱のなかに描かれた、一本の足にすぎなかった。

セザンヌがこの藝術家小説を愛読していたことを彼の若い友人ガスケが伝えている。この小説の話が出たとき、セザンヌは指を胸につきつけて、「フレンホーファー、フレンホーファー、あれはわたしのことだ」とガスケに告白したという（『セザンヌ』前掲書、一一〇頁以下）。メルロの話もおのずとバルザックからセザンヌへと話柄を移してゆく。メルロの藝術論にとってセザンヌは特権的画家であった。彼の作品が古典世界の基準に照らせば「未完成」の趣をそなえることは素人目にも明らかだろう。たとえば、キャンバスの下地が絵の具で塗られずそのまま白い色を見せている作品がある。デッサンで事物の形のたしかさを描くのではなく、色彩のなかに輪郭が暗示されている作品もある。机の縁の直線が中途でクイナの嘴のように食い違っている絵がある。このようにあげてゆくと切りがないが、セザンヌはまさに〈完成〉を主題にして画業を追求した画家だった。この講演でメルロが述べているように、彼のいう〈完成〉は絵画をつうじて知覚物を実現する（réaliser）ことであった。彼はいう、「自然にならって絵を描くことは、対象を模倣することではない。いくつかの感覚を実現（リアリゼ）することです」と（同書、三六頁）。もうひとつセザンヌのことばを引用しよう。「……わたしは自然の迷える手を合わせてやるのです……その色調、その色彩、そのニュアンスをわたしはつかんで、それを定着させ、それを互いに近づけます。……それは線をつくってゆきます。事物や岩や木になってゆきます。……」（同書、二一四頁以下）。画家は数多くの感覚を受ける器であり、自然の可視性のいわば電波を絵画へと変換するひとつの受信機だとセザンヌは語っている（同書、二一五頁）。これがセザンヌのいう〈実現〉であり、この過程には原理的に終りがない。美術史家は、セザンヌの制作が試行錯誤の連続であったことを実証している。彼の作品がなぜ完成しないのかを説明するのは、この〈実現〉の理想をおいてほかにはない。

　最後に二点をつけ加えておこう。第一に、〈実現〉はただセザンヌ一人がかかえていた問題ではなく、詩、小説、音楽、ダンス、映画などあらゆるジャンルの藝術にいそしむ制作者たちの問題であり、同時に、思想家や哲学者の問題でもある。メルロは『知覚の現象学』の序文で、現象学の「未完成」（inachèvement）にふれてこう記している。「現象学がひとつの学説ないしひとつの体系であるより以前にひとつの運動であったとしても、それは偶然でも、詐欺でもない。現象学は、バルザックの作品、プルーストの作品、ヴァレリーの作品、あるいはセザンヌの作品とおなじように、辛苦のいとなみである——これらはすべて、おなじ種類の注意と驚異を示し、おなじ気難しい意識をそなえ、世界や歴史の意味をその誕生の刹那において捉えんとするおなじ意志をもっている」(『知覚の現象学』p. XVI)。そして第二に、実現の過程に原理的に終りがないかぎりで、たとえ作品のその都度の仕上がりが事実上未完成であったとしても、ある意味で——完成の予型(prefiguration)さえ呈示し得たなら——それはすでに完成した作品だと言わなくてはならない(〈予型〉については、第四章、注釈(5)を参照)。

付言すれば、藝術作品の未完成の問題が藝術学の主題として議論され研究されたのは、このラジオ講演が放送された後の一九五五年のことだった。ヨーゼフ・ガントナー(Joseph Gantner 一八九六〜一九八八年、スイスの美術史家)を中心として、この年、スイスでシンポジウムが開催された。その折の研究発表と討議が一書にまとめられている(J. A. Schmoll (hrsg.), *Das Unvollendete als künstlerische Form*, J. Francke AG Verlag, 1959.『芸術における未完成』中村二柄ほか訳、岩崎美術社、一九七一年)。ガントナーが〈未完成〉の考察を始めた時期は四〇年代に遡るが、こうした研究動向をメルロが知っていた形跡は(いまのところ)確認できない。

さらに、ガントナーが藝術作品の未完成(non finio)という存在様態から〈プレフィグラツィオーン〉(Präfiguration)という要因を析出し、これを理論概念として打ち出している点を重視すべきだろう。たとえば、レオナルド・ダヴィンチの文書に研究者が認める「思索の断片、モチーフ、ほのめかし、粗い素描、宙に浮いたように、暗示にみちて、時には謎をたたえた、ばらばらな言葉やイメージ」は、全体として〈プレフィグラツィオーン〉を形づくる。言うまでもなく、これはメルロも遣ったことのある〈予型〉と同じことばである。ガントナーは、このシンポジウムで、内容と形式の二種類の〈プレフィグラツィオーン〉を区別するほか、未完成な作品から〈フィグラツィオーン〉の面をとりだしてこれを前者と対比してもいる。ガントナーの未完成に関する理論をここで精査することは不可能であるが、少なくとも、ガントナーの理論が、メルロの思想のある面をいっそう明るく照らすとともに、反対に、メルロの身体性の現象学も、ガントナー理論の基礎的部分をいっそう明確にするだろう期待を、ここに述べることは許されるだろう。

訳者解説

1

メルロ＝ポンティは二〇世紀においてもっとも独創的な業績をあげた哲学者のひとりであった。この点は衆目の一致するところだろう。それにしても、メルロ＝ポンティの独創的業績とは何だったのだろうか。

彼の生前の名声にもかかわらず、そして遺著を含め彼の著作がたえまなく読み継がれてきた事実にもかかわらず、意外なことに、メルロの業績についての評価や多くの人が共有できる解釈さえもが、必ずしも定まってはいないように見える。たとえば、哲学史家ドミニク・フォルシェーはこう述べている、「両義性の哲学ともいわれたように、メルロ＝ポンティの全体像は依然として確定していない」（『年表で読む哲学・思想小事典』菊池伸二ほか訳、白水社、二〇〇一年、三四〇頁）と。メルロ＝ポンティの哲学者としての本領はどのようなものだったのか。彼の哲学的業績の真価はどこにあったのだろうか――このラジオ講演には、こうした疑問を解くための恰好な示唆が含まれているように思われる。

メルロが出演したラジオ番組の構成、放送日などの事実関係については、本書の編者による「まえがき」が明らかにしてくれている。それによると、メルロが担当する講演は、一九四八年の秋、フランス全土に放送された。したがって、スタジオにおける講演の収録は、おそらく同年の夏頃までになされたのだろう。

　個人的な想い出を語ることが許されるなら、この録音の一部を実際に聴いたときの印象がいまでも忘れられない。メルロ＝ポンティは思いがけず若々しく明るい声の持ち主だった。もっと低めの音色でゆるやかな語調の話しぶりを想像していたから、それはちいさな驚きだった。だが考えてみれば、このような印象はこちらの勝手な思い込みがもたらしたものにすぎない。

　メルロを大成した哲学者と思いなすなら、いろいろな意味で間違いを犯すことになるだろう。当時メルロは四〇歳の働き盛りであり、多くの論文の執筆、二冊の著書の新刊、フランス哲学会における講演などで遑（いとま）のない日々を過ごしていた。訳者が聴いた若々しく弾む声調は、哲学思想に新次元を拓くために前進しつつある学徒に似つかわしいものだった。なるほどメルロは、二〇世紀フランスが生んだ哲学者として十指、いや五指に数えられる人物だったかもしれない。しかし、彼は哲学体系の構築者では決してなかったし、一定の哲学学説の普及者でもなかった。むしろ彼は、哲学的生涯を開始した当初から不慮の死を遂げた最後まで、つねに変わらず、哲学思想の枠組み（パラダイム）を転換するべく力を尽くした一個の探究者であった。そのかぎりにおいて、彼を「身体の哲学」の唱道者、あるいは「両義性の哲学者」、あるいは知覚の「現象学者」と見なすことは、間違いとは言えないものの、はなはだ一面的な解釈だと言わなくてはならない。

放送の年からわずか一三年後の五月三日の晩、メルロ＝ポンティは仕事机で執筆中に斃れた。突然死とはいえ、五三歳はあまりにも早い死の訪れである。その数年前から、彼の哲学思想には新たな段階に向かいつつある兆しが見えていた。計画された著述の一部をなす遺稿「見えるものと見えないもの」と多彩な思索の交錯を生々しく伝える「研究ノート」が遺著『見えるものと見えないもの』（一九六四年）としていま読者のもとにある。いや、読者にはそれだけしかない、と言い直すべきかもしれない。実際、メルロは本書の講演最終回で、作品の「未完成」の存在論的意味を肯定的に語っている。それにしても、メルロの死を悼んでリクール（Paul Ricoeur　一九一三〜二〇〇五年、フランスの哲学者）が述べたように、「未完成に関する哲学の未完成がもたらす二重の当惑」をどのように晴らしたらいいのだろうか。

メルロ＝ポンティが口にしたことばと記した文字は、テクストとしては完結し、全体が確定している。しかしながら、テクストの解釈のただなかに出現するメルロの哲学思想はいまなお成長することをやめていない。読者はメルロ＝ポンティの哲学思想を――メルロその人が言うように――〈完成した未完成〉として捉え返す必要があるだろう。こうしてふたたび同じ問いが立てられなくてはならない——彼の哲学的業績の真価は何だったのか、と。

2

メルロ゠ポンティは博士論文を構成する二冊の著述『行動の構造』(一九四二年)、『知覚の現象学』(一九四五年)で、人間の〈行動〉と〈知覚〉を——経験科学の資料を博捜しつつ、科学的知見の丹念な批判検討をつうじて——主題的に考究した。時あたかもドイツによるパリ占領から大戦終結直後までの時期である。これらの著述の刊行によって彼の名はにわかに高まり、その結果、彼はフランス哲学界において揺るぎない地歩を占めるにいたった。多くの人は、これらの著作に実を結んだメルロの哲学思想を彼の前期の立場を代表するものとしている。それゆえ本書(ラジオの連続講演)における哲学思想も、基本的には、前期の立場に含まれることになろう。

しかしここで二つの論点を指摘したい。第一に、哲学者が生きた思想を時期によって区分する手法には限界がある。(誇張していうなら)メルロの思想が何年何月から次の時期に移行したなどという想定は明らかにばかげている。将来の思想の萌芽が前段階にはらまれていた面もあり、結局はそれが芽吹かず、他の枝に新たな芽がふくらんでいたのに後から気づかれることもある。思想の生成は直線を描くわけではなく、ジグザグな経路を螺旋状にすすむものだ。第二に、メルロはつねに自身の哲学思想の前進を期していた――ここに彼が探究者であったことの証がある。とすれば、『知覚の現象学』刊行から数年間の思索の経験が、前期の哲学思想とは質のちがう想念や問題をメルロにもたらさなかったとは言い切れない。反対に、そうした可能性は相当高いと言うべきだろう。

私たちは、実際にこのラジオ講演が、メルロが後期に沈潜することになった思索が追い求めた主題を多少とも先取りしているのを認める。彼自身が一度も使用しなかった用語をあえて遣うなら、この主題を〈古典世界から現代世界への存在論的転回〉と要約できるように思える。

3

連続講演の組み立て方にこの主題が透けて見えている。講演の構成を調べるために、以下で各章の見出しを掲げながら各講演の中心テーマについて多少の説明を加えることにしよう。念のため言えば、私たちの目的は、各章の内容を要約することではなく、連続講義全体の主題を浮き彫りにすることである。

第一章　知覚的世界と科学の世界
第二章　知覚的世界の探索――空間
第三章　知覚的世界の探索――感知される事物

第四章　知覚的世界の探索——動物性
第五章　外部から見た人間
第六章　藝術と知覚的世界
第七章　古典世界と現代世界

第一章でメルロは、読者（かつては聴取者）が〈知覚的世界〉を再発見するよう強く訴える。現代の自然科学は——メルロにとって不本意なことに——私たちがすでにいつでも帰属しているこの世界をまるで幻想か仮象のような地位に貶めている。だがメルロに言わせれば、この種の科学主義のやり方は、自分の出生の秘密に目をふさいでいるせいで可能になるにすぎない。科学的認識はそもそも知覚に根をおろし、その土壌から養分を吸い上げている。ところが科学主義は、明白な事実を顚倒させて、知覚を〈始まりつつある科学〉に擬するというアナクロニズムに陥っている。フランスはデカルトを生んだ国だが、このデカルトこそ科学主義の生みの親だと言わなくてはならない。デカルトは「感覚は時として人を欺く」として、感覚に対して経験としての意義を否定した。たとえば、冷えた手をお湯に浸けると熱いと感覚するが、同じ温度のお湯に温めた手を浸けるとぬるく感覚する。このように、感覚は対象の認識に役立たない。こうした論法によって、主知主義者は〈経験〉としての〈知覚〉を贋造する。デカルトを初め主知主義者にとっての〈知覚〉は、「感覚」を知性で処理した〈判断〉の一種となるだろう。

主知主義を批判するにもかかわらず、メルロは科学の認識価値を否定するものではない。彼はただ科学的世界が知覚的世界を奪取し、それに取って代わることに反対するに過ぎない。彼に言わせるなら、〈概念〉や〈言語的認識〉も〈知覚〉なる人間存在の様態に基礎をもつはずなのである。

このように、本章におけるメルロの最大の関心事は、知覚的世界の存在論的意義を科学主義と対照させながら明示することであった。第一章が知覚的世界についての概説だとすると、第二章、第三章の目的は、知覚的世界についての各論を展開することである。具体的にいえば、知覚的世界の空間性と感知される事物（あるいは知覚物）を主題として設定し、それぞれを現象学の見地から記述することが課題である。ここにおいてメルロは、第一章と同じように科学的認識に論及しているが、むしろ注目すべきは、画家の表現に焦点をあてている点だろう。とりわけセザンヌの画業について掘り下げた解釈がなされている。メルロの見地からすれば、日常的知覚がすでに〈表現〉——表意機能をおこなう記号系——であり、絵画はいわば二乗された表現として、本来的な〈認識〉である。とはいえ、メルロは（新カント派のように）認識論／存在論／価値論という哲学の伝統的部門分けを絶対視するわけではない。彼にとって人間の認識は人間の存在様態に等値であり、認識問題はそのまま存在論的考察の対象である。このかぎりで、哲学的系譜を視野にいれるなら、メルロの哲学にはハイデガー哲学に直接結びつく側面が多いと言える。メルロがようやく後期においてハイデガー哲学に関心を深めたとか、後期において存在論に問題関心が移ったという見方は誤りである。

第三章の主題である〈知覚物〉とは、知覚領野に現象するかぎりにおける事物にほかならない。換言すれば、それは知覚された事物を表わすカテゴリーである。仮象と実在の二項対立を超えた概念内容を表意するかぎりで、〈知覚物〉のカテゴリーは、フッサール現象学における〈現象〉のカテゴリーに等しいと見なすことができる。メルロが〈現象〉を彼の存在論の基礎概念としなかったところに、むしろメルロの知覚主義の独創性を認めうるかもしれない。フッサールの場合、〈現象〉とは、現象学的還元の操作を通じて、超越論的意識の領野に出現するものだからである。これに対してメルロの〈知覚〉は、自然的態度において生きられた経験にすぎない。もちろん、知覚物の背後に現象しない実在がある、とする古めかしい〈現象〉の観念は、全面的に廃棄されている。このことをメルロ＝ポンティは、画家セザンヌの証言、ポンジュの詩、文学者ゲーテの色彩論、あるいは哲学者バシュラールの詩論などに言及しながら解明しようと努める。放送番組の制約のために、彼の議論が委曲を尽くしていない点は認めなくてはならない。だがいずれにせよ、メルロの議論の狙いが、存在論的転回に絞られていたことは疑いえない。

4

この連続講演の全体構想のうちで、第四章はなぜ必要とされたのだろうか。初章から第三章まで、彼は知覚的世界を記述することによって、それが人間化された世界であることを明らかにした。〈人間化〉がただちに〈擬人化〉と重なるわけではない点に注意すべきである。この論点を確かめるには、科学主義が描く世界像と知覚的世界とを比較してみるといい。誰もが知っているように、自然科学が精密な観察によって明らかにする物質の世界には意味や価値のはいりこむ余地はない。たとえば、ある山の斜面を地質学や地理学などの科学的視点から調べれば、そこについて多様な事実が判明するだろう。だがそれが険しいという行動的価値を科学的調査から引きだすのは不可能である。人間が山に登る行動〈登攀〉との対応が与えられて、初めてそこは険しい場所となる。

　これにひきかえ、知覚的世界をつくりあげている生態学的場所や知覚物には、固有の価値や意味がある。メルロのいう〈人間〉は術語としては〈世界内属存在〉あるいは個別的な〈実存〉と呼ばれる。周知のように、彼はその存在構造を〈本来的身体〉として把握したが、この洞察こそ、彼の哲学思想がもたらした最大の成果のひとつである。〈本来的身体〉はある意味で主体であるが、デカルト哲学の伝統において継承されてきた〈自己意識〉とは異なり、いまだ人称以前的な水準にとどまる主体であり、したがって人間化はただちに擬人化ではない。

　しかしこの論点が、じつはメルロの議論の分岐点を呼び寄せることになる。身体的主体の呈示によって、メルロ＝ポンティは、古典世界から締め出された動物・子供・狂人・野蛮人の救済のために思索の努力を注ぐ。私見によれば、この第四章は連続講演中の圧巻ではないだろうか。それというのは、本章において古典世界から現代世界への存在論的転回が本格的に遂行されているからだ。古典世界において「人間」と呼ばれる種族は、単に、西洋の・（精神の）健常な・大人（メルロは明言していないがおそらく男性）、にすぎなかった。だがケーラーの有名な類人猿に関する研究の検討などをつうじて、メルロは人間における動物性を直視する。さらに歩を進めてメルロは、理性・非理性、文化・野生、現実・夢想、人間・野獣などの二項対立を転覆させ中和し、両極をつなげる――このようにして、存在論的転回が遂行されたのである。このような転回について、デカルトなら冷笑するか驚愕するか想像もできないが、いずれにせよ、メルロ＝ポンティは動物を初めとする存在者を〈人間〉として認める。動物は人間である（だが、逆は成り立たない）。それゆえ結果として「擬人化」の意味が更新され、この語が「人間化」を表意することになる。いまや〈擬人化〉の認識法が不当であるとは一般には言い得ない。当然ながら妥当な擬人化もあるのだ。たとえば、修辞学における〈擬人化〉が不可能なら私たちは現行の世界認識の大半を失う羽目になるだろう。

5

第五章は悪名高い「他者問題」を存在論の視点から解決に導くことを狙っている。メルロの議論については本文を参照していただくことにして、問題に対するメルロの方略の特色を明らかにしよう。彼は〈本来的身体〉の視点から、デカルト哲学の伝統における「他者問題」の問題としての権能そのものを無力化する。言いかえれば、メルロの身体性の現象学において「他者問題」は解決されたのではなく、解消されたのである。

彼の議論の鍵をなす概念は〈表情〉である。もちろんこれは身体性の〈表現〉であり、メルロの卓抜な言語存在論を導く重要な概念である。またこの章においてメルロは、他者関係を実存の存在構造に要因として組み込んでいる。メルロのかつての盟友サルトルが『存在と無』において対他存在の理論を展開しているのはよく知られている。しかし、二人が議論の出発点に据えた基礎概念が著しく異なるために、二人が記述した対他存在の理論（ある種の倫理学）にはほとんど共通点がない。

第六章でメルロが目指したのは、知覚世界の現象学が藝術理論に貢献する理由を説くとともに、反対に、藝術活動がメルロの身体性の存在論に対する裏付けをもたらすゆえんを説明することである。この目的のために、メルロはふたたびセザンヌを初めとする画家の作品について議論している。藝術は存在論の観点からすれば記号論的実践である。当然ながら、この章の議論は身体性の現象学を基礎とする記号論の趣を呈することになる。議論のいわばジャンルと同時にその及ぶ範囲にも注意しなくてはならない。実際、彼の議論は、音楽、映画、文学とくに詩にまで及んでいる。

この章で展開された藝術論をメルロの存在論的探究のうちにどのような意味で位置づけたらいいのだろうか。一見すると、藝術論はメルロの哲学探究を前進させてきたモチーフ、つまり課題としての存在論にとって、そのひとつの応用例のように映るかもしれない。しかしこれは間違った解釈である。本書の注釈（第七章）でも引用したが、『知覚の現象学』の序文において彼は次のように述べていた。「現象学がひとつの学説ないしひとつの体系であるより以前にひとつの運動であったとしても、それは偶然でも、詐欺でもない。現象学は、バルザックの作品、プルーストの作品、ヴァレリーの作品、あるいはセザンヌの作品とおなじように、辛苦のいとなみである――これらはすべて、おなじ種類の注意と驚異を示し、おなじ気難しい意識をそなえ、世界や歴史の意味をその誕生の刹那において捉えんとするおなじ意志をもっている」（『知覚の現象学』p. XVI）。メルロはここで藝術と哲学がともに人間の難事業であることだけを言いたいのではない。哲学も藝術も――表現様式やそれぞれの媒体が異なるとはいえ――形而上学的課題を追究する〈表現〉としてはまったく同等だし相互に協働できること、これが眼目なのである。

哲学思想はただ職業的哲学者の専売ではないとする確信は、実際に、メルロが哲学専攻を決意した学生時代からコレージュ・ドゥ・フランスで哲学を講じた時期まで揺らぐことはなかった。

6

第七章は連続講演の掉尾に置かれてはいるが、講演全体の主題を把握するために読者が最初に読むべき章なのかもしれない。というのも、この章でメルロが鮮明に打ち出そうとしているのは、思想や文化の観点からする、古典世界と現代世界の顕著な差異、という論点だからである。

メルロが「古典世界」と呼ぶのは、ヨーロッパの歴史区分でいう「近代」（the modern era）における思想的・文化的世界のことである。哲学的文脈にこの「古典世界」を置き直せば、（ほぼ時代順に挙げると）デカルトとその学派ならびに彼らに対抗する学派（たとえば英国経験主義）、フランス啓蒙哲学者たち、そしてドイツ観念論とその後継者たちなどが、古典世界の住人として実際にこの講演において言及されている。他方、「現代世界」とメルロが呼ぶのは、一九世紀末から二〇世紀の二〇年代、三〇年代をつうじて形成された、思想的・文化的世界にほかならない。ラジオ番組が放送された一九四八年当時も、当然ながら、「現代世界」に属している。しかもメルロにとって、「現代世界」の次にどのような「世界」が到来するかと問うのは無意味である。

私たちは何よりも、「現代世界」が二〇世紀の二〇年代から三〇年代をつうじてほぼ完成され現在に継承されているというメルロの洞察に注意すべきだろう。メルロはいつでも世界の「上空を飛翔する」観察者を容認することはなかった。後期のことばで言えば、メルロはつねに「内部存在論者」であろうとしたのだ。彼によれば、徹底的に世界の内部に住みながら、自己と世界の全体について考え抜くのが哲学の本来のいとなみにほかならない。メルロ＝ポンティはこの哲学者としての本来の構えを最期まで持ちこたえた。この一点だけで、彼の名は人々の記憶に残るだろう。

この章は「古典世界と現代世界」と題されているが、これはいわば明示的主題であり、じつはひとつの黙示的主題が前提されている。メルロは、古典世界に比較すると、現代世界の藝術作品、政治情況、哲学思想のどれをとっても不完全性、未完成、両義性などの消極的様相が顕著だという指摘をおこなっている。とはいえメルロは、現代世界のこれらの徴候に悲観することはない。むしろそれらに、思想や文化の健全さと豊富な可能性を認めるのである。このような議論をなすための前提には、現代世界の到来を基礎づけたのは基本的に存在論の変貌だという痛切なメルロの認識がある。彼自身がこの「存在論的転回」の遂行を企て、当時なおこれを遂行しつつある当事者の一人であった。

7

メルロ＝ポンティの哲学的業績の基軸を「存在論的転回」に見いだす必要があるだろう。この点を確認し終えたとき、私たちの連想はふたつの思想史上の出来事へと進んでゆく。

ひとつは一七世紀の〈科学革命〉（Scientific Revolution）、もうひとつは二〇世紀の〈言語論的転回〉である。

英国の歴史家バターフィールド（Herbert Butterfield　一九〇〇〜七九年）は世界史上ただ一回、（主として）一七世紀に科学的認識が大規模な変革を遂げたことを主張した。この連続講演でメルロがたびたび言及するデカルトもその当事者だった。科学革命の中心人物といえば、コペルニクス（Nicolaus Copernicus　一四七三〜一五四三年、ポーランドの天文学者）、ケプラー（Johannes Kepler　一五七一〜一六三〇年、ドイツの天文学者）、ガリレイ、ニュートンなどがよく知られている。彼らの活動を通じてそれ以前の天動説が信憑性を失うかわりに地動説が有力となり、この転換が人々の世界観や信仰に甚大な影響を及ぼすことになる。デカルトやとくにニュートンが機械論的自然観を確立することによって、やはり人々の思想に大きな変化がもたらされた。二〇世紀にトマス・クーンは科学革命の理論化を試み、科学の歴史は科学的知見の累積ではなく、非連続的な飛躍を介して革命的に変化することを説いた。この変化を「パラダイムシフト」と言うことから、彼の理論は「パラダイム論」と呼ばれる。このような展望に立つとき、メルロ＝ポンティが挑んだ哲学思想上の課題は、科学革命もそのうちに包摂したいっそう根底的な存在論上のパラダイムシフトであったと言えるだろう。

他方で、言語論的転回（Linguistic turn）とは、二〇世紀における哲学史上の重要で大規模な「パラダイムシフト」のことである。このスローガンはリチャード・ローティ（Richard Rorty　一九三一～二〇〇七年、米国の哲学者）が編纂した論文集の題名（*Linguistic Turn. Recent Essays in Philosophical Method*, University of Chicago, 1967）に基づいている。伝統的な哲学は、たとえばプラトンにおけるように、「世界とは何か」、「世界に存在するのはどういうものか」、「人間とは何か」など、実在するものへ直接的に問いを向けるのがふつうだった。時代が下り近世になると、哲学の問いは、実在するものではなく、実在の〈観念〉や〈表象〉に集中することになった。なぜなら、人間は〈観念〉や〈表象〉を介してしか実在に近づく手立てがない、と考えられたからである（本講演でメルロはデカルトに言及しながらこの経緯を明らかにしている）。

ところが二〇世紀初頭に、論理実証主義の哲学運動が広範な影響力をふるい、また解釈学や現象学が勃興するとともに、哲学者の関心は人間言語や記号に集中することになった。哲学者が問うものは、もはやイデアや本質ではない。観念や表象でもない。そもそもそれらを含めてあらゆるものが問題とされ形をなす表現（とりわけ言語）である。

しかも言語はたんに探究のもっとも重要な主題というだけではない。それはまた、魚や鳥にとって水や空などがかれらの住む場所であるように、哲学のいとなみが成り立つためのエレメントなのである。メルロは〈知覚〉をあらゆる経験の原型とみなした。彼によれば、知覚がすでに沈黙の言語にほかならない。こうして見ると、徹底的にまた幾度となく言語論的転回を企てた哲学者としてのメルロ＝ポンティの姿がクローズアップされてくる。彼は言語論的転回を存在論的転回の一環として推進した点において独創的であった。あるいは逆に、メルロは存在論的転回を言語または広く表現ないし記号の事柄として遂行したとも言えるだろう。

8

現象学学徒として出発したメルロは〈事象そのものへ〉というフッサールの教えを忠実に履行した。多くの読者が、メルロの著作が経験の具体相に密着していることに魅了された。同時に、この特色が、多くの読者の目を晦ましがちだったことも否定できない。実際、メルロを「自然主義者」と呼ぶことによって、自分の躓きを（それと知らずに）告白する人もあらわれた。なるほど、彼が大学の心理学講座で授業を担当したのも事実だし、精神分析の臨床家に乞われ、その著書に序文を寄せたこともあった。にもかかわらず、彼には心理学者と肩をならべるつもりなどまるでなかったし、種々の心理学的研究を統合して〈哲学的人間学〉を構築しようという意図もなかった。とはいえ彼には、反科学を標榜する古めかしい形而上学に復帰する目論見も無縁であった。心理学・言語学・社会学・人類学などの経験諸科学から学ぶこと。これはつねにメルロの哲学探究の要因でありつづけた。——彼のこのような構えが「両義性の哲学」というレッテルを呼び寄せることになった。

彼の哲学思想の基本的構えを説明するものがあるとすれば、それは、彼が晩年まで堅持した〈現象学的存在論の構築〉というモチーフ以外にはない。存在論が伝統的形而上学の一部門であるかぎりで、メルロの思索を生涯にわたり牽引したものは、形而上学へのひりひりするような渇望であったろう。メルロをして最終的に現象学をも乗り越え前進するよう促したのも、やはりこの形而上学的動因である。メルロが遺著で引用したファン・ゴッホのことばのように、彼もまた、「もっと遠くまで」行きたいと思わせた次元や根源にこころを奪われていたのだ（『眼と精神』、二五六頁）。

しかし、彼の形而上学の企ては、平坦な道を順調に進んだわけではない。すでにこの連続講演の議論のうちに、いくつかの困難が足をすくう石のように埋もれている。一九六一年五月三日の最後の日まで彼を駆り立てて前にすすませたものは、黙した知覚を律する身体的理性と言語音として語りだす理性とがどのような関係にあるか、という問題であり、前者から後者がどのように生成するか、という問題であった。メルロにつねに、あらゆる合理性の根拠が〈知覚〉に存すると確信していた。ちなみに〈知覚〉を単なる「心的状態」と取り違えてはならない。それは人間の存在様態であり、現実の生である。現象学派の研究者として出発したメルロは、主としてこの問いの導きに応じて、何度か生涯の節目に自己の哲学思想の点検をおこなっている。最終的に読者にゆだねられたのは、遺著『見えるものと見えないもの』（これに付載された「研究ノート」を含む）ならびに何冊かの講義ノートである。読者はそれらの資料から、この類まれな思索者が、現象学さえ括弧に入れて、新規に思索を始めようとする気配を濃厚に感知できるだろう。

＊

本書に目を通したとき、何よりもメルロ＝ポンティの構想の大きさに胸うたれた。この小冊子につめこまれた哲学思想のヴォリュームが人を圧倒することは誰にも否定できない。本書のもとの題名は「連続講演　一九四八年」というそっけないものだが、これでは本書がどんな内容か読者にはわかるはずはないと思える。この「壮大な構想」を一言で表わすにはどうすればいいのだろうか。しかし、なかなか適切なことばが浮かんでこない。あれこれ思案してタイトルをひねりだしたが、いかにもメルロ＝ポンティがつけそうな凡庸な表題しか思いつかない。ちなみに英訳の題名は「知覚の世界」だが、これもメルロ＝ポンティそのまますぎてほとんど意味がない（*The World of Perception*, translated by O. Davis, with a foreword by Stéphanie Ménasé and an introduction by Thomas Baldwin, Routledge, 2004）。

たまたま、若い人とやっている研究会の席である文化人類学者の論文が紹介されたことがあった（第四章、注釈（5）を参照）。議論に参加して発言しているうち、その論文の内容に触発されて、いままでのわだかまりが氷解するような思いをあじわった。「壮大な構想」とは「存在論的転回」のことだと確信できた瞬間である。とはいえ、タイトルを決めるには我が国におけるメルロ＝ポンティ哲学受容の情況にも配慮しなくてはならない。いくらかの逡巡の後、結局、タイトルは「知覚の哲学」に落ち着くことになった。これはメルロ自身が用いている語であり、「哲学」には〈存在論的転回〉の概念が含まれている。

この連続講演でメルロは哲学上の多くの論点や問題、そればかりか哲学以外の学問領域における問題や論点にもふれている。彼が言及している作家、哲学者、藝術家の数もきわめて多い。もちろんメルロの哲学用語を含めて多くの哲学的な術語も出てきている。それらの用語や人名について知識をもたない読者がこの本を読んだら、はたしてメルロが展開する議論の真意を摑めるものだろうか。なるほど、講演のあらすじを辿るくらいのことは十分に可能だろう。とはいえ、その程度の読書経験はほんとうに意義があるのだろうか。

そこで最初は、テクストの訳文に解説文を併載するやり方を考えたが、訳をやりかけた途端、それでは無理だと気がついた。次の策として本文の要所に詳注を施すことにした。注を執筆するにあたり訳者が立てた方針は、講演の内容だけ読んだのでは理解できない箇所に対して読者の理解を容易にする解説をかなり丁寧にほどこす、ということだった。詳注といっても、メルロの主張に対して第三者的距離をとった解説ではない。もしメルロのラジオ講演に聴取者から質問が寄せられた場合、メルロ本人であればどのように答えるかを想定しながら執筆した。たとえば、メルロが講演で詩人のランボーにすこしだけ言及した箇所がある。どういうつもりでメルロはこの箇所でランボーを呼び出したのか。それには然るべき知的な理由がメルロにあったに違いない。訳者がほどこした「注釈」は、この理由を明らかにすることをつうじてメルロの議論に理解可能性を付与することであり、一言でいうと、メルロのテクストを解釈することである。

だから読者各位には、この「注釈」に詩人ランボーについての解説やランボー研究の大要を求めないようにお願いしたい。同時に「注釈」はあくまでメルロ本人とは違う第三者がメルロの仮想的視点から執筆したものであり、それが唯一でも絶対でもないことも了解していただきたい。この注釈がメルロ＝ポンティによる連続講演の理解にすこしでも役立つならさいわいである。

最後になるが、この本の企画と実際の作業については、筑摩書房・編集部の伊藤正明氏からさまざまなご尽力を得ることができた。心からお礼を申し上げたい。

二〇一一年三月一五日　　危機のさなかに

菅野盾樹

メルロ゠ポンティの著作（一九〇八―一九六一）

- *La Structure du comportement*, Paris, PUF, 1942; rééd. 2002.
『行動の構造』滝浦静雄・木田元訳、みすず書房、一九六四年
- *Phénoménologie de la perception*, Paris, Gallimard, 1945; rééd. coll. «Tel», 1976.
『知覚の現象学１』竹内芳郎・小木貞孝訳、みすず書房、一九六七年
『知覚の現象学２』竹内芳郎・木田元・宮本忠雄訳、みすず書房、一九七四年
『知覚の現象学』中島盛夫訳、法政大学出版局、一九八二年
- *Humanisme et terreur, Essais sur le problème communiste*, Paris, Gallimard, 1947; rééd. coll. «Idées», préface de Claude Lefort, 1980.
『ヒューマニズムとテロル』森本和夫訳、現代思潮社、一九六五年
- *Sens et non-sens* (textes de 1945 à 1947), Paris, Nagel, 1948, rééd. Paris, Gallimard, 1996.
『意味と無意味』永戸多喜雄訳、国文社、一九七〇年
『意味と無意味』滝浦静雄ほか訳、みすず書房、一九八三年〔本書で参照した邦訳〕
- *Éloge de la philosophie* (1953) *et autres essais* (1947–1959: reprise d'articles de *Signes*),

Paris, Gallimard, 1953 et 1960; rééd. coll. «Folio essais», 1989.

- *Les Aventures de la dialectique*, Paris, Gallimard, 1955; rééd. coll. «Folio essais», 2000.
『弁証法の冒険』滝浦静雄ほか訳、みすず書房、一九七二年
- Collectif, *Les Philosophes célèbres*, édité sous la direction de Maurice Merleau-Ponty, Paris, Mazenod, 1956.
- *Signes* (textes de 1947 à 1960), Paris, Gallimard, 1960.
『シーニュ 1』竹内芳郎監訳、みすず書房、一九六九年
『シーニュ 2』竹内芳郎監訳、みすず書房、一九七〇年

*

- *L'Œil et l'Esprit*, préface de Claude Lefort, Paris, Gallimard, 1964; rééd. coll. «Folio essais», 1985.
『眼と精神』滝浦静雄・木田元訳、みすず書房、一九六六年
- *Le Visible et l'Invisible*, édition posthume établie par Claude Lefort (postface), Paris, Gallimard, 1964.
『見えるものと見えないもの』滝浦静雄・木田元訳、みすず書房、一九八九年〔本書で参照した邦訳〕
『見えるものと見えざるもの』中島盛夫監訳、法政大学出版局、一九九四年

- *Résumés de cours*, Collège de France（1952-1960）, Paris, Gallimard, 1968; rééd. coll. «Tel», 1982.
『言語と自然――コレージュ・ド・フランス講義要録』滝浦静雄・木田元訳、みすず書房、一九七九年
- *La Prose du monde*, édition posthume établie et présentée par Claude Lefort, Paris, Gallimard, 1969; rééd. coll. «Tel», 1992.
『世界の散文』滝浦静雄・木田元訳、みすず書房、一九七九年
- *L'Union de l'âme et du corps chez Malebranche, Biran et Bergson*, Paris, J. Vrin, 1978. Texte établi à partir de notes du cours de 1947-1948 (ENS Lyon), recueillies et rédigées par Jean Deprun.
『心身の合一：マールブランシュとビランとベルクソンにおける』滝浦静雄ほか訳、朝日出版社、一九八一年
- *Résumé de cours à la Sorbonne*（1949-1952）, Grenoble, Cynara, 1988; rééd. sous le titre *Psychologie et pédagogie de l'enfant. Cours de Sorbonne 1949-1952*, Lagrasse, Verdier, 2001.
『意識と言語の獲得――ソルボンヌ講義 1』木田元・鯨岡峻訳、みすず書房、一九九三年
- *Le Primat de la perception et ses conséquences philosophiques*,（exposé du 23 nov. 1946, *Bulletin de la Société française de philosophie*, t. XLI, n° 4, oct.-déc. 1947）; précédé des

textes de 1933: «Projet de travail sur la nature de la Perception» et de 1934: «La Nature de la perception», Grenoble, Cynara, 1989.
『知覚の本性——初期論文集』加賀野井秀一編訳、法政大学出版局、一九八八年

- *La Nature*, notes d'auditeurs des cours «Le concept de nature» de 1956–1957 et 1957–1958 et transcriptions des notes de cours de 1959–1960 «Nature et logos: le corps humain», édition de D. Séglard, Paris, Le Seuil, 1995.
- *Notes de cours* (1958–1959 et 1960–1961), préface de Claude Lefort, édité par Stéphanie Ménasé, Paris, Gallimard, 1996.
- «Notes de lecture et commentaires sur *Théorie du champ de la conscience* de Aron Gurwitsch», présentation et transcription S. Ménasé, *Revue de métaphysique et de morale*, n° 3, septembre 1997, p. 321–342.
- *Parcours*, 1935–1951, recueil établi par Jacques Prunair, Lagrasse, Verdier, 1997.
- *Notes de cours sur* L'Origine de la géométrie *de Husserl*, éditées par Franck Robert, Paris, PUF, 1998.
- *Parcours deux*, 1951–1961, recueil établi par Jacques Prunair, Lagrasse, Verdier, 2001.

ま　行

や　行

ら　行

人名索引

あ 行

か 行

さ 行

た 行

な 行

は 行

本書は「ちくま学芸文庫」として初めて訳出されたものです。

ロラン・バルト モード論集
ロラン・バルト 山田登世子編訳
エスプリの弾けるエッセイから、初期の金字塔『モードの体系』に至る記号学的モード研究まで。初期のバルトの才気が光るモード論考集。オリジナル編集・新訳。

呪われた部分
ジョルジュ・バタイユ 酒井健訳
「蕩尽」こそが人間の生の本来的目的である！ 思想界を震撼させ続けたバタイユの主著、45年ぶりの待望の新訳。沸騰する生と意識の覚醒へ！

エロティシズム
ジョルジュ・バタイユ 酒井健訳
人間存在の根源的な謎を、鋭角で明晰な論理で解き明かす、バタイユ思想の核心。禁忌とは、侵犯とは何か？ 待望久しかった新訳決定版。

宗教の理論
ジョルジュ・バタイユ 湯浅博雄訳
聖なるものの誕生から衰滅までをつきつめ、宗教の根源的核心に迫る。文学、芸術、哲学、そして人間にとって宗教の〈理論〉とは何なのか。

純然たる幸福
ジョルジュ・バタイユ 酒井健編訳
著者の思想の核心をなす重要論考20篇を収録。文庫化にあたり「クレー」「ヘーゲル弁証法の基底への批判」「シャプサルによるインタビュー」を増補。

エロティシズムの歴史
ジョルジュ・バタイユ 湯浅博雄／中地義和訳
三部作として構想された『呪われた部分』の第二部。荒々しい力〈性〉の禁忌に迫り、エロティシズムの本質を暴く、バタイユの真骨頂たる一冊。（吉本隆明）

エロスの涙
ジョルジュ・バタイユ 森本和夫訳
エロティシズムは禁忌と侵犯の中にこそあり、それは死と切り離すことができない。二百数十点の図版で構成されたバタイユの遺著。（林好雄）

呪われた部分 有用性の限界
ジョルジュ・バタイユ 中山元訳
『呪われた部分』草稿、アフォリズム、ノートなど15年にわたり書き残した断片。バタイユの思想体系の全体像と精髄を浮き彫りにする待望の新訳。

ニーチェ覚書
ジョルジュ・バタイユ編著 酒井健訳
バタイユが独自の視点で編んだニーチェ箴言集。ニーチェを深く読み直す営みから生まれた本書には二人の思想が相響きあっている。詳細な訳者解説付き。

意識に直接与えられたものについての試論
アンリ・ベルクソン
合田正人／平井靖史訳
強度が孕む〈質的差異〉、自我の内なる〈多様性〉からこそ、自由な行為は発露する。後に『時間と自由』の名で知られるベルクソンの第一主著。新訳。

物質と記憶
アンリ・ベルクソン
合田正人／松本力訳
観念論と実在論の狭間でイマージュへと焦点があてられる。心脳問題への関心の中で、今日さらに重要性が高まる、フランス現象学の先駆的著書。

創造的進化
アンリ・ベルクソン
合田正人／松井久訳
生命そして宇宙は「エラン・ヴィタル」を起爆力に、自由な変形を重ねて進化してきた――。生命概念を刷新したベルクソン思想の集大成的主著。

道徳と宗教の二つの源泉
アンリ・ベルクソン
合田正人／小野浩太郎訳
閉じた道徳／開かれた道徳、静的宗教／動的宗教への洞察から、個人のエネルギーが人類全体の倫理的行為へ向かう可能性を問う。最後の哲学的主著新訳。

笑い
アンリ・ベルクソン
合田正人／平賀裕貴訳
「おかしみ」の根底には何があるのか。主要四著作に続き、多くの読者に読みつがれてきた本著作の最新訳。主要著作との関連も俯瞰した充実の解説付。

精神現象学（上）
G・W・F・ヘーゲル
熊野純彦訳
人間精神が、感覚的経験という低次の段階から「絶対知」へと至るまでの壮大な遍歴を描いた不朽の名著。平明かつ流麗な文体による決定版新訳。

精神現象学（下）
G・W・F・ヘーゲル
熊野純彦訳
人類知の全貌を綴った哲学史上の一大傑作。四つの原典との頁対応を付し、著名な格言を採録した索引を巻末に収録。従来の解釈の遥か先へ読者を導く。

象徴交換と死
J・ボードリヤール
今村仁司／塚原史訳
すべてがシミュレーションと化した高度資本主義像を鮮やかに提示し、〈死の象徴交換〉による、その内部からの〈反乱〉を説く、ポストモダンの代表作。

経済の文明史
カール・ポランニー
玉野井芳郎ほか訳
市場経済社会は人類史上極めて特殊な制度的所産である――非市場社会の考察を通じて経済人類学に大転換をもたらした古典的名著。（佐藤光）

暗黙知の次元
マイケル・ポランニー
高橋勇夫訳

非言語的で包括的なもうひとつの知。創造的な科学活動にとって重要な〈暗黙知〉の構造を明らかにしつつ、人間と科学の本質に迫る。新訳。

現代という時代の気質
エリック・ホッファー
柄谷行人訳

群れず、熱狂に翻弄されることなく、しかし自分自身の内にこもることなしに、人々と歩み、権力と向きあっていく姿勢を、省察の人・ホッファーに学ぶ。

知恵の樹
H・マトゥラーナ／F・バレーラ
管啓次郎訳

生命を制御対象ではなく自律主体とし、自己創出を良き環と捉え直した新しい生物学。現代思想に影響を与えたオートポイエーシス理論の入門書。

社会学的想像力
C・ライト・ミルズ
伊奈正人／中村好孝訳

なぜ社会学を学ぶのか。抽象的な理論や微細な調査に明け暮れる現状を批判し、個人と社会を架橋する学という原点から問い直す重要古典、待望の新訳。

パワー・エリート
C・ライト・ミルズ
鵜飼信成／綿貫譲治訳

エリート層に権力が集中し、相互連結しつつ大衆社会を支配する構図を詳細に分析。世界中で読まれる階級論・格差論の古典的必読書。（伊奈正人）

メルロ＝ポンティ・コレクション
モーリス・メルロ＝ポンティ
中山元編訳

意識の本性を探究し、生活世界の現象学的記述を実存主義的に企てたメルロ＝ポンティ。その思想の粋を厳選して編んだ入門のためのアンソロジー。

知覚の哲学
モーリス・メルロ＝ポンティ
菅野盾樹訳

時代の動きと同時に、哲学自体も大きく転身した。それまでの存在論の転回を促したメルロ＝ポンティ哲学と現代哲学の核心を自ら語る。

精選 シーニュ
モーリス・メルロ＝ポンティ
廣瀬浩司編訳

メルロ＝ポンティの代表的論集『シーニュ』より重要論考のみを厳選し、新訳。精確かつ平明な訳文と懇切な注釈により、その真価が明らかとなる。

われわれの戦争責任について
カール・ヤスパース
橋本文夫訳

時の政権に抗いながらも「侵略国の国民」となってしまった人間は、いったいにどう戦争の罪と向き合えばよいのか。戦争責任論不朽の名著。（加藤典洋）

ちくま学芸文庫

知覚の哲学　ラジオ講演一九四八年

二〇一一年七月十日　第一刷発行
二〇二五年二月五日　第七刷発行

著　者　モーリス・メルロ＝ポンティ
校　訂　ステファニ・メナセ
訳　者　菅野盾樹（すげの・たてき）
発行者　増田健史
発行所　株式会社　筑摩書房
東京都台東区蔵前二―五―三　〒一一一―八七五五
電話番号　〇三―五六八七―二六〇一（代表）
装幀者　安野光雅
印刷所　信毎書籍印刷株式会社
製本所　株式会社積信堂

ISBN978-4-480-09389-9 C0110